QIYE HUANJING KUAIJI XINXI
PILU YANJIU

企业环境会计信息披露研究

闫丽萍 / 著

知识产权出版社
全国百佳图书出版单位

图书在版编目（CIP）数据

企业环境会计信息披露研究/闫丽萍著．—北京：知识产权出版社，2016.12
ISBN 978-7-5130-4563-6

Ⅰ.①企… Ⅱ.①闫… Ⅲ.①企业环境管理—环境会计—会计信息—研究 Ⅳ.①F275.2

中国版本图书馆 CIP 数据核字（2016）第 263188 号

内容提要

本书以会计学理论为基础，结合可持续发展理论、利益相关者理论、决策有用论、企业社会责任理论、信息不对称理论等，运用规范研究与实证研究相结合的方法对环境会计信息披露问题进行了系统研究。具体分析了环境会计信息披露的理论基础，借鉴美国、欧洲和日本等发达国家与地区环境会计信息披露模式，深入分析了我国企业环境会计信息披露存在的主要问题及成因，探讨了我国企业环境会计信息披露模式的选择，并提出了完善企业环境会计信息披露的对策建议。

责任编辑：彭喜英　　　　　　　　　责任出版：孙婷婷

企业环境会计信息披露研究
QIYE HUANJING KUAIJI XINXI PILU YANJIU

闫丽萍　著

出版发行：	知识产权出版社有限责任公司	网　址：	http://www.ipph.cn
电　话：	010-82004826		http://www.laichushu.com
社　址：	北京市海淀区西外太平庄 55 号	邮　编：	100081
责编电话：	010-82000860 转 8539	责编邮箱：	pengxyjane@163.com
发行电话：	010-82000860 转 8101/8029	发行传真：	010-82000893/82003279
印　刷：	北京中献拓方科技发展有限公司	经　销：	各大网上书店、新华书店及相关专业书店
开　本：	720mm×960mm　1/16	印　张：	15
版　次：	2016 年 12 月第 1 版	印　次：	2016 年 12 月第 1 次印刷
字　数：	245 千字	定　价：	45.00 元
ISBN 978-7-5130-4563-6			

出版权专有　侵权必究
如有印装质量问题，本社负责调换。

本书为"中央高校基本科研业务费项目"(13MS114),河北省哲学社会科学研究基地研究课题阶段性成果。

作者简介

闫丽萍，女，汉族，中共党员，河北保定人，毕业于河北农业大学经济管理系，中国农业科学院农业经济与发展研究所产业经济专业在读博士。华北电力大学经济管理系讲师，河北省哲学社会科学研究基地中青年学术骨干，中国注册会计师。

长期从事环境会计与财务会计方向教学与科研工作，承担的本科与研究生课程有成本会计、管理会计、政府与非营利组织会计、电力企业成本核算与分析、无形资产评估等。

先后主持承担了华北电力大学校内基金"价值链理论在企业成本控制中的应用研究"、中央高校基金"循环经济视角下企业环境成本控制内生化研究"以及河北省社会科学发展研究民生调研专项课题"河北省火电企业可持续发展与社会责任管理研究"，同时参与了多项省部级课题的研究。参与编写《资产评估理论与实务》以及《发展经济学》《成本会计》，发表 EI、ISTP、ISSHP 检索学术论文 20 余篇。

前 言

工业化生产和科技进步加速了现代社会经济的快速发展，提高了人类的物质生活水平，但是，同时也严重破坏了人类的生存环境，威胁人类的生命健康。环境问题是不合理的资源利用方式和经济增长模式的产物。20世纪30年代以来，人类遭受的一系列环境污染公害事件已经显示出了环境污染对人类造成的现实和潜在的危害。面对日趋严重的环境问题，人类开始认识到"先污染后治理、牺牲环境换取经济增长"的发展模式是不可取的。其中，最具代表性的3本著作包括：美国海洋生物学家蕾切尔·卡逊的《寂静的春天》（也有人把它叫作《没有鸟鸣的春天》），指出"不解决环境问题，人类将生活在幸福的坟墓之中"；1972年罗马俱乐部发布的《增长的极限》，认为"没有环境保护的繁荣是推迟执行的灾难"；1972年斯德哥尔摩联合国第一次人类环境会议秘书长莫里斯·斯特朗委托经济学家芭芭拉·沃德和生物学家勒内·杜博斯撰写的《只有一个地球》，告诫"不进行环境保护，人们将从摇篮直接到坟墓"。

英国作为工业革命的发源地和现有的高碳经济模式的开创者，深刻认识到自己在气候变化过程中应该负有的历史责任，所以率先在世界上高举发展低碳经济的旗帜，成为发展低碳经济最为积极的倡导者和实践者。2003年，英国政府发布能源白皮书《我们能源的未来：创建低碳经济》，正式提出"低碳经济"的概念。低碳经济包括低碳发展、低碳产业、低碳技术和低碳生活等经济形态，是指在不影响经济发展的前提下，通过技术创新和制度创新，降低能源和资源消耗，尽可能最大限度地减少温室气体和污染物的排放，实现减缓气候变化的目标，促进人类的可持续发展。"低碳经济"的概念一经提出，便得到许多欧盟国家的积极响应，接着"低碳经济"一词迅速在全球传播。各个国家也制定出相应的规章制度。随着全球步入"低碳经济"的时代，可持续发展成为全球一致和共同的目标。

对环境问题的重视促进了环境会计的发展。从20世纪70年代开始，国际会计界开始关注环境会计的理论研究和实务探讨。环境会计又称为绿色会计，是以体现补偿自然资源损耗费为中心而发展的会计，是会计学科新兴的一个分支。它以货币为主要计量尺度，将自然资源和环境资源纳入企业的会计核算，研究社会、经济、科技的发展同资源、生态、环境之间的关系，评价企业经济活动和宏观社会经济活动对资源、生态、环境产生的正面或负面的影响，以期达到合理配置资源和改善环境的目的。环境会计信息披露是环境会计工作的最终成果，也是环境会计核算体系中最重要的部分，因此成为了政府、企业和社会公众的关注的焦点。对环境会计信息披露进行研究与探讨，不仅可以在理论上推动环境会计的研究，对于促进企业提高环境会计信息披露水平、加强环境管理具有重要的现实意义。

本书以会计学理论为基础，结合可持续发展理论、利益相关者理论、决策有用论、企业社会责任理论、信息不对称理论等，运用规范研究与实证研究相结合的方法对环境会计信息披露问题进行了系统的研究。全书主要从以下7个方面展开：

第一，分析了环境会计信息披露的理论基础。本书以多学科的相关理论为切入点，探讨了环境会计信息披露的理论基础，为全书的撰写提供了依据。本书认为，可持续发展理论、利益相关者理论、决策有用论、企业社会责任理论、信息不对称理论等对企业环境会计信息披露起着根本性支撑作用。

第二，系统阐述了环境会计信息披露的基础理论。本书认为，企业基于供给与需求的动因，依据合法性、重要性、持续性、自愿性与强制性等原则，通过年度财务报告、招股说明书、环境报告等途径，采用货币、文字叙述、货币和文字叙述相结合三种形式对外披露环境会计核算信息、环境会计要素信息、环境绩效信息以及环境会计政策信息。

第三，梳理了美国、欧洲、日本等发达国家与地区以及中国关于环境会计信息披露制度的变迁，从制度数量、披露程度、披露方式、强制性、披露内容、代表性机构以及实施效果等方面对中外环境会计信息披露制度进行了比较分析。本书认为，与其他发达国家相比，我国的企业环境会计信息披露制度不够健全，企业环境会计信息披露所遵循的制度性标准太少，并且环境信息公开的内容、方式也不够统一，企业环境会计信息披露积极性不高，需借鉴他国的经验来进一步完善我国的制度建设。

第四，采用实证研究法，以沪市和深市 A 股火力发电行业的 46 家上市公司为研究样本，通过分析 46 家上市公司 2014 年的年度报告，运用多元线性回归分析的方法检验了公司规模、资产负债率、盈利能力、流通股比例、外资股比例、独立董事比例、政府环保补助奖励、地区差异、ISO14000 环境体系认证、社会责任报告以及上市地点等 11 个因素对环境会计信息披露的影响作用。实证研究结果表明，公司规模、资产负债率、政府奖补以及社会责任报告编制与环境会计信息披露指数具有正向相关关系且影响显著。

第五，深入分析了我国企业环境会计信息披露存在的主要问题及成因。经过数十年的努力，我国的环境会计信息披露，无论从理论上还是实践上都已经有了较大的进步。但是，仍然存在着环境会计信息披露规范不完善、环境会计信息披露主体范围狭窄、环境会计信息披露不及时、环境会计信息披露内容不完整、缺少第三方审计、全员参与度低等问题。本书认为，我国企业环境会计信息披露问题的主要成因在于我国缺乏环境会计信息披露强制性约束，企业利益相关者对环境会计信息需求不足等。

第六，借鉴美日环境会计信息披露模式，探讨了我国企业环境会计信息披露模式的选择。通过分析美日环境会计信息披露模式的特点，本书认为，完善我国的环境会计信息披露模式，应加大环境执法力度，充分发挥政府环境管理部门的作用；强化舆论监督，唤醒社会公众的环保意识；加强环境会计理论和方法研究，颁布环境会计准则体系。

第七，提出了完善企业环境会计信息披露的对策建议。本书认为，现阶段，政府应该在环境会计信息披露上起主导作用，相关部门、行业协会、社会公众和企业相互配合。从长远来看，环境会计信息披露需要会计学界、信息使用者和政府部门的共同努力。具体来讲，应从完善环境会计信息披露规范体系、完善环境审计工作、加强环境会计理论建设、完善公司治理结构、提高全民的环保意识等五个方面制定相应的对策。

环境会计信息披露的研究涉及会计学、管理学、环境学等诸多学科领域，限于笔者研究能力和水平，很多问题还有待进一步研究。本书也可能存在很多的不足，希望读者批评指正。

本书在撰写过程中参考和借鉴了其他学者的资料和观点，在此表示诚挚的谢意！

目 录

第一章 绪 论 ·· 1

第一节 研究背景 ·· 1
第二节 研究意义 ·· 3
第三节 国内外研究综述 ·· 8
第四节 研究内容 ·· 22
第五节 研究方法 ·· 23

第二章 环境会计信息披露的理论基础 ·· 25

第一节 可持续发展理论 ·· 25
第二节 利益相关者理论 ·· 31
第三节 决策有用论 ·· 33
第四节 企业社会责任理论 ·· 35
第五节 信息不对称理论 ·· 41
第六节 环境权与公共财产理论 ·· 44

第三章 环境会计信息披露基础理论 ·· 46

第一节 环境会计信息披露的概念界定 ·· 46
第二节 环境会计信息披露的原则 ··· 49
第三节 环境会计信息披露的形式 ··· 51
第四节 环境会计信息披露的渠道 ··· 54
第五节 环境会计信息披露的动因 ··· 60

第六节　环境会计信息披露的内容 …………………………………… 62

第四章　国内外环境会计信息披露制度 …………………………… 72

第一节　国际上主要的环境会计信息披露制度及实践 ………………… 72
第二节　我国的环境会计信息披露制度 ………………………………… 87
第三节　中外环境会计信息披露制度比较 ……………………………… 93

第五章　我国企业环境会计信息披露实证研究 ……………………… 97

第一节　火力发电企业环境会计信息披露状况 ………………………… 97
第二节　环境会计信息披露影响因素实证分析 ………………………… 101

第六章　我国企业环境会计信息披露问题及原因 …………………… 125

第一节　我国企业环境会计信息披露存在的主要问题 ………………… 125
第二节　我国环境会计信息披露存在问题的原因分析 ………………… 132

第七章　企业环境会计信息披露模式选择研究 ……………………… 135

第一节　现行环境会计信息披露模式 …………………………………… 135
第二节　美日环境会计信息披露模式借鉴 ……………………………… 142

第八章　完善企业环境会计信息披露的对策建议 …………………… 150

第一节　完善环境会计信息披露规范体系 ……………………………… 151
第二节　完善环境审计工作 ……………………………………………… 157
第三节　加强环境会计理论建设 ………………………………………… 171
第四节　完善公司治理结构 ……………………………………………… 173
第五节　提高全民的环保意识 …………………………………………… 176

附　录 ………………………………………………………………… 182

附录1　美国国家环境政策法（节选）…………………………………… 182

附录 2　环境质量报告书编写技术规范 ·················· 188
附录 3　环境信息公开办法（试行） ······················ 203
附录 4　上海证券交易所上市公司环境信息披露指引 ·········· 210
附录 5　上市公司环境信息披露指南（征求意见稿） ·········· 213

参考文献 ··· 219

第一章 绪 论

第一节 研究背景

20世纪30年代以来,人类遭受了一系列环境污染公害影响,继典型的世界八大公害事件❶以后,又出现了新八大公害事件❷。中国自改革开放以来,伴随着经济的快速发展,环境问题也日益突出。虽然我国的环境保护事业取得了一定的发展,环境保护法律体系基本的框架已经建立,环境污染治理的投资占GDP的比例大体为1.4%左右,但是环境形势仍然不容乐观。中华人民共和国环境保护部环境规划院副院长兼总工程师王金南在"中国与世界环境保护四十年"论坛上的报告《中国环境保护四十年的战略思考》指出,从目前来看,几乎所有污染物的排放量,中国都是世界第一。从污染排放角度来看,我国已经从原来少量的污染物排放增长到目前高位数的排放。❸据《2015年中国环境状况公报》披露,全国废水中主要污染物化学需氧量排放总量为2223.5万吨,氨氮排放总量为229.9万吨;废气中主要污染物二氧化硫排放总量为1859.1万吨,氮氧化物排放总量为1851.8万吨。❹我国一次能源消耗中非化

---

❶ 典型的世界八大公害事件:比利时马斯河谷烟雾事件(1930年)、美国宾夕法尼亚州多诺拉事件(1948年)、英国伦敦烟雾事件(1952年)、美国洛杉矶光化学烟雾事件(1953年)、日本水俣病事件(1953年)、日本富山骨痛病事件(1955年)、日本四日市哮喘事件(1961年)、日本爱知米糠事件(1968年)。

❷ 新八大公害事件:意大利塞维化学污染事件、印度博帕尔事件、美国三哩岛核电站泄露事件、墨西哥液化气爆炸事件、苏联切尔诺贝利事件、瑞士巴塞尔赞多兹化学公司莱茵河污染事件、全球大气污染、非洲大灾荒。

❸ 来源于中国新闻网。

❹ 数据来源于中国环境保护部官网《2015年中国环境状况公报》。

石能源仅占 8%，而排放 PM2.5 最多的煤炭占 70% 左右；全国发电量的近 80% 由煤电提供，全球超过一半的煤炭在我国燃烧。氮氧化物、PM2.5 等污染物导致的雾霾天气，反映出中国大气污染处于急剧上升的状态。据中国气象局的数据显示，2013 年以来，全国平均雾霾天数为 29.9 天，较常年同期偏多 10.3 天，达到 52 年来的峰值。雾霾波及 25 个省份，100 多个大中型城市。2014 年的平均雾霾日数更是高达 35.9 天，比 2013 年增加 18.3 天。其中，燃煤对雾霾的贡献占一次 PM2.5 颗粒物排放的 25%，对二氧化硫和氮氧化物的贡献分别达到了 82% 和 47%。❶ 另据《2015 年中国环境状况公报》披露，全国 338 个地级以上城市空气质量新标准监测结果显示，有 73 个城市环境空气质量达标，占 21.6%；265 个城市环境空气质量超标，占 78.4%。

环境问题日益严重，已成为困扰人类、影响人类生存与发展的重大问题。要改变全球环境恶化的趋势，就必须走可持续发展之路。

《国家环境保护"十三五"规划基本思路》（以下简称《基本思路》）综合考虑我国环境保护现阶段的特点和"十三五"期间经济社会发展趋势，初步提出 2020 年及 2030 年两个阶段性目标。首先，到 2020 年，主要污染物排放总量显著减少，空气和水环境质量总体改善，土壤环境恶化趋势得到遏制，生态系统稳定性增强，辐射环境质量继续保持良好，环境风险得到有效管控，生态文明制度体系系统完整，生态文明水平与全面小康社会相适应。其次，到 2030 年，全国城市环境空气质量基本达标，水环境质量达到功能区标准，土壤环境质量得到好转，生态环境质量全面改善，经济社会发展与环境保护基本协调，生态文明水平全面提高。

为实现这一目标，《基本思路》初步考虑，对全国实施重点行业工业烟粉尘总量控制，对总氮、总磷和挥发性有机物（简称 VOCs）❷ 实施重点区域与重点行业相结合的总量控制，增强差别化、针对性和可操作性。在电力、钢铁、水泥等重点行业开展烟粉尘总量控制，实施基于新排放标准的行

---

❶ 数据来源于中国气象局官网。

❷ 根据世界卫生组织的定义，所谓 VOCs 是指沸点在 50~250℃ 的化合物，室温下饱和蒸气压超过 133.32Pa，在常温下以蒸气形式存在于空气中的一类有机物。VOCs 主要产生于石化、有机化工、合成材料、化学药品原料制造、塑料产品制造、装备制造涂装、包装印刷等行业。相比烟粉尘，VOCs 的控制难度更大。

业治污减排管理，把问题突出、影响范围广的区域大点源烟粉尘排放量降下去。

要想切实解决环境问题，除了健全相关制度外，还需要改变企业传统的成本观念，改变传统的会计核算方法，加强对环境成本的核算与控制。

会计界对环境问题的研究始于20世纪70年代。英国《会计学月刊》1971年刊登了比蒙斯（Beams）的《控制污染的社会成本转换研究》和1973年马林（Marlin）的《污染的会计问题》两篇文章，揭开了环境会计研究的序幕。1990年Rob Gray的报告《会计工作的绿化》标志着环境会计研究成为全球学术界关注的中心议题之一。20世纪80年代以后，英美等经济发达国家的学者对环境会计做了大量深入研究，把环境污染会计拓展到整个生态领域，提出了生态会计的构想。从20世纪90年代开始，西方学者开始进行环境会计理论的系统研究，逐步形成了初步的理论框架。我国直到20世纪90年代中期才开始认识到环境会计的重要意义。

在我国现行的会计核算体系下，大多数的环境成本是不可计量的、隐性的或者是将来有可能发生的。由于未对环境成本充分辨别，难以向企业管理者提供决策相关的环境影响信息，环境成本成了企业决策的无关成本，从而无法引起企业足够的重视。

环境会计正是在环境逐渐恶化和重新审视传统会计对环境因素适用程度的基础上产生的。将环境项目纳入会计核算体系已成为必然，环境会计成为企业会计核算体系的重要组成部分。其中，环境会计信息披露为实施可持续发展战略提供必不可少的第一手资料。因此，本书将对环境会计信息披露的理论、现状、问题、披露模式及建议等问题进行系统研究。

第二节　研究意义

一、理论意义

在市场经济条件下，会计不仅要为微观经济服务，还要有助于宏观经济调控；不仅要考虑企业自身的利益，还要兼顾社会效益。传统会计主要侧重于反映以货币计量的财务信息,侧重于个体或局部的经济利益,更强调直接微观经济效益;同时,传统会计的企业成本忽略对社会资源的无偿占用和污染,导致企业以牺牲社会环境效益为代价换取企业局部经济利益。环境会计可以有效弥补传统会计的不足,及时、准确地对企业与生态环境相关的废弃物排放等成本进行反映和控制,有助于会计改革和发展。

从理论意义的角度看,环境会计研究水平的高低在一定程度上反映了一个国家可持续发展能力的高低;反映了一个国家产业结构是否合理。环境会计的主要目的就是在可持续发展的大背景下,更好地监督企业在履行社会责任中环境保护方面应尽的义务,同时更好地揭示企业在经营过程中所反映的环境问题,进一步优化企业经营模式,为企业的可持续发展提出合理有效的建议。环境会计信息披露的研究将会带来一场新的产业革命,一次新的思想飞跃,推动环境会计在中国的进一步发展。

二、国家宏观现实意义

国内生产总值(GDP)作为政府对国家经济进行宏观计量与诊断的一项重要指标,是衡量一个国家经济社会是否进步的主要标志。但是现行GDP只反映了经济总量的增长,却没有全面反映经济增长对资源环境的影响及可持续发展能力,容易高估经济规模与经济发展,给人一种扭曲的经济图像。由此引致从经济社会发展决策到政绩考核中的一系列问题。在过去的20多年里,中国是世界上经济增长最快的国家之一。世界银行的统计显示,从1978年以来,中国GDP平均增长率达到9.83%的高速,在全球206个国家和地区中居于第2位(仅次于非洲资源国家博茨瓦纳)。但是,中国资源的浪费、生态的退化和环境污染也很严重。换句话说,中国经济的高速增长相当部分是通过自然资本损失和生态赤字所换来的。中国科学院多年计算的平均结果显示,过去20年,我国经济增长GDP中,至少有18%是依靠资源和生态的"透支"获得的。

所谓绿色GDP,就是把资源和环境损失因素引入国民核算体系,即在现有的GDP中扣除资源的直接经济损失,以及为恢复生态平衡、挽回资源损失而必须支付的经济投资。简单地讲,就是从现行统计的GDP中,扣除由于环境污染、自然资源退化、人口数量失控、管理不善等因素引起的经济损失成本，从而得出真实的国民财富总量。绿色 GDP 这个指标实质上代表了国民经济增长的净正效应。绿色 GDP 占总 GDP 的比重越高，表明国民经济增长的正面效应越高，负面效应越低；反之亦然。建立以绿色 GDP 为核心指标的经济发展模式和国民核算新体系，不仅有利于保护资源和环境，促进资源可持续利用和经济可持续发展，而且有利于加快经济增长方式的转变，提高经济效率，从而增加社会福利。同时，采用绿色 GDP 这一总量指标也有助于更实际地测算一国或地区经济的生产能力。

从 20 世纪 70 年代开始，联合国和世界银行等国际组织在绿色 GDP 的研究和推广方面做了大量工作。2004 年以来，我国也在积极开展绿色 GDP 核算的研究。2004 年，国家统计局、国家环保总局正式联合开展了中国环境与经济核算绿色 GDP 研究工作。2006 年 9 月，国家环保总局和国家统计局第一次联合发布《中国绿色国民经济核算研究报告（2004）》，但该报告只计算了一部分环境污染造成的损失，地下水污染、土壤污染等部分都没有涉及，因此并不完整。企业作为微观经济主体，其环境信息的披露将有助于实现绿色 GDP 价值量的核算，从而准确评价国民经济发展水平，实现经济可持续发展。

三、企业微观现实意义

（一）有助于企业树立良好形象

社会公众环境保护意识的提高和政府环境法规的完善使得企业越来越重视环境绩效、环境形象，如何实现低碳、可持续发展成为企业必须面临的问题。商品市场有关各方也越来越关心产品和劳务在生产、使用过程中的环境影响。例如，对于一般消费者而言，随着人们物质生活水平的提高，绿色消费（Green Consumption）逐渐成为一种时尚。对于产品和劳务的经销商而言，他们也会关心供应商的产品和劳务是否存在环境污染问题，关心产品和劳务是否具有绿色标志。可以说，一场"绿色运动"正在中国蓬勃兴起，各种冠以绿色的名词层出不穷，如"绿色时装"❶"绿色电脑"❷"绿色物流"❸"绿色建筑"❹等。社会公众往往青睐那些经济效益好、环境防治好，能提供绿色产品的企业，排斥那些环境污染严重的企业。因此，企业要想树立一个良好的形象，必须全面、不断地对外披露环境信息。

(二) 有助于正确核算企业经营成果

传统信息披露侧重于反映企业资本状况及运营结果，没有考虑生产对环境造成的损害。因此，财务报告无法全面、准确地反映企业实施低碳经济的实际情况，从而影响信息披露质量。传统会计信息披露体系的这一缺陷使得一些无法用货币反映却对企业经营具有重要影响的信息得不到披露，这样，企业会计信息使用者就无法清楚地了解企业的真实状况，进而可能做出错误的决策。因此，只有在负债总额中加上环保负债额，才能得出真实可靠的资产负债率，准确分析企业的财务风险；只有将企业对环境影响额的耗费计入收入的减项，才

---

❶ 绿色时装又叫生态时装、环保时装，是欧美国家20世纪90年代初提出的一种设计理念。它从环境保护出发，旨在通过设计创造一种无污染、有利于人体健康的生态环境。从专业上说，绿色服装包括三方面内容：生产生态学，即生产上的环保；用户生态学，即使用者环保，要求对用户不带来任何毒害；处理生态学，是指织物或服装使用后的处理问题。1999年9月，我国对生态纺织品评价及检验标准正式立项，由中国纺织科学院具体负责，正式对生态纺织品性能进行系统研究，制定了相应的标准及技术规范。

❷ 绿色电脑，就是一种安全、节能型电脑，其实质是将耗电量、原材料以及对健康和环境的危害力争减少到最低限度。对绿色电脑概念的界定，业界和相关部门一直在进行探索。大力倡导"绿色"概念的联想最先将绿色电脑归结为节能、环保和健康3个特性。联想认为，绿色电脑的综合要素归结起来：一是研发设计，二是材料采购，三是生产管理方面的生产流程和检测流程，四是物流交付，五是售后服务及回收。只有这五个环节形成一个有序的、完整的产品生命周期，才能称为真正的绿色电脑。

❸ 绿色物流是指在物流过程中抑制物流对环境造成危害的同时，实现对物流环境的净化，使物流资源得到最充分利用。它包括物流作业环节和物流管理全过程的绿色化。从物流作业环节来看，包括绿色运输、绿色包装、绿色流通加工等。从物流管理过程来看，主要是从环境保护和节约资源的目标出发，改进物流体系，既要考虑正向物流环节的绿色化，又要考虑供应链上的逆向物流体系的绿色化。

❹ 绿色建筑又可称为可持续发展建筑、生态建筑、回归大自然建筑、节能环保建筑，是20世纪60年代美国建筑师保罗·索勒瑞提出的新理念，是指在建筑的全寿命周期内，最大限度节约资源、节能、节地、节水、节材、保护环境和减少污染，提供健康适用、高效使用，与自然和谐共生的建筑。1969年，美国建筑师伊安·麦克哈格所著《设计结合自然》一书，标志着生态建筑学的正式诞生。1992年巴西里约热内卢联合国环境与发展大会以来，中国政府大力推动绿色建筑的发展。2004年9月中华人民共和国建设部"全国绿色建筑创新奖"的启动标志着中国的绿色建筑发展进入了全面发展阶段。

能正确核算企业的经营成果。

（三）有助于衡量企业社会责任履行情况

大多数环境会计信息披露只是报喜不报忧，主要的目的是树立、强化企业在股东、顾客、潜在投资者中的良好形象，而不一定是真正要去履行社会报告责任。在低碳经济下，人们的需求日趋多元化，这就要求企业在追求经济效益的同时，还必须关注经济、社会、自然环境的协调发展，承担社会责任。因此，企业要记录和计量环境成本和环境效益，向外界提供企业社会责任履行情况的信息。

四、满足利益相关者需求

会计信息是使用者决策的重要依据，而决定会计信息质量的关键则在于信息的披露是否真实可靠、是否充分、是否及时等。

（一）投资者

投资者作为会计信息最主要的使用者之一，关注的是投入资本的安全性和收益性。良好的发展前景和机会是资本安全性和获利性的保障。企业履行环境保护义务的状况在很大程度上影响着企业的发展前景。因此，只有全面的环境会计信息披露才能真实、准确地反映企业的财务状况和经营成果，了解包括环境成本、环境负债在内的较客观准确的资产负债状况、盈利能力和偿债能力状况，帮助投资者做出正确的投资决策。

（二）债权人

债权人在提供借款时，必须全面分析企业的财务状况，关注由于环境问题可能引发的潜在风险。随着社会对环保问题的重视，银行甚至把环境保护问题作为贷款优先考虑的问题。

（三）政府

政府作为社会公众的代表和社会的管理者，将环境资源交给企业使用，有权利要求企业管好、用好环境资源，有权了解企业对环境资源造成的损害或做出的贡献。例如，政府环境保护部门或民间环保组织通过企业提供的环境会计信息，对企业造成的环境污染和取得的环保成绩，综合起来作为进行宏观环保决策和对企业进行环保考核与奖惩的依据。政府其他部门可利用环境会计信息制定环境政策和法律规范，加强宏观管理和控制，促使微观和宏观的协调一致。

（四）员工

员工是企业环境问题的直接感受者，也有权利要求企业针对员工履行一定的社会责任。员工了解了企业的环境信息和社会责任履行情况，有助于他们评估自身利益的得失，有助于改进管理和提高生产经营的积极性。

（五）社会公众

身处企业周围的社会公众是企业环境行为的直接受益者或受害者，他们必然会要求企业披露必要的环境信息，从而决定是否接受这个企业的存在。

第三节　国内外研究综述

一、国外研究综述

环境会计研究始于20世纪70年代的发达国家，以1971年比蒙斯的《控制污染的社会成本转换研究》和1973年马林发表的《污染的会计问题》的研究揭开了环境会计研究的序幕。时至今日，环境会计研究已有40余年，国外在此领域已取得了丰富的研究成果。

（一）政府规范研究

1. 美国

在美国，环境会计信息披露属于法规披露条目。美国财务会计标准委员会、证券交易委员会、美国注册会计师协会所属会计标准执行委员会对相关行业上市公司环境会计信息进行指导。如证券交易委员会要求上市公司环境信息要遵照《或有事项会计》《石棉清理成本的会计处理》《处理环境污染成本的资本化》及其第92号专门会计公报等规定进行披露，且要求上市公司以解释公告和信件的形式披露公司环境的未决诉讼、环境风险、环境法律政策对公司带来的影响及或有事项的内容。美国的环境法规建设也很完善，颁布了《清洁空气法案》及其修正案、《全面环境反应、补偿与债务法》和《有毒物质控制法案》等一系列法律法规，对企业的环境污染行为进行了有效的控制。

2. 欧盟（EU）

1992年发表的《走向可持续发展》报告拉开了欧盟环境会计信息披露研究的序幕。20世纪90年代欧盟下属的欧洲委员会对环境会计规划的项目包括环境管理会计、企业环境报告及其财务会计的环境问题指导项目等。为将生态指标应用于环境管理和审计，并加强企业的环境保护，欧盟颁布并实施了"环境管理和审计计划"（Environmental Management and Audit Scheme，EMAS）；发布了《在企业决算及报告方面确认、计量和揭示环境问题的讨论文件》；颁布了第1836条欧盟委员会条例《欧盟的环境政策和原则》，号召企业自觉建立和实施环境保护政策、目标和计划，建立有效的环境管理系统，编制环境报表。欧盟会计师联盟在环境报告方面也进行了大量的调查研究工作，并制定了全球报告指标（Global Reporting Initiative，GRI）作为环境报告研究目标。

3. 日本

日本环境会计理论研究与实务已领先于亚洲其他国家，在实务方面制定了专门的环境会计准则，将披露环境信息作为企业对外报告的重要内容。日本环境会计信息披露进展速度之快与日本建立的完备的以《循环型社会基本法》为主的一系列与环境有关的法律法规体系密不可分。日本于2000年3月颁布了《环境会计指南》，同年7月出版了《环境会计指南Ⅱ》，随后委托日本公认会计师编写了《环境会计指南手册》，于2001年发布了《环境报告书准则》。2002年3月，日本环境省编写了《环境会计指南手册（2002）》。2005年，日本环境省在总结前面成果的基础上，对过去的文件做了进一步的补充，发布了《环境会计指南2005》，其中增加了按环保对策分类的环境保全成本、对环保对策的经济效果内容增加了推定效果的成分等。目前，正在使用的是《环境会计指南2012》。这一系列指南和准则给日本企业环境信息披露提供了操作标准，使其实务和理论得到了完美结合。

（二）理论研究

国外环境会计信息披露的研究较早，而且研究范围比较广泛，研究主要围绕环境信息披露内容、动因、影响因素以及环境信息披露与财务绩效的相互关系等方面展开。

1. 环境会计信息披露内容的研究

Kreuze（1996）和 Newell（1996）把环境信息披露的内容归为：与公司有关的环境法规的简要介绍；公司现在和未来要负担的环境义务与责任；与环境事故有关的详尽信息；公司解决环境问题的计划或策略；履行环境义务或责任所发生的成本支出和结构；与环境事故有关的保险赔偿；环境责任对公司财务状况可能带来的影响；企业的生产工艺、产品、原材料等在各个环节对生态环境所造成的影响；公司在废品收回、利用和能源节约方面的政策，以及它们在企业内部的执行情况；公司在环境方面已得到的认可或受到的奖励。Fekrat（1996）则认为，环境会计信息的揭示内容包括：会计和财务方面的信息；环境诉讼方面的信息；环境污染方面的信息。Hughs 和 Reier（2000）从环境信息不同的性质角度对环境信息披露的内容进行了归纳分类：公司的环境有利信息；环境不利信息，如环境引起的诉讼信息；环境中立信息；环境财务信息等。Patten 和 Trompeter（2003）认为企业披露的环境内容包括：公司所处行业的有关环境法律法规的介绍；企业未来可能面临的环境风险；企业对废弃污染物质的排放和治理的情况等。

2. 环境会计信息披露动因的研究

Wilmshurst 和 Frost（2000）针对企业披露环境会计信息的行为向澳大利亚污染行业的企业进行了调查研究，研究发现外界法律法规和企业股东的需求对环境会计信息披露有一定的影响，并认为股东的需求较之法律法规对环境会计信息披露的影响力度要大。O'Donovan（2002）对爱尔兰6种行业27家公司的企业高管进行了研究，调查发现影响公司披露的主要因素是社会团体和媒体的压力，他的研究同时还发现处于环境敏感性行业的公司会相应地加强公司年报的环境信息披露，这表明所处的行业是影响公司环境信息披露的影响因素之一。而 Grayet（1996）则认为企业披露动机来源于道德层面、会计责任、法律法规、市场和公众形象等方面的考虑以及为了维持在市场中领先的地位。由此，Solomon 和 Lewis（2002）将企业自愿进行披露环境信息的考虑因素分为四个方面，即市场效益、社会影响、政治形象及企业的社会责任。Buhr

(1998)认为企业披露环境信息主要从证明正当性以及取得利害关系人信任角度考虑。企业外部的社会公众可以评价和控制一个企业的"正当性",而公司要证明其自身的正当性则有必要将其进行的环境活动披露给社会大众。Moir(2001)认为企业的社会责任信息披露来源于企业须满足所有利害关系人的需求。如果企业的主要利害关系人对公司的经济或者环境绩效丧失信心,可以通过很多途径来收回企业的正当性权力,比如政府停止环保补助或给予环保罚款、顾客停止购买企业的产品,以及环保组织的控诉等。所以公司会出于这方面的考虑来披露企业的信息。Murray等(2006)研究发现英国大公司的社会及环境信息披露与其股票回报之间无直接关联,驱动社会和环境信息披露的动因并不是股票回报和增加多元投资者投资回报。也有学者从合法性理论出发研究环境信息披露的动因。Magness(2006)通过加拿大公司年报中环境信息披露在矿业环境事故后的变化的事件验证了合法性理论的适用性。Islam和Deegan(2010)从利益相关者角度出发,认为公司中不同利益团体带来了不断变化的信息需求。

3. 环境会计信息披露影响因素的研究

外国学者主要从公司治理、公司规模、资金成本、媒体关注、公司偿债能力等方面对环境信息披露的影响因素进行了研究。企业环境会计信息披露影响因素的研究,将有助于规范企业环境会计信息的披露行为和提高信息披露的质量。

Flanceur(1992)认为,公司治理中独立非执行董事的比例越高,就越能加强对财务信息披露质量的监控,并且会减少经理人员保留信息而获得的好处,从而董事会中独立董事比例越大,监控经理层的机会主义行为就越有效,经理层进行自愿披露的意愿就越强,因而披露的环境信息也越多。

Dierkes和Coppock(1978)、Trotman和Bradley(1981)发现,公司的规模与环境会计信息披露水平呈正相关关系。一般来说,与规模较小的公司相比,规模大的公司更需要筹集较多的外部资金。所以,为了赢得投资者的信赖,规模大的公司自愿披露更多的环境会计信息,这样可以减少因为信息不对称产生的代理成本。

RiChardson和welker(2001)从资金成本角度出发研究发现:社会责任信

息的披露水平与资金成本呈显著的正相关关系。

Bewley 和 Li（2000）则认为媒体关注程度与环境会计信息披露之间存在着一定的正相关关系。越是被媒体报道多的、环境污染越严重的、需要有良好政治形象的企业，越倾向于披露更多的环境信息。Donovan（2002）发现基于媒体和公众的压力，重污染行业倾向于披露更多的环境会计信息。

Ferguson（2002）研究发现，随着公司资本结构中负债程度的提高，公司财务失败的风险将大大提高，公司为了增强债权人和股东的信任，会自愿提供更多的环境信息以即时反映公司的财务和经营状况。而 Eng 和 Mak（2003）通过实证研究发现，公司的资产负债率与企业环境会计信息的披露存在明显的负相关关系，即负债程度越高，企业环境会计信息披露水平越低。

4. 环境会计信息披露与财务绩效关系的研究

Hart 和 Ahuja（1996）认为并非所有公司支付的环保成本都可以收回。企业的环保政策可能会产生巨大的成本，而披露未必能给企业带来预期的财务收益。因为企业的环保政策与财务收益之间并不存在一定的正相关关系，并不一定能在做好环境保护和披露的同时实现财务上的收益最大化。Hughes、Anderson、Golden（2001）在实证研究的基础上也印证了这一结论，财务绩效为优的公司在信息披露方面没有太大的区别，相反，业绩差的公司却倾向于进行大量的信息披露。

Bowman、Preston（1978）、Frankle（1980）等学者通过实证研究发现，公司绩效越高，环境会计信息披露水平越高。Fouts（1997）采用企业的资产收益率来衡量企业的财务业绩，利用一家独立的评测机构做出的环保排名来代表企业相对的环境绩效。研究发现环境绩效与财务绩效有一定的正相关关系。Al – Tuwaijri、Christensen、Hughes（2004）用循环利用的废物比重来衡量环境绩效，用内容分析法即根据企业年报中披露的潜在的环境责任、石油化工污染以及环境罚款等来衡量企业的环境披露水平，研究发现在企业的环境披露与企业的绩效之间存在着显著的正相关关系。Clarkson 等（2008）以美国 2003 的 191 家企业为样本，从软硬两个指标方面出发，发现无论是"硬"性的披露还是"软"性的披露，企业的环境信息披露与企业的环境绩效间表现出显著的正相关的关系。国外学者对此问题的研究没有得出一致的结论，有待进一步探讨。

纵观国外发达国家环境会计信息披露的发展历程，不难发现一个共同的特点，就是各国政府机构在其中发挥着不可或缺的作用，其中最重要的是为环境会计信息披露建立了法律保障。从文献综述来看，环境会计信息披露研究更多的是结合数据进行实证研究。

二、国内研究综述

（一）政府规范研究

我国政府高度重视环境保护问题，为了协调经济发展和生态破坏的矛盾、控制污染和加强环保意识，我国颁布了一系列法律法规。其中少数法律法规涉及了环境信息披露，但仅限于对首次公开发行股票时环境信息披露的规范。

1997年中国证监会发布了《公开发行证券公司信息披露内容与格式准则第1号——招股说明书》，要求上市公司必须说明企业所属的行业特点，阐述投资项目环保方面的风险。

2001年中国证监会发布了《公开发行证券公司信息披露内容与格式准则第9号——首次公开发行股票申请文件》，明确要求股票发行人对其业务及募股资金拟投资项目是否符合环境保护要求进行说明。《公开发行证券公司信息披露的编报规则第12号——公开发行证券的法律意见书和律师工作报告》中明确要求股票发行人必须对其业务以及拟投资项目是否符合环境保护要求进行说明，且对那些污染较严重的企业要求提供省级环保部门审批的文件。

2003年国家环保总局为督促重污染行业上市企业严格执行国家环境保护法律、法规和政策，避免上市企业因环境污染问题带来的投资风险，调控社会募集资金投资方向，指导各级环保部门核查申请上市企业和上市企业再融资工作，制定了《关于对申请上市的企业和申请再融资的上市企业进行环境保护核查的通知》，该通知对核查的对象以及内容做了明确的要求，并详细规定了核查程序，要求将核查结果进行公示，这对加强上市公司环境信息的披露起到了积极的推动作用。

2005年国务院颁布的《关于落实科学发展观　加强环境保护的决定》要求，企业应当公开环境信息，引导上市公司积极履行环境保护社会责任，促进上市公司重视并改进环境保护工作，加强对上市公司环境保护工作的监督。

2006年深圳证券交易所（深交所）发布了《上市公司社会责任指引》，就上市公司环保政策的制定、内容和实施等方面提出了指导。指引第七章"制度建设与信息披露"中要求，上市公司应当积极履行社会责任，定期评价公司社会责任的履行情况，自愿披露公司社会责任报告，同时规定了社会责任报告中最少应披露的内容。

为加强上市公司环境会计信息披露、公开环境信息，2007年国家环保总局印发了《关于企业环境信息公开的公告》。为加强上市公司环保核查工作，随后下发了《国务院关于印发节能减排综合性工作方案的通知》，同年又印发了《关于进一步规范重污染行业生产经营公司申请上市或再融资环境保护核查工作的通知》。

2008年上海证券交易所（上交所）发布了《上市公司环境信息披露指引》，指导上交所上市公司的环境信息披露。指引规定，上市公司发生文件中的6类与环境保护相关的重大事件，且可能对其股票及衍生品种交易价格产生较大影响的，上市公司应当自该事件发生之日起2日内及时披露事件情况及对公司经营以及利益相关者可能产生的影响。指引还规定，上市公司可以根据自身需要，在公司年度社会责任报告中披露或单独披露9类环境信息，包括公司环境保护方针、年度环境保护目标及成效；公司年度资源消耗总量；公司环保投资和环境技术开发情况；公司排放污染物种类、数量、浓度和去向；公司环保设施的建设和运行情况；公司在生产过程中产生的废物的处理、处置情况，废弃产品的回收、综合利用情况；与环保部门签订的改善环境行为的自愿协议；公司受到环保部门奖励的情况；企业自愿公开的其他环境信息。此外，被列入环保部门的污染严重企业名单的上市公司，应当在环保部门公布名单后2日内披露下列信息：公司污染物的名称、排放方式、排放浓度和总量、超标、超总量情况；公司环保设施的建设和运行情况；公司环境污染事故应急预案；公司为减少污染物排放所采取的措施及今后的工作安排。上市公司不得以商业秘密为由拒绝公开。

中国证监会于 2008 年印发了《关于重污染行业生产经营公司 IPO 申请申报文件的通知》，要求从事火力发电、钢铁、水泥、电解铝行业等重污染生产经营公司首次申请公开发行股票的，申请文件中应当提供国家环保总局的核查意见，未取得相关意见的，不受理申请。

为进一步推进和规范环境保护行政主管部门以及企业公开环境信息，维护公民、法人和其他组织获取环境信息的权益，推动公众参与环境保护，中华人民共和国环境保护部于 2008 年 5 月实施了《环境信息公开办法（试行）》，要求企业应当按照自愿公开与强制性公开相结合的原则，及时、准确地公开企业环境信息，同时对上市公司环境信息披露内容做了进一步规范。

2009 年中国证监会发布的《公开发行证券公司信息披露内容与格式准则第 29 号——首次公开发行股票并在创业板上市申请文件》要求，发行人除提交公司财务会计资料外，还要提交关于环境保护相关的其他文件，包括生产经营和募集资金投资项目符合环境保护要求的证明文件，其中重污染行业的发行人需提交符合国家环保部门规定的证明文件。

2010 年 9 月，环保部发布了《关于〈上市公司环境信息披露披露指南〉（征求意见稿）公开征求意见的通知》，该指南规定上市公司应当准确、及时、完整地向公众披露环境信息，不得有虚假记载、误导性陈述或者重大遗漏。上市公司信息披露的对象扩大到社会公众，以满足公众的环境知情权，敦促上市公司积极履行环境保护的责任。

中国证监会在《公开发行证券的公司信息披露内容与格式准则第 2 号——年度报告的内容与格式（2014 年修订）》中，鼓励公司主动披露积极履行社会责任的工作情况，包括公司在防治污染、加强生态保护等方面所采取的措施；对属于国家环境保护部门规定的重污染行业的上市公司及其子公司，要求其应当按照相关规定披露报告期内重大环境问题及整改情况等环境信息。

2015 年 7 月 19 日，在 2015 中国环保产业高峰论坛上，中国人民银行研究局首席经济学家马骏表示，央行已将绿色金融列为"十三五"规划的重要内容，成立了绿色金融专业委员会，发布了国内首份《构建中国绿色金融体系》报告，提出了构建中国绿色金融体系的框架性设想和 14 条具体建议，包括绿色信贷、绿色债券、政府为绿色贷款提供担保、碳交易、绿色保险、绿色基金，以及金融机构的环境法律责任等。在 14 条建议中，最后一条是关于强制性要求上市公司披露环境信息的建议。目前，绿色金融专业委员会已经向《中华人民共和国证券法》修法小组提交了书面意见，建议在证券法修改稿中增加强制要求上市公司披露环境信息的条款。首先要建立披露的标准，可以从部分行业先启动，然后再逐步扩大到其他行业。

（二）理论研究

1. 关于环境会计的研究

20 世纪 90 年代，环境会计在我国开始发展，主要集中于理论研究，提出环境会计研究的必要性，并对创建我国环境会计提出设想。业界普遍认为，我国开始研究环境会计的一个重要标志是葛家澍教授等（1992）《九十年代西方会计理论的一个新思潮——绿色会计》一文的发表。孟凡利（1997）提出了环境会计的研究意义，他指出环境会计是当代会计迫切需要开拓的新范围。王立彦等（1998）采用问卷调查的方式得出了环境信息强制性强于自愿性这一结论。企业的会计人员都是在法规的约束下进行信息披露的，因此加强政府监管的强制力对于环境会计信息披露的发展有着更为现实的意义。朱学义（1999）提出要构建环境会计的核算体系，以指引企业进行信息披露。肖序（2003）把建立和实施环境会计核算作为目标，在会计的确认、计量和报告的具体操作层面上进行了探讨。耿建新与房巧玲（2004）区分了中西方国家对于环境会计的不同分析角度，并做出了比对，在此基础上，提供了一些具有参考价值的建议。

2. 关于环境会计信息披露的研究

环境会计信息披露的研究在中国的起步相对西方较晚，国内的学者在 20 世纪 90 年代才开始进行研究，主要集中在环境会计信息披露的现状、内容、方式与实务操作方面。近年来，关于环境会计信息披露的实证研究才逐步增加，包括披露的动因、影响因素、市场反应等方面。目前，我国还没有一套正式的环境会计体系，仅在 2001 年的《企业会计准则》中提到排污费和绿化费的问题，2006 年的修改版中增加相关的环境会计规定，但并没有法律法规规定环保收支的确认、计量以及披露方法。

(1) 关于环境会计信息披露现状的研究。

目前我国环境会计信息披露依旧处于初级阶段,多数公司以董事会报告和财务报表附注的形式披露,少数公司发布了社会责任报告,还未有公司发布单独的环境会计报告。

近年来上市公司环境意识和环境会计信息关注度有所增强,但整体披露水平依旧较低,除了必须货币化的信息披露内容外,多以定性描述为主。曾毅勤(2008)认为我国上市公司对环境信息的会计计量程度不高,披露内容不具体,缺乏主要指标及治理结果,故而披露质量不高。企业的环境信息披露与年度、环保相关法规出台相关,上市时间越晚披露内容越详尽,与行业相关性不强。卢馨与李建明(2010)以2007—2008年沪市的制造业企业为研究样本,对样本企业环境会计信息的披露状况进行分析,结果显示我国上市企业环境会计信息披露的内容和方式在《上市公司环境信息披露指引》颁布之后,有了明显的改善。倪世峰(2012)以2006—2010年沪市16家电力公司为研究样本,对我国上市公司环境信息披露的现状进行了分析,结果显示我国2006—2010年环境信息披露呈明显的阶梯状连续上升,大部分公司以社会责任报告的形式进行披露,但同时存在披露不够主动、内容不够到位、意图不够明确、证据不够充分的问题。

研究普遍认为由于企业还未建立规范的环境信息披露体系,依然存在披露的目标过于单一和披露报告内容不够全面,披露模式不规范统一,缺乏独立性等问题。目前我国环境信息披露处于强制披露阶段,强化法定环境会计信息披露十分必要。

(2) 关于环境会计信息披露内容的研究。

关于环境会计信息披露的内容,国内较多的学者对此进行了研究,提出了相应的披露建议,但是还没有一致性的规范。

孟凡利(1999)认为环境信息披露的内容分为环境问题对财务的影响和环境绩效两部分。环境问题的财务影响主要包括环境问题对企业财务状况和经营成果的影响;环境绩效包括对环境法规的执行情况、环境质量情况、环境治理和污染物利用情况等。耿建新、焦若静(2002)认为环境信息披露的内容除了环境对财务的影响外,还要包括环境对策方案、环境支出和环境负债。李建发（2002）认为环境信息的内容应反映信息使用者的要求，故而应该包括企业的基本情况与环境方针、环境会计信息、环境业绩与评价指标、环境审计报告等内容。目前国内上市公司的环境信息披露主要包含两部分：一是在董事会报告中披露企业的环境政策、相关环保措施的实施情况、环境绩效等；二是在财务报表及其附注中披露计入本期损益的环境支出和与环境有关的或有负债。肖华（2002）认为企业环境信息披露的内容应包括四个主要方面：企业的环境政策、环境影响、环境业绩和企业环境活动的财务影响。顾署生（2005）则认为凡是与企业生产经营活动有关的环境事项均应予以披露，即使是难以货币化的环境活动。郑永生、胡曼军（2006）认为环境会计信息应披露的内容包括：环境问题对财务状况带来的影响（包括资产负债表各相关科目）、对企业收益和支出带来的影响、对企业现金流量带来的影响以及与环境相关的会计政策和企业的环境绩效。冯春梅（2012）建议环境会计报告应该包括以下内容：公司的组织架构、核心业务，公司的环境政策、环保目标和环境管理情况，重大环境事项的说明，资源使用或者耗用的关键性指标，环保支出和环保成本，环保投入的财务绩效和环境绩效，环境审计报告等。高建立、马继伟等（2013）认为环境会计信息的披露不仅涵盖传统意义上的历史信息，譬如环境资产、环境负债等，还要包含预测、估计的会计信息。

从已有的研究可看出，尽管目前没有环境会计信息披露的一致性规范，但是学者们对于环境会计披露内容研究的领域越来越广。既包括环境会计各要素，又包括环境问题对企业财务状况、经营成果和现金流量的影响；既包括环境绩效之类的历史信息，又包括不同行业环境及未来收益等预测、估计信息；既包括定量的环境会计信息，又包括一些定性的环境会计信息；既包括宏观层面的相关会计政策，又包括细致的环保补贴、环保税收减免、罚款、环保设施支出等项目。

（3）关于环境会计信息披露方式的研究。

关于环境会计信息的披露方式，国内研究普遍有三种观点：第一种是编制专门的独立环境会计报告；第二种是补充报告模式；第三种是两者结合的方式。

蔡昌（2000）认为环境会计信息披露主要披露的是环境信息，且环境信息内容丰富，包括存量、流量环境资源的经济信息，可与财务会计信息系统区别开来并形成单独的体系，故建议采取独立报告模式。李洪光、孙忠强（2002）对比了改进当前财务报表进行披露、提供单独的环境会计报表进行披露和针对当前财务报表包含不了的内容进行单独披露的三种模式，得出针对目前财务报表包含不了的内容进行单独披露是目前为止我国环境信息披露中相对实际的披露模式。高历红、李山梅（2007）认为独立报告模式可以全面披露环境会计信息，将成为环境会计的发展趋势。

孙兴华（2000）认为在目前我国环境会计具体准则空缺的情况下，企业应首先采取补充报告模式来披露环境信息。李姝（2004）认为目前企业应采用补充报告的方式，在财务报表、报表附注和财务情况说明书中予以揭示，抓住问题的主要方面。何卫红（2007）认为采用补充报告就是要在传统的财务会计报表中增加环境会计相关的科目，这样有利于规范环境会计信息的披露。徐玉凤（2008）主张采用补充的环境报告，并设计资产负债表、损益表、现金流量表三大报表式样。

王辛平等（2000）认为我国目前环境会计理论与实务尚不健全，因此应根据企业的不同性质，选择不同的报告模式。上市公司尤其是大规模的重污染公司可采取独立的环境会计报告模式，而中小型的企业可采取补充报告的模式报告环境会计信息。翟春凤、赵磊（2007）建议企业可根据污染的严重程度由重到轻，分别采用3种模式揭示环境信息：单独的环境报告，在会计报表中增加环保项目，在报表附注中披露环保信息。王玉华（2008）认为环境会计的披露形式随着企业的发展阶段而改变。当企业首次尝试对环境会计信息进行披露时，可以采用简单的文字描述；当企业处于扩张发展阶段时，则迫切需要进行数据的量化和货币性的综合披露。向春华（2010）指出企业对于环境会计信息的披露应当使用独立环境报告与补充报告相结合的方式。

考虑到环境会计的核算对象自然资源、生态环境大多难以用货币计量，国内一些学者研究了环境信息披露的新方法——事项会计，即按照具体的经济事项来报告企业的经济活动。付程（2008）建议将独立环境会计报告模式与事项法会计披露模式相结合，以提供更真实、客观、充分的环境会计信息，弥补披露模式的缺陷。杨燃（2011）探讨了将事项法引入环境会计披露的可行性，并且构建了事项法的环境信息披露模式。

(4) 关于环境会计信息披露影响因素的研究。

定量研究分析影响环境会计信息披露的因素，有助于规范企业环境会计信息的披露行为和提高信息披露的质量。近几年来有关环境信息披露的影响因素分析以实证分析为主，集中于分析影响因素以及对环境会计信息披露质量的影响上。这些影响因素既包括公司规模、独立董事比例、资产负债率、公司盈利能力及在地区发展水平等企业内部因素，又包括地区经济发展、政府对环保的投入、公众环保意识及社会监督力量等外部因素。

汤亚莉、陈自力（2006）选取2001年、2002年度董事会的报告中对外公布了环境会计信息的污染行业中的60家企业作为研究样本，以流通股所占的比重、产权比例和资产净利率作为被控制的变量，分析公司规模和盈利情况对环境信息披露的作用。研究发现，企业环境信息披露水平与企业规模和公司绩效正相关。

肖华和张国清（2008）选取"松花江事件"肇事企业所在的化工行业79家A股上市公司，研究公众压力与企业环境信息披露的影响作用。研究表明，事件发生后的两年，样本企业的环境信息披露比之前年度披露显著增加，这是企业对外部压力的一种正常反映。他们建议相关环境监管部门尽快完善有关环境信息披露规章制度，以促进企业更多更好地披露环境信息。

王建明（2008）选取2006年沪市上市公司作为样本，以公司规模、财务杠杆、盈利能力、地区和企业性质作为控制变量，对企业的环境会计信息披露水平、企业所处行业的差异和外部制度对其造成的压力之间关系进行了实证研究。结果发现，环境会计信息披露水平与企业所处行业的差异显著相关，环境会计信息披露水平受到外部制度对其造成的压力的影响。

李晚金、匡小兰、龚光明（2008）以沪市201家公司为样本，对上市公司近三年环境信息披露的影响因素进行多元回归发现，近年来，我国上市公司在披露企业环境信息方面的工作显著进步。其中，公司规模、企业绩效、股权集中度等因素会对环境信息披露产生显著影响，另外直接控股股东的性质以及资产负债率则对环境信息披露没有影响。

张俊瑞等（2008）基于我国化工类上市公司的经验证据，通过Logistic回归也得到类似结果，规模较大、盈利能力较好的公司更倾向于披露环境会计信息。

辛敏、王建民（2009）选取2005—2007年我国12个重污染行业中的上市公司为样本，探讨公司规模、盈利能力对环境信息披露的影响。结果发现，公司规模、盈利能力与企业环境信息披露正相关。

田云玲、洪沛伟（2010）研究认为，企业规模、产权性质、公司注册所在地、控股股东性质、是否境外上市等因素与企业环境信息披露显著正相关；公司资产负债程度、盈利能力、独立董事人数以及流通股比例对企业环境信息披露没有显著性影响。

姜艳、杨美丽（2011）选取了2009—2010年山东制造业和采掘业63家上市公司作为样本，通过实证分析得到公司规模对环境会计信息披露的影响较大，股权集中度、独立董事的比例对环境会计信息披露的影响较小。

朱盈（2012）通过回归分析得出，企业负债程度、公司成长性、流通股比例与环境信息披露水平正相关，国有股比例、董事会独立程度对环境信息披露没有显著影响。

乔丽（2012）则认为国有股比例和管理人持股比例与环境信息披露水平正相关，企业负债程度、股权集中度与信息披露水平无明显关系。

三、文献综合评述

通过对上述国内外的文献进行综述，不难发现，国外环境会计信息披露具有法律细化、体系健全等特点。披露形式上以定量分析为主，以定性描述为辅。披露模式上则形式多样，如新闻、发布栏、发布会、独立环境报告、年报等。披露内容较全面，包括环境问题给企业资产、负债、所有者权益以及支出、收益带来的变化，引起企业现金流量的变化，企业环境绩效情况等。国外对环境会计信息披露的研究也比较全面，既对涵盖环境会计信息披露的模式、框架和内容等进行了充分阐述，又对自愿披露环境会计信息的影响因素，以及这些因素与企业绩效的价值关联度等问题进行了研究。

随着理论与实务的相互推进，在法律方面已经不再是强制性披露，而是发展成为自愿性披露阶段，学术方面也已经形成了相应的体系，把企业披露的环境及信息与上市公司的经营状况以及财务报告质量的关系作为重点关注，充分发挥了其指导实践的作用。

国内对环境会计信息的研究还比较浅显，无论是在理论还是实务方面均处于探索阶段，研究也主要集中在对国外有关法律和学术成果的阐述和引进，以此来分析我国企业在环境会计信息披露方面存在的问题并提出改进措施，虽然学者们也提出了一些有创意的观点，但还是各自成派，不能形成统一的认知和完整的体系。此外，理论研究较为空泛，比如回避了环境会计与现代会计衔接上存在的诸多问题，不能有效地指导实践。因此，我国学者更应该积极地寻找环境会计研究的突破口，探索和创新出适合我国国情的环境会计新思路，为会计理论的发展成熟奠定基础，也为推动生态文明建设做出努力。

第四节 研究内容

本书共分为七章，第一章绪论，主要阐述了本书的研究背景、研究意义、研究内容和研究方法。第二章环境会计信息披露的理论基础，主要从可持续发展理论、利益相关者理论、企业社会责任理论、信息不对称理论、决策有用论等角度探讨了与环境会计信息披露研究相关的理论基础。第三章环境会计信息披露基础理论，阐述了环境会计信息披露的定义、原则、形式、渠道、动因以及制度等内容。第四章国内外环境会计信息披露制度，介绍国际上以及我国主要的环境会计信息披露政策及实践。第五章我国企业环境会计信息披露实证研究，以我国沪深主板上市的火力发电企业为研究样本，通过样本公司年报分析火力发电企业环境会计信息披露比例、内容及形式的现状，进而总结火力发电企业环境会计信息披露的总体特征。在此基础上，通过实证分析，研究影响环境会计信息披露的主要因素。第六章我国企业环境会计信息披露问题及原因。第七章企业环境会计信息披露模式选择研究。第八章完善企业环境会计信息披露的对策建议，从制度建设、机制完善等方面提出了完善企业环境会计信息披露的具体建议。本书的研究框架如图 1-1 所示。

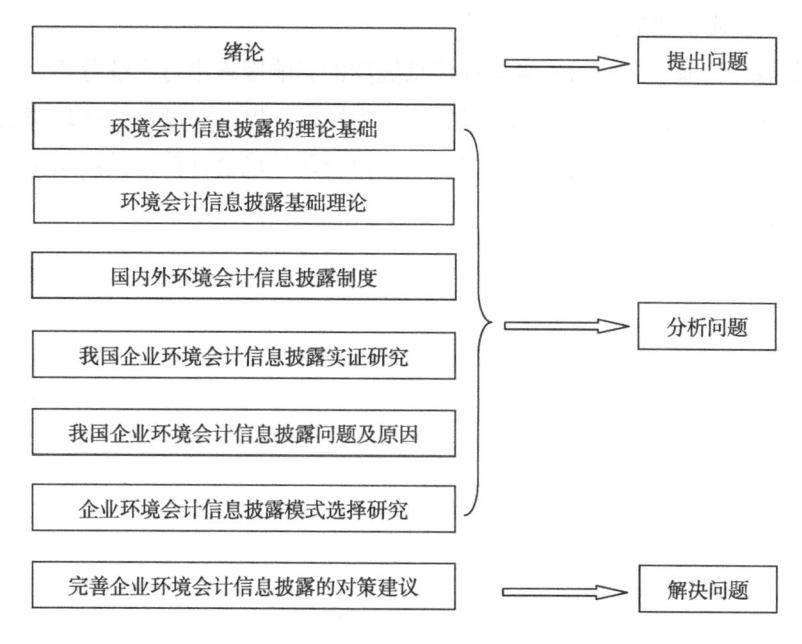

图 1-1 本书研究框架图

第五节 研究方法

本书主要采用规范研究法、比较分析法和实证研究法。

第一，规范研究法。

本书通过大量搜集并阅读国内外关于环境会计研究的文献资料，对环境会计相关理论进行概括总结，界定了环境会计相关概念，包括环境的概念及环境会计的定义，再运用可持续发展理论、利益相关者理论、决策有用论及信息不对称理论论述了环境会计信息披露的必要性及动因。

第二，比较分析法。

本书用大量篇幅对国内外研究进行陈述总结，分别从国内和国外两方面对环境会计信息披露进行综述分析。同时，对国内外环境会计信息披露制度进行了对比分析。通过对国内外在环境会计信息披露问题上的比较和分析，以发现我国在这个问题上的不足，借鉴他国经验。

第三，实证研究法。

本书对我国上市公司环境会计信息披露的影响因素进行实证分析，选取我国火电行业46家上市公司2014年的年报为样本，提出假设，构造环境会计信息披露指数，建立回归模型，研究我国上市公司环境会计信息披露水平的影响因素，进而提出相应建议。

第二章　环境会计信息披露的理论基础

所谓理论基础，是指对构建学科起着支撑或指导作用的理论。环境会计属于会计的一个分支，是核算环境与组织财务业绩的有关会计理论，其主要使用货币或物质量化等计量工具，核算企业的环境治理、环境开发等环境成本或收益，反映和控制组织与环境有关的各类经济活动、环保活动，向利益相关者传达一个全面的环境金融和环境绩效信息。环境会计信息披露是环境会计信息体系的一个重要组成部分，主要是指组织通过某种形式，对其在一段时间内发生环境活动以及经济活动对环境的影响等信息，以物质量化或货币化的形式，以环境报告或财务报告等形式来披露环境会计信息。笔者认为，可持续发展理论、利益相关者理论、决策有用论、企业社会责任理论、信息不对称理论等对企业环境会计信息披露起着根本性支撑作用。

第一节　可持续发展理论

一、"可持续发展"一词的提出

可持续发展概念的明确提出，最早可以追溯到 1980 年由世界自然保护联盟（IUCN）、联合国环境规划署（UNEP）、世界自然基金会（WWF）共同发表的《世界自然保护大纲》，大纲指出："必须研究自然的、社会的、生态的、经济的以及利用自然资源过程中的基本关系，以确保全球的可持续发展。" 1981 年，美国布朗（Brown）出版《建设一个可持续发展的社会》，提出以控制人口增长、保护资源基础和开发再生能源来实现可持续发展。1987 年联合国环境与发展委员会在发表的《我们共同的未来》研究报告中，第一次提出

"可持续发展"概念。1992年在巴西里约热内卢召开的"联合国环境与发展大会",顺应时代要求和各国人民的愿望,再一次向国际社会敲响了环境危机的警钟,并以持续发展为目标探索解决世界环境和发展问题的途径。大会发表的《里约宣言》和《21世纪议程》等一系列重要文件和公约,充分体现了当今人类社会可持续发展的新思想,反映了关于环境与发展领域的全球共识和最高级别的政治承诺。从此,人类社会开始走向可持续发展的新阶段。

可持续发展的思想在中国可谓源远流长,早在春秋战国时期,我国就已经出现了朴素的自然保护的思想。《论语·述而》主张"钓而不纲,弋而不宿"。《逸周书·大聚篇》记有大禹的话:"春三月,山林不登斧,以成草木之长。夏三月,川泽不入网罟,以成鱼鳖之长。"《吕氏春秋·义赏》中提到:"竭泽而渔,岂不得鱼,而明年无鱼;焚薮而田,岂不获得,而明年无兽。"齐国宰相管仲,从发展经济、富国强兵的目标出发,十分重视保护山林川泽及其生物资源,反对过度采伐。他认为,"为人君而不能谨守其山林菹泽草莱,不可以为天下王"(《管子·地数》)。荀子把保护资源和环境作为治国安邦之策,特别注重遵从生态学的季节规律(时令),重视自然资源的持续保存和永续利用。秦时《田律》(1975年在湖北云梦发掘)清晰地体现了自然保护的思想:"春二月,毋敢伐树木山林及雍堤水。不夏月,毋敢夜草为灰,取生荔,毋毒鱼鳖,置阱罔,到七月而纵之。"这是世界上最早的环境法律之一。我国古代哲学向来崇尚"自然的和谐""人和自然的和谐""人与人的和谐""人自我身心的内外和谐"的"普遍和谐"观念(汤一介,1996)。在这种"普遍和谐"观念的指导下,自古以来,东方文明靠的就是巧于向自然环境做有限的索取,把人类维持生活和昌盛所必需的产品更多地留给子孙后代。这些都是我国古代关于可持续发展思想的精华所在。[1]

在1992年联合国环境与发展会议之后不久,我国编制的《中国21世纪人口、资源、环境与发展白皮书》,首次将可持续发展战略纳入我国经济和社会发展的长远规划。白皮书共20章,可归纳为总体可持续发展、人口和社会可

---

[1] http://wangzanpu2005.blog.163.com/blog/static/11195232008113104416260/.

持续发展、经济可持续发展、资源合理利用、环境保护5个组成部分，70多个行动方案领域。该文件是世界上首部国家级可持续发展战略。1997年的中共十五大把可持续发展战略确定为我国"现代化建设中必须实施"的战略。可持续发展主要包括社会可持续发展、生态可持续发展、经济可持续发展。2002年中共十六大把"可持续发展能力不断增强"作为全面建设小康社会的目标之一。2007年中共十七大首次将"科学发展观"写入党章，强调实施"可持续发展战略"，努力实现以人为本、全面协调可持续的科学发展。2012年中共十八大报告指出，"必须树立尊重自然、顺应自然、保护自然的生态文明理念"，"坚持节约优先、保护优先、自然恢复为主的方针"。这一重要论述正确回答了如何看待人与自然、发展与资源环境关系这一长期未能解决好的重大问题。中共十八大指出："良好生态环境是人和社会可持续发展的根本基础。"

二、可持续发展的定义

（一）一般性定义

可持续发展的一般概念，即"可持续发展是在满足当代人需要的同时，不损害后代人满足其自身需要的能力"。可持续发展的核心是协调发展，即基础广泛的经济发展，人类不断进步和稳定的人口，良好的生态环境基础以及高效的、节省自然资源的技术进步等各方面协调基础上的经济发展、社会发展。发展是可持续发展的前提；人是可持续发展的中心体；可持续长久的发展才是真正的发展。

可持续发展的目标是实现在人口、环境、资源与经济发展相协调基础上的社会发展，满足全社会日益增长的物质文化生活需求，不断提高人们的生活质量和生活水平，实现全社会的共同富裕。

（二）科学性定义

可持续发展涉及自然、环境、社会、经济、科技、政治等诸多方面，由于研究者所站的角度不同，对可持续发展所作的定义也就不同。大致归纳如下。

1. 自然性定义

"持续性"一词首先是由生态学家提出来的,即所谓"生态持续性"。意在说明自然资源及其开发利用程度间的平衡。1991年11月,国际生态学联合会(INTECOL)和国际生物科学联合会(IUBS)联合举行了关于可持续发展问题的专题研讨会。该研讨会的成果发展并深化了可持续发展概念的自然属性,将可持续发展定义为"保护和加强环境系统的生产和更新能力",其含义为可持续发展是不超越环境系统更新能力的发展。

2. 社会性定义

1991年,由世界自然保护同盟、联合国环境规划署和世界自然基金会共同发表《保护地球——可持续生存战略》,将可持续发展定义为"在生存于不超出维持生态系统涵容能力之情况下,改善人类的生活品质",并提出了人类可持续生存的九条基本原则。

3. 经济性定义

爱德华·B. 巴比尔(Edivard B Barbier)在其著作《经济、自然资源:不足和发展》中,把可持续发展定义为"在保持自然资源的质量及其所提供服务的前提下,使经济发展的净利益增加到最大限度"。皮尔斯(D – Pearce)认为,"可持续发展是今天的使用不应减少未来的实际收入","当发展能够保持当代人的福利增加时,也不会使后代的福利减少"。

4. 科技性定义

斯帕思(Spath)认为:"可持续发展就是转向更清洁、更有效的技术——尽可能接近零排放或密封式,工艺方法——尽可能减少能源和其他自然资源的消耗。"

(三)综合性定义

1987年联合国环境与发展委员会发表的《我们共同的未来》的研究报告将可持续发展定义为:"能满足当代人的需要,又不对后代人满足其需要的能力构成危害的发展。它包括两个重要概念——需要的概念,尤其是世界各国人们的基本需要,应将此放在特别优先的地位来考虑;限制的概念,技术状况和社会组织对环境满足眼前和将来需要的能力施加的限制。"

1989年,"联合国环境发展会议"专门为"可持续发展"的定义和战略通过了《关于可持续发展的声明》,认为可持续发展的定义和战略主要包括四个方面的含义:①走向国家和国际平等;②要有一种支援性的国际经济环境;③维护、合理使用并提高自然资源基础;④在发展计划和政策中纳入对环境的关注和考虑。

总之,可持续发展就是建立在社会、经济、人口、资源、环境相互协调和共同发展的基础上的一种发展,其宗旨是既能相对满足当代人的需求,又不能对后代人的发展构成危害。可持续发展注重社会、经济、文化、资源、环境、生活等各方面协调"发展",要求这些方面的各项指标组成的向量的变化呈现单调增态势(强可持续性发展),至少其总的变化趋势不是单调减态势(弱可持续性发展)。

三、可持续发展的内容

可持续发展理论的内容可从经济、环境和社会三个方面表述:①可持续发展要求经济活动以环境承载力为基础,降低资源消耗率,提高资源利用率,减少环境污染,减少经济活动对环境造成的压力;②可持续发展认为环境资源具有价值,要求在资源和环境的使用和配置方面体现这种价值,并体现代内公平和代际公平原则;③可持续发展最终要实现全社会持续健康发展,以经济得到充分发展、资源和生态环境得到充分保护、社会得以全面进步为目标。

四、可持续发展理论下我国企业的环境责任

我国的"十二五"规划纲要坚持以科学发展为主题,以加快转变经济发展方式为主线,强调把以人为本、可持续发展放在一个突出的位置。为实现可持续发展战略,企业必须承担相应的环境责任。

(一)降低能耗,高效利用资源

单位GDP能耗是反映能源消费水平和节能降耗状况的主要指标,是一次能源供应总量与国内生产总值(GDP)的比率,是一个能源利用效率指标。该指标说明一个国家经济活动中对能源的利用程度,反映经济结构和能源利用效率的变化。单位GDP能耗越大,则说明经济发展对能源的依赖程度越高。20

世纪 80 年代以来，我国经济发展采用"高投入、高消耗、高污染"的粗放型模式，经济增长主要依靠投资拉动，资源利用效率低下。表 2-1 为 2005—2014 年中国万元 GDP 能源消耗情况。

表 2-1　2005—2014 年中国万元 GDP 能源消耗情况

年份	2005	2006	2007	2008	2009	2010	2011	2012	2013	2014
吨标准煤	1.226	1.204	1.160	1.102	1.077	0.809	0.793	0.764	0.737	0.702

资料来源：国家统计局国民经济和社会发展统计公报。

虽然从 2005 年以来，我国万元 GDP 的能耗一直处于下降趋势，但是和世界其他国家相比，能耗依然偏高。以 2012 年数据为例，我国一次能源消费量 36.2 亿吨标准煤，消耗全世界 20% 的能源，单位 GDP 能耗是世界平均水平的 2.5 倍，美国的 3.3 倍，日本的 7 倍，同时高于巴西、墨西哥等发展中国家。中国每消耗 1 吨标准煤的能源仅创造 14000 元人民币的 GDP，而全球平均水平是消耗 1 吨标准煤创造 25000 元人民币 GDP，美国的水平是 31000 元人民币 GDP，日本是 50000 元人民币 GDP。据中国工程院院士、原能源部副部长陆佑楣测算，在能源消费总量不变的情况下，如果中国单位 GDP 能耗达到世界平均水平，我国 GDP 规模可达到 87 万亿元人民币；达到美国能效水平，GDP 规模达 109 万亿元人民币；达到日本能效水平，GDP 规模为 175 万亿元人民币。[1]

（二）实施环境管理，避免环境污染

企业环境管理是指企业在宏观经济的指导下，对企业生产建设活动的全过程及其对生态的影响进行综合的调节与控制，使生产与环境协调发展，以求经济效益、社会效益与环境效益的统一。

为实现环境与经济协调、可持续发展，企业必须遵守国家和企业的环境政策，包括环境战略要求、环境管理的总体目标和环境标准等规范，把企业的经济活动和环境意识、环境责任联系起来，最大限度地控制或减少污染物的产生，并且对排放的污染物进行达标排放的净化处理；推行清洁生产技术。同

---

[1] http://finance.chinanews.com/News/2013/11/30/111846880.html.

时，企业要有效地运用技术、宣传、管理、经济等手段，提高全员的环境意识和素质，健全组织和各种经济责任制，做到全员教育、全程控制、全面管理。

可持续发展理论是企业环境会计核算的理论基础，它孕育了环境会计，可持续发展思想必然要体现在企业环境会计核算的理论和方法中，对企业的环境成本核算提出了要求。环境会计在可持续发展思想的指导下，将研究层次上升到会计主体与生态环境之间关系的高度，提供比传统会计更为全面、可靠、相关的信息，成为调整企业与环境和社会之间的关系、提高企业价值和公众形象的一种有效工具。企业作为经济活动的微观主体，被置于全社会的监督之中，应在可持续发展中起中坚作用。政府可以利用企业环境成本核算所披露的环境信息来评价企业对社会的贡献，做出正确的经济决策，从而合理有效配置社会资源，促进经济、环境、社会的可持续发展。

第二节 利益相关者理论

一、"利益相关者"一词的提出

"利益相关者"一词最早出现在 20 世纪 60 年代，美国研究学者用其代表与企业生产经营活动密切相关的全部人员。之后，在美国逐渐开始对利益相关者理论进行研究，公司治理实行外部控制模式的英国也开始对其进行研究，并在 20 世纪 70 年代形成一个较为完整的理论框架。

二、"利益相关者"的定义

潘洛斯（Penrose）在 1959 年出版的《企业成长理论》中提出了"企业是人力资产和人际关系的集合"的观念，从而为利益相关者理论构建奠定了基石。直到 1963 年，斯坦福大学研究所才明确地提出了利益相关者的定义："利益相关者是这样一些团体，没有其支持，组织就不可能生存。"这个定义在今天看来，是不全面的，它只考虑到利益相关者对企业单方面的影响，并且利益相关者的范围仅限于影响企业生存的一小部分。但是，它让人们认识到，除了股东以外，企业周围还存在其他的一些影响其生存的群体。自 1963 年美国斯坦福大学的一个研究小组首次定义利益相关者以来，经济学家已经提出了近30种定义。归纳起来可以分为以下三类。

第一类是宽泛的定义，即认为凡是能影响企业活动或被企业活动影响的人或团体均为利益相关者，包括股东、债权人、员工、供应商、消费者、政府部门、相关组织或社会团体、公众等。

第二类是稍窄的定义，即认为与企业有直接关系的人或团体才是利益相关者，与第一类相比，将政府部门、相关组织或社会团体、公众排除在外。

第三类是最窄的定义，即认为只有在企业中投入了专用性资产[1]的人或团体才是利益相关者。

其中，以弗里曼（Freeman）的观点最具代表性。1984年，弗里曼出版了《战略管理：利益相关者管理的分析方法》一书，明确提出了利益相关者管理理论。利益相关者管理理论是指企业的经营管理者为综合平衡各个利益相关者的利益要求而进行的管理活动。与传统的股东至上主义相比较，该理论认为任何一个公司的发展都离不开各利益相关者的投入或参与，企业追求的是利益相关者的整体利益，而不仅仅是某些主体的利益。弗里曼的定义大大丰富了利益相关者的内容，使其更加完善。

在通常情况下，只有与企业有直接联系的利益相关者，才会特别关注企业的经验情况，企业也会更加注重这些利益相关者的态度。其他与企业没有直接经济来往的间接利益相关者，虽然在企业的未来发展上起不了决定性的作用，但在涉及环境问题和企业社会责任时，企业与所有的利益相关者都是紧密联系在一起的。而且，随着社会公众环保意识的加强，企业必须将所有相关者的利益放在首要位置，这样才能够在未来更加长久地发展。反过来说，如果企业只关注投资者、债权人等直接利益相关者的利益，而不关注社会公众、媒体等间接利益相关者的态度，那么这些间接利益相关者很有可能成为企业潜在的危机和风险，为企业未来的发展带来不利影响。

---

[1] 专用性资产（Specific Assets）的概念由 Benjamin Klein 等于1978年在 J Law & Econ 发表的 *Vertical integration, appropriable rents, and the competitive contracting process* 中首次提出。专用性资产是指，只有当某种资产和某项特殊的用途结合在一起的时候，这种资产才是有价值的，否则它的价值基本上体现不出来，或者即使有价值，与为了获得这项资产所进行的投入相比，资产的所有者也是受损失的。资产的专用性越强，其所有者在和别人进行谈判时"筹码"也就越少。

在环境会计信息披露这一问题上，不管企业是出于自身的社会责任感而进行的自愿披露，还是由于间接利益相关者给予的外部压力而进行的被动披露，其最终目的都是要把所有的利益相关者都考虑进来，实现一种共赢的局面。所以，从利益相关者理论这个角度来看，企业进行环境会计信息披露不仅能够使企业管理者明确自身的环境绩效情况，便于企业未来的管理，同时也为国家环保事业做出贡献，为企业自身带来较好的声誉。因此，从这个意义上讲，企业必须积极进行环境会计信息披露。

利益相关者理论打破了传统的唯股东马首是瞻的企业受托理念，突出了政府、公众、员工、消费者等相关者利益，要求企业管理者应对所有的利益相关者负责，是评价企业环境责任极具影响力的理论基础。其为企业该如何承担环境责任、披露环境信息提出了具体要求，对企业的可持续发展指明了方向。

第三节　决策有用论

一、理论起源

1953 年，斯多波斯（Staubus）率先提出了财务会计的目标是决策有用性的观点。20 世纪 70 年代美国注册会计师协会出资成立的特鲁彼拉特委员会（Trueblood）在对会计信息使用者进行了大量的实证调查研究后在 1973 年提出的研究报告中，明确提出了十二项财务报表的目标，其基本目标是"提供据以进行经济决策所需的信息"。美国财务会计准则委员会（FASB）在其发布的第 1 号会计概念公告《企业财务报告的目标》中正式表达了这一观点。

二、主要观点

根据美国会计学会发表的《基本会计理论报告》，会计的目标是为"作出关于利用有限资源的决策，包括确定重要的决策领域以及确定目的和目标"而提供有关的信息。1978 年，美国财务会计准则委员会在其《财务会计概念公告》中，对财务报表的目标做出了进一步的阐述：①财务报告应提供对投资者、债权人以及其他使用者做出合理的投资、信贷及类似决策有用的信息；

②财务报告应提供有助于投资者、债权人以及其他使用者评估来自销售、偿付到期证券或借款等的实得收入的金额、时间分布和不确定的信息；③财务报告应能提供关于企业的经济资源、对这些经济资源的要求权（企业把资源转移给其他主体的责任及业主权益）以及使资源和对这些资源要求权发生变动的交易、事项和情况影响的信息。

三、实质

受托责任观重在向委托者报告受托者的受托管理情况，主要是从企业内部来谈的，而决策有用观是从企业会计信息的外部使用者来谈的。实际上，两者并不矛盾，都属于"会计信息观"，即会计目标是提供信息。

在受托责任观下，会计目标是向资源委托者提供信息；在决策有用观下，会计的目标是向信息使用者提供有用的信息，不但向资源委托者，而且还包括债权人、政府等和企业有密切关系的信息使用者提供对决策有用的信息。同时，两者侧重的角度不同，受托责任观是从监督角度考虑，主要是为了监督受托者的受托责任；决策有用观侧重于信号角度，即会计信息能够传递信号，向信息使用者提供对决策有用的信息。两者之间相互联系，相互补充。

决策有用论是适应社会经济发展的产物，较受托责任观有一定的优势，但在使用过程中也存在一些局限。一是"有用"的评价太主观，可操作性差。会计信息的使用者是多元的，不同的信息使用者对有用性的要求必然不同，即使是同一信息使用者，在不同的时期对会计信息的要求也会不同。二是"决策有用"与审计目标不协调。从审计产生的背景看，审计产生于受托责任，而不是决策有用。如果会计目标定位于"决策有用"，审计就可能达不到目标。

决策有用理论强调了企业受益人对公司未来发展做出决策之前企业应该提供有效信息支持其决策活动。根据决策有用理论，任何人只有依据完整、可靠的信息，才能做出科学、有效的决策。因此投资人需要通过切实信息来分析企业的水平，从而做出可靠正确的决策。

随着社会公众环保意识的不断增强以及环境绩效对企业发展的影响越来越大，信息使用者需要的信息不再只是企业的财务指标，更包括企业环保情况和社会责任各方面的信息。

对投资者而言，需要了解包括企业环境情况在内的所有信息来判断一个企业是否具有长远发展的潜力。对于内部管理者而言，环境会计信息的缺失会严重影响企业长远规划的决策或战略的制定。对政府而言，全面掌握企业的环境会计信息有利于政府及相关部门制定关于环境保护的相关政策，也有利于政府对相关政策实施进行有效的监督。对于金融机构来讲，也需要企业提供环境会计信息，以判断企业是否具有潜在的环境风险，为其是否给予融资做出准确的决策。所以，环境信息能够影响利益相关者的决策，企业有责任和义务对其进行披露。

第四节 企业社会责任理论

一、思想渊源

早在 18 世纪中后期英国完成第一次工业革命后，现代意义上的企业就有了充分的发展，但企业社会责任的观念还未出现，实践中的企业社会责任局限于业主个人的道德行为之内。企业社会责任思想的起点是亚当·斯密（Adam Smith）的"看不见的手"。古典经济学理论认为，一个社会通过市场能够最好地确定其需要，如果企业尽可能高效率地使用资源以提供社会需要的产品和服务，并以消费者愿意支付的价格销售它们，企业就尽到了自己的社会责任。

到了 18 世纪末期，西方企业的社会责任观开始发生了微妙的变化，表现为小企业的业主们经常捐助学校、教堂和穷人。

进入 19 世纪以后，两次工业革命的成果带来了社会生产力的飞跃，企业在数量和规模上有了较大程度的发展。这个时期受"社会达尔文主义"[1] 思潮

---

[1] 社会达尔文主义（Social Darwinism）是 19 世纪的社会文化进化理论，因和达尔文生物学理论有关系而得此名。著名的社会达尔文主义者有英国的斯宾塞和白哲特（Walter Bagehot）、美国的索姆奈（William Graham Sumner）。该理论认为影响人口变异的自然选择过程将导致最强竞争者的生存和人口的不断改进。这一理论被人用于支持自由放任的资本主义和政治上的保守主义：穷人是生存竞争中的"不适者"，不应予以帮助；在生存竞争中，财富是成功的标志。在对待社会的问题上，社会达尔文主义成为帝国主义和种族主义政策的哲学基础，支持盎格鲁-撒克逊人或雅利安人在文化上和生理上优越的说法。社会达尔文主义在 20 世纪衰落，因为生物学知识和文化现象知识的领域不断扩大，足以驳斥而不支持其基本信条。

的影响，人们对企业的社会责任观是持消极态度的，许多企业不是主动承担社会责任，而是对与企业有密切关系的供应商和员工等极尽盘剥，以求尽快变成社会竞争的强者，这种理念随着工业的大力发展产生了许多负面的影响。

与此同时，19世纪中后期企业制度逐渐完善，劳动阶层维护自身权益的要求不断高涨，加之美国政府接连出台《反托拉斯法》和《消费者保护法》以抑制企业不良行为，客观上对企业履行社会责任提出了新的要求，企业社会责任观念的出现成为历史必然。

二、企业社会责任定义

理论界一般认为，是英国学者欧利文·谢尔顿（Oliver Sheldon）在1924年最早提出了"企业社会责任"的概念。企业社会责任在全球并没有统一的定义，在不同的历史时期，它所代表的含义不尽相同。随着时代的发展，企业社会责任的概念也不断充实、完善。

在20世纪30年代之前，权威的观点认为企业的社会责任就是通过管理获取最大利益。1919年，美国密歇根法院就曾宣称：企业机构运营的主要目的是为股东赚取利润。这种观点完全确认了企业的经济功能对社会进步的作用，得到企业界的普遍认可和推行。从20世纪30年代到20世纪60年代早期，企业管理者的角色从原来的授权者变成了受权者，其职能也相应地由追求利润扩展为平衡利益。企业从要向所有者负责转变为要向更多的利益相关者负责。在这一阶段，公众成为推动转变的主角。他们要求企业更多地关注员工和顾客的利益和要求，更多地参与改善工作条件和消费环境的工作，为社会的发展发挥更突出的作用。他们不断在公开场合喊出他们对企业的期望。优秀的企业积极响应公众的期望，并且获得公众的支持。

不过企业社会责任的发展并非一帆风顺，而是始终伴随着反对的声音。在20世纪七八十年代，诺贝尔经济学奖得主、新古典主义经济学之父米尔顿·弗里德曼成为反对企业履行社会责任的领军人物。他多次在各种场合论及企业社会责任问题，无一例外地坚持批判的立场。弗里德曼认为，公司只有在追逐更多利润的过程中才会增加整个社会利益，如果公司管理者出于社会责任的目的花公司的钱，实质上就是像政府向股东征税一样，那么就失去了股东选择管理者的理由。20世纪90年代以来，全球化的进程加快，跨国公司遍布世界各地。但是生态环境恶化、自然资源破坏、贫富差距加大等全球化过程中的共同问题引起了世界各国，不仅是发达国家，而且包括发展中国家的关注和不安。恶意收购、"血汗工厂"也引起了人们对过分强调股东利益的不满。企业在发展的同时，承担包括尊重人权、保护劳工权益、保护环境等在内的社会责任已经成为国际社会的普遍期望和要求，关于社会责任的倡议和活动得到了来自全世界的广泛支持和赞同。

1997年，英国学者约翰·埃尔金顿提出了三重底线理论，认为企业要考虑经济、社会和环境三重底线，既要拥有确保企业生存的财务实力，同时又必须关注环境保护和社会公正。三重底线理论提出之后，逐渐成为理解企业社会责任概念的共同基础。

进入21世纪，企业社会责任呈现出促进力量多元化、责任运动国际化、责任发展标准化的趋势，联合国、世界银行、欧盟、国际标准化组织等分别从不同角度对企业社会责任进行了定义。

（1）联合国全球契约（Global Compact）。

联合国全球契约认为企业履行社会责任应遵循"全球契约"十项原则，包括人权、劳工、环境和反腐败四个方面。定义强调企业社会责任的内容，体现联合国推崇的价值观、关注重点和新千年目标。

（2）世界银行（World Bank）。

企业社会责任是企业与关键利益相关方的关系、价值观、遵纪守法以及尊重人、社区和环境有关的政策和实践的集合，是企业为改善利益相关方的生活质量而贡献于可持续发展的一种承诺。

（3）欧盟（EU）。

欧盟先后提出过四个企业社会责任定义，应用最为广泛的是2001年提出的，即企业社会责任是指企业在自愿的基础上，把社会和环境的影响整合到企业运营以及与利益相关方的互动过程中。

（4）世界经济论坛（World Economic Forum）。

世界经济论坛认为企业社会责任包括四个方面：一是良好的公司治理和道德标准，主要包括遵守法律、道德准则、商业伦理等；二是对人的责任，主要包括员工安全、平等就业、反对歧视等;三是对环境的责任,主要包括保护环境质量,应对气候变化和保护生物多样性等;四是对社会进步的广义贡献,如参与社会公益事业、服务消除社会贫困等。

定义强调企业社会责任的内容,认为企业在性质上要承担法律、道德和伦理责任;要对员工、环境和社会承担责任。

(5) 世界可持续发展工商理事会(WBCSD)。

企业社会责任是指企业采取合乎道德的行为,在推进经济发展的同时,提高员工及家属、所在社区以及广义社会的生活质量。

(6) 国际商业领袖论坛(IBLF)。

2003年,国际商业领袖论坛提出的企业社会责任定义为:企业以伦理价值为基础,坚持开放透明运营,尊重员工、社区和自然环境,致力于取得可持续的商业成功。

定义强调企业社会责任的性质和内容,认为企业社会责任要遵从商业伦理,对员工、社区和环境担负责任,并且认为只有这样,企业的商业成功才可以持续。

(7) 社会责任网络(CSR Wire)。

企业社会责任是指企业政策、运营和行为要充分考虑投资者、消费者、员工和环境等利益相关各方的利益。定义强调企业履行社会责任的内容,强调企业不但要对股东负责,而且要对其他利益相关方负责。

(8) 国际雇主组织(International Organization of Employers)。

企业社会责任是企业自愿性的举措,企业有权决定是否在国家法律范围之外做出其他社会贡献。定义强调企业履行社会责任的性质。

(9) 国际标准化组织(ISO)。

国际标准化组织正在积极推进社会责任标准ISO26000的制定工作,目前提出了社会责任的最新定义:组织社会责任,是组织对运营的社会和环境影响采取负责任的行为,即行为要符合社会利益和可持续发展要求;以道德行为为基础;遵守法律和政府间契约;并全面融入企业的各项活动。

综合各方定义,本书认为:企业社会责任(Corporate Social Responsibility,CSR)是指企业在创造利润、对股东承担法律责任的同时,还要承担对员工、消费者、社区和环境的责任，企业的社会责任要求企业必须超越把利润作为唯一目标的传统理念，强调要在生产过程中关注人的价值，强调对环境、消费者、社会的贡献。从这一角度来说，企业作为当今经济社会中不可缺少的一员，其经营目的已经提升到谋求自身利益的同时为环境和社会做出贡献。

三、中国企业社会责任发展历程

纵观企业社会责任在中国的发展，大致经历以下四个阶段。

（一）计划体制阶段：错位的企业社会责任

此阶段企业办社会的现象非常突出，企业成了政府的延伸。企业承担了许多本来应该由政府承担的责任，企业主要是在行政命令的指导下来执行，企业基本上没有自主权。所以，计划经济阶段企业办社会模式的企业社会责任并不是真正意义的企业社会责任，或者说是一种不合理的、错位的企业社会责任。与此同时，很多时候企业又将企业发展的责任放在了政府的身上，使整个社会的经济效益低下，社会效益难以维系。企业办社会尽管看起来是企业承担了很多社会责任，但实际上是企业社会责任的错位。

（二）双轨制阶段：缺失的企业社会责任

20世纪80年代中后期，我国处于双轨制阶段。这段时间追求经济利益被视为企业的首要甚至唯一责任。许多企业利用这段时期体制上的漏洞，通过寻租、价差等谋求经济利益，企业社会责任在很大程度上是缺失的。不少企业的不良行为是对社会责任的逃避和损害，表现为企业为了追求企业利润的最大化而不择手段。一些正常经营的企业反而效益下滑，不少国有企业出现大量职工下岗失业的现象。企业的短期行为比较突出，出现经营过程中的负外部性现象。由于负外部性与信息不对称问题的存在，企业行为常常会不自觉地超出自身应有的边界，对社会、员工等利益相关者产生不利的影响。

（三）市场经济体制的确立和发展阶段：片面的企业社会责任

20世纪90年代，我国市场经济体制被广泛认同并得以确定，非公有制经济快速发展、国有企业调整改制，股东利益得以强调，企业的基本经济责任逐步加强。与此同时，西方的企业社会责任运动也渐渐进入我国，对国内经济和社会的诸多领域产生了一定的影响。在此期间，国际上兴起了生产守则运动。1991年，美国著名牛仔裤品牌商Levi – Strauss因利用"血汗工厂"生产产品被曝光后，为挽救公众形象，制定了全球第一份公司生产守则。而我国的劳工问题成为西方国家、国际组织以及跨国公司的攻击对象。一些出口加工企业相继发生侵害员工权益的事件，引起了国际社会的广泛关注。一些组织和跨国公司还针对我国企业制定了专门的工厂守则，并要求我国的出口加工企业遵守这些准则。这段时间，我国企业对于企业社会责任仅限于劳工问题等方面的片面认识，处于被动地执行生产守则和国际标准的阶段。

(四) 全球化竞争阶段：主动承担的企业社会责任

从21世纪初至今，我国市场化改革不断深化，特别是在加入WTO之后，我国经济不断融入国际经济，全球500强企业已有三分之二以上在我国设立了企业或机构，很多国内企业开始参与到国际竞争中，其中很多企业在经济全球化的过程中成为跨国公司供应链中的重要环节，中国市场已经是世界市场的一个重要组成部分。企业对于社会所产生的作用也越来越大，企业的行为对社会环境的影响越来越深。企业社会责任日益成为企业国际竞争力的一个重要因素。为此我国部分企业已开始积极重视并践行社会责任。

这一阶段，有关企业社会责任的法规和规范性文件日益增多。2005年12月由中国企业改革与发展研究会发起成立中国企业社会责任联盟，建立了中国企业社会责任论坛，讨论制定了国内第一部综合性的《中国企业社会责任标准》，并发表了《中国企业社会责任北京宣言》。这标志着中国企业社会责任领域第一个规范化的法规和组织机构正式诞生。国务院国有资产管理委员会2008年发布了《关于中央企业履行社会责任的指导意见》，把中央企业履行社会责任概括为三个方面：法律规范的自觉遵守、企业价值的充分体现、道德伦理的高尚追求。

2006年1月，《中华人民共和国公司法》修订案正式施行，该法第五条也明确规定了公司必须承担社会责任，社会责任首次作为一个专门的法律术语在我国的立法中得到了确立。修订后的公司法特别强调公司的运作行为不仅关系股东、职工等内部利益关系人的利益，也对市场经济秩序和社会公共利益发挥着重要的影响。因此，公司及其股东、董事、监事在追逐公司经济效益最大化的同时，还必须承担一定的社会责任。总则中要求公司必须遵守法律、行政法规，遵守社会公德、商业道德，诚实守信，接受政府和社会公众的监督，承担社会责任。

深圳证券交易所2006年发布的《上市公司社会责任指引》中，明确规定上市公司不仅应该将保护股东利益和追求经济效益作为经营目标，更应该积极保护公司职工和债权人的合法权益，对供应商和消费者真诚相待，积极从事社区建设、环境保护等公益事业，使公司自身与全社会保持协调可持续发展。该指引倡导各上市公司按照规定来建立自身的社会责任制度，并定期地对该制度的执行状况以及存在的漏洞进行检查和完善，形成企业的社会责任报告并对外进行披露。

2008年第三届中国企业社会责任高峰论坛发布了《中国企业社会责任标准原则》，试图在一个原则框架内为行业和企业制定既可向社会承诺，又能够付诸实践的责任标准。

目前，世界各国都开始积极倡导企业对外发布社会责任报告，尽管不同国家的社会责任报告所包含的内容有很大不同，但是这体现出企业的经营目标正在由追求传统的自身利益转向履行社会责任。在传统能源行业的生产经营活动，如煤炭的开采、提取、燃烧等方面，都会对环境造成某种程度的污染和破坏。能源行业为了维护企业自身的良好形象，减少负面影响，提升企业的价值和自我竞争力，能源行业企业在追逐利益的时候，需要对社会履行责任，并将有关环境保护方面的责任履行情况通过报告向利益群体披露，使信息使用者能够更好地了解企业的内部运营过程，使企业持续稳定的发展。

第五节 信息不对称理论

一、理论产生

信息不对称理论是20世纪60年代由三位美国著名的经济学家——约瑟夫·斯蒂格利茨（Joseph Stieglitz）、乔治·阿克尔洛夫（George Akerlof）和迈克尔·斯彭斯（Michael Spence）共同提出的。三位经济学家分别从商品交易、劳动力和金融市场三个不同领域研究了这个课题，最后殊途同归。

在传统经济学基本假设前提中，重要的一条就是"经济人"拥有完全信息。实际上人们早就知道，在现实生活中，市场主体不可能占有完全的市场信息。信息不对称必定导致信息拥有方为牟取自身更大的利益使另一方的利益受到损害，这种行为在理论上就称作道德风险和逆向选择。为减少或避免这类行为的发生或者降低信息搜寻的成本，提高社会资源配置效率，经济学家为此提出了许多理论和模型。上述三位2001年度诺贝尔经济学奖得主正是在信息具有价值这一基础上，将信息不对称理论广泛应用于各个领域，并得到了实践的验证。

最早研究这一现象的是阿克尔洛夫，1970年，他在哈佛大学经济学期刊上发表了著名的《次品问题》一文，首次提出了"信息市场"概念，拉开了对信息不对称在商品市场应用的序幕。

斯彭斯的研究着重于劳动力市场，他根据长期的观察发现，在劳动力市场存在用人单位与应聘者之间的信息不对称情况，为了谋到一个较好的单位，应聘者往往从服装到毕业文凭挖空心思层层包装，使用人单位良莠难辨。在这里，斯彭斯提出了一个所谓的"获得成本"概念。对于人才市场的信息不对称现象，斯彭斯在其博士论文《劳动力市场的信号》中做了详尽的表述。无论是个人、企业、还是政府，当它们不能直截了当地传达其个人偏好或意图时，"信号法"可以提供较大的帮助。

斯蒂格利茨在三位中名气最大，他在几乎所有的经济学领域都有贡献，包括宏观经济学、货币经济学、公共理论及国际事务乃至发展经济学，都卓有建树。斯蒂格利茨将信息不对称这一理论应用到保险市场，他指出，由于被保险人与保险公司间信息的不对称，客观上造成一般车主在买过车险后疏于保养，使得保险公司赔不胜赔。斯蒂格利茨提出的解决问题的理论模型是，让参保者在高自赔率加低保险费及低自赔率加高保险费两种投保方式间做出抉择，以解决保险过程中的逆向选择问题。

二、信息不对称理论内涵

信息不对称理论指的是市场经济活动过程中对于企业实际情况的了解水平在企业内部和外部的人员之间存在差距，即企业内部和外部的各类人员中存在信息不对称的情况。简单地讲，信息不对称理论主要是为了解释经济活动中不同的人获取的信息不同这一现象。由于市场并不是完全有效的，所以就造成了相关的利益群体对相关信息的掌握程度的不对称，进而导致这些相关利益群体对公司的价值做出不同的判断。信息不对称的两方处在两个不同的状态，知道的信息较全面就会在交易中占据优势，而知道的信息较少就会处于弱势。

信息不对称是市场经济的弊病，造成了道德风险和逆向选择问题。要想减少信息不对称对经济产生的危害，政府应在市场体系中发挥强有力的作用。这一理论为很多市场现象，如股市沉浮、就业与失业、信贷配给、商品促销、商品的市场占有等提供了解释，并成为现代信息经济学的核心，被广泛应用到从传统的农产品市场到现代金融市场等各个领域。

三、信息不对称理论下企业环境信息披露问题

在信息不对称的情况下，在委托代理关系中，代理人出于自身利益的考虑可能会隐藏某些信息来损害委托人的利益，这就是道德风险问题。在环境问题上，管理当局很可能将承诺投入环境保护上的资源自作主张投向其他回报率更高的项目而对环境造成污染且对其置之不理，而委托人却无法得知企业的效益是否是通过环境绩效的提高进行良性可持续的发展而取得的，然而不论是环境污染行为的暴露，还是背离可持续发展思想的生产，都会对企业产生极大的负面影响，直接损害的是委托人的利益。

环境会计信息披露则可以有效抑制道德风险问题的发生。委托人可以通过了解公司所披露的环境会计信息，对公司的环境业绩进行评估，监督经营者环境责任的履行情况，以此保证经营者与委托人的价值取向一致。

在环境问题上，高环保投入的企业得不到相应支出的补偿，而缺少环保设施、污染严重的企业反而吸引了投资者进一步生产，这样使得企业平均环境绩效越来越低下。这种公司环境绩效信息的不对称性破坏了市场调节机制，导致了社会资源配置的不合理，这就是逆向选择的问题。

消除该逆向选择问题需要靠环境会计信息的披露。环境绩效好的企业在回报低于投资时可以通过主动对外披露环境会计信息的方法，消除信息受阻带来的负外部效应，并以此争取政策的支持和公众的信任，形成这种良性循环，对

可持续发展的实现具有重大意义。

企业为了追求自身利益的最大化，同时树立良好的企业形象，会隐瞒造成环境破坏的相关信息，只披露企业已经采取有利于环境保护的相关环境会计信息，这就导致了各利益群体对企业环境会计信息的了解处于被动局面。企业提高自身的环境会计信息披露水平，可以使信息使用者充分了解企业对于环境保护做出的贡献，从而有助于降低逆向选择风险。因此，信息不对称理论对于研究环境会计信息披露问题来说非常重要。

以上理论从各个不同角度阐释了环境信息披露的必要性：可持续发展理论阐述了产生公布环境信息的主要理由，利益相关者和决策有用理论强调了环境信息的使用价值和用途，社会责任理论说明企业作为公众单位具有主动公布自身信息的责任与义务，信息不对称理论是从环境信息提供者的角度解释了披露的动机和紧迫性。

第六节 环境权与公共财产理论

环境知情权是指社会成员依法享有获取、知悉环境信息的权利，它是知情权在环境保护领域里的具体体现，更是公民参与环境保护的前提条件、客观要求和基础环节。公共财产理论将环境界定为全体公民的公共财产，该理论将空气、阳光、水等环境要素定义为人类的"公共财产"，认为应当由代表全体意志的机构来管理，这样才有利于环境这种公共财产的品质提高。因此，环境权与公共财产理论的基本观点是，环境作为公共财产，对所有公民来说都被赋予了不可侵犯的权利。

环境权的研究开始于20世纪60年代。1972年6月5日人类环境会议上发表的《人类环境宣言》宣告："人人都有在良好的环境里享受自由、平等和适当生活条件的基本权利，同时也有为当今和后代保护和改善环境的神圣职责。"1992年人类环境与发展大会上发表的《里约宣言》原则10指出："每个人都应享有了解公共机构掌握的环境信息的适当途径，国家应当提供广泛的信息获取渠道。"1998年的《奥胡斯公约》在《里约宣言》的基础上，进一步细化了环境知情权的内容，还要求各缔约国在国内法的框架下，保障公众无须理由得到有关的环境信息以及获得司法救助的权利。

　　有了环境权的理论，企业履行环境责任就有了法律基础。企业破坏环境就是侵害公民的环境权，人们就可以对企业的不负责任的行为进行诉讼，以保护自己的环境权。环境权与公共财产理论是公民参与解决环境问题的理论基础，为公民约束企业履行环境责任提供了法律基础。

第三章 环境会计信息披露基础理论

第一节 环境会计信息披露的概念界定

一、环境会计的定义、假设

（一）环境会计的定义

伴随着经济的不断发展，环境污染日益严重，人类的生活受到严重影响。企业是环境污染的主要来源，我们应该将企业对资源的消耗、对环境造成的影响和采取的环境保护措施进行记录。传统会计忽视了社会责任对资产所有权造成的限制，导致企业忽略了要用环境来保障长久利润的获取这一事实。在考虑环境因素和社会责任等因素的前提下，为了记录自然资源与人造资源的增减变动，环境会计应运而生。

关于环境会计的概念，虽然国内外会计理论界进行了较长时间的研究，但是至今尚未达成共识，典型的环境会计的定义如下。

格雷（Gray，1991）认为，环境会计是沟通组织的经济活动对社会中特定利益团体和对社会整体所产生的社会与环境影响的过程。马修斯（Mathews，1993）将环境会计定义为"组织告知或影响众多使用者的自愿性披露，包括定量和定性的信息，其中定量信息可以是财务信息或非财务信息"。Schaltegger and Burritt（2000）指出，环境会计是一个涉及各种活动、方法和系统的会计子系统，该系统记录、分析和报告某个特定经济系统的环境活动所导致的财务影响和环境影响。

日本环境省在其《环境会计指南手册》中定义环境会计为："企事业单位

等立志于可持续发展,以不断保持与社会的良好关系、有效且高效地推行环保活动为目的,对用于环保成本以及通过环保活动所获得的效益进行认识,尽可能地进行定量计量、传达的体系。"

葛家澍和李若山(1992)最早将环境会计的概念引入国内,许家林和孟凡利(2004)归纳出"环境会计是企业会计的一个新兴分支,它是运用会计学的基本原理与方法,采用多种计量手段和属性,对企业的环境活动和与环境有关的经济活动和现象所做出的反映和控制"。肖旭(2010)将环境会计定义为:"以微观经济为主体,采用多种计量手段,反映和控制主体内环境活动和有关的经济活动,并对其资金运动和环境绩效信息做出披露的新兴会计分支学科。"

综上所述,环境会计是以相关环境法律法规作为依据,在会计基本原则和方法的基础上,采用货币和非货币等计量方法,确认并计量或记录企业经营活动中产生的涉及环境目标、环境风险、环境政策、环境影响、环境负债、环境成本、环境收入以及环境绩效等信息,并以此来衡量企业的环境活动对财务的影响以及所带来的环境绩效的一门新兴学科。

(二) 环境会计的假设

1. 会计主体假设

环境资源虽然是人类的共同财产,并有其固有的特点,但环境会计所提供的信息并不是漫无边际的,而是严格地限制在独立具有所有权、使用权或控制权的某一国界或地域内,或是实际开发、利用环境资源的微观经济组织内。这样界定的空间范围称为环境会计主体。环境会计主体所拥有的环境资源不仅是当代人进行经济活动和生存的物质基础,也是当代人留给后代人的财产。以环境资源为经济活动的物质基础时,必然会形成环境资源的耗费,同时也能够从环境资源中获得效用。为了给后代人留下可供发展的物质基础,当代人需要一定数量的投资以保护环境。因此,环境会计的会计主体实际上是处于环境系统中的特定国家或地区的当代人利用环境资源所进行生产、消费,并对环境资源进行保护投资而构成的整体。

2. 可持续发展假设

可持续发展的基本假设是指环境会计核算以会计主体,在自然资源不枯竭、生态资源不降级的基础上,保证社会、经济持续发展。可持续发展的假设是在环境恶化的条件下,作为环境会计主体的经济活动受到其影响而提出的一种制约条件。如果自然资源开发过量,生态资源的降级加剧,会计主体的经济活动可能会被迫停止;而如果环境资源能够得到有效的保护,会计主体的经济活动则可持续地进行下去。可持续发展基于这一原理,提出了会计主体进行正常经济活动的时间性规定。尽管会计主体的经济活动存在许多的不确定性,但会计进行核算和监督的正常程序和方法都应当立足于可持续发展。可持续发展理论是环境会计的理论基础和实践基础。

3. 环境价值假设

环境为人类社会的生存和发展提供各种各样的服务,如作为生产资料和生活资料为人类提供清新、合适的生活等。但是由于环境的所有权和特定主体拥有的财产所有权不同,一般情况下环境并不用于交换,根据马克思的劳动价值理论,只有用于交换的劳动产品才具有价值。长期以来,人们在思想上缺乏环境意识,在理论上认为没有劳动参与并不能进行市场交易的环境没有价值,在行动上对环境资源进行掠夺性开发,致使自然资源大量损毁,生态资源严重恶化。因此,在人们的观念中环境资源只有使用价值,没有交换形成的价值和价格,环境资源不属于传统会计核算范围。但是环境所提供的服务具有直接或间接的经济价值,根据边际价值理论,环境资源是有价值的。因此,要进行环境会计核算,必须承认环境资源是有价值的,这就是环境价值假设。

4. 多元计量假设

环境会计的对象包括企业单纯的环境活动和与环境有关的经济活动。环境会计对象的特殊性决定了其计量属性的选择采用货币计量和非货币计量的多元化计量方式。其中企业与环境有关的经济活动可通过货币计量单位进行反映;企业单纯的环境活动不能用货币计量,只能用实物指标、质量指标、支付意愿甚至文字说明来计量和反映企业对环境所造成的危害及所取得的环境业绩。因此,环境会计的计量应以货币计量为主,实物指标、文字说明为辅的办法,客观反映本会计主体的生产经营活动对自然环境的影响及其维护、发展和补偿,为决策者提供相关的信息,以期达到合理配置资源,改善环境状况的目的。

二、环境会计信息

环境会计信息就是指环境会计所反映的企业向其各利益相关者提供的关于企业环境受托责任的履行情况的信息，是有利于各利益相关者做出投资、信贷及其他类似决策时有用的信息。环境会计信息是一类非常全面的信息，包括环境政策、环境风险、环境目标、环境影响、环境负债、环境成本和环境绩效等信息。

三、环境会计信息披露

环境会计信息披露属于环境会计研究领域中的一部分。为了揭示企业对资源的利用和对污染进行治理的情况，需要将在企业经营活动中产生的环境影响以及与企业环境行为相关的信息传递给投资者、社会公众的公开行为。环境会计信息披露是治理环境污染和破坏问题的必然要求，作为环境会计体系的重要环节，能够体现出环境会计工作的最终成果。

目前许多学者或政府都致力于环境会计信息披露概念的研究，希望通过环境会计信息披露的规范与统一，带动我国的环境会计的发展，更好地实现我国节能减排的目标。

第二节　环境会计信息披露的原则

一、合法性原则

企业环境会计信息披露的合法性原则亦称为合规性原则、规范性原则，是指企业的环境会计信息披露必须符合我国环保法规，披露的内容、方式和途径合法、规范。

二、成本效益原则

企业作为一个营利性的经济组织，进行会计核算和会计信息披露，目的在于使企业成本最小化、经济价值最大化。进行环境会计信息披露亦是如此。企业进行环境会计信息披露的目标是在兼顾环境保护责任的同时，实现企业价值的最大化。当企业进行环境会计信息披露的成本高于其效益时，就违反了其披露目标。因此，企业披露环境信息应该依据成本效益配比概念。

三、定量分析结合定性分析原则

环境会计操作性强，定量分析应占主导地位。然而，由于环境问题的复杂性，有些环境信息无法量化，因此环境会计信息披露采用定性与定量相结合的原则，既有以货币单位表示的货币信息，以实物单位或其他单位表示的非货币信息，也有以文字说明的记述性信息，作为对货币信息和非货币信息的重要补充，全面反映企业的环境会计信息。因此，披露环境会计信息要考虑现阶段的科技水平，尽量采用货币计量或实物计量的方式进行定量分析，同时结合定性分析加以说明，以全面披露环境会计信息。

四、自愿性与强制性并存

针对目前我国强制性规定尚未完善的情况，一方面，鼓励企业自愿披露，通过自愿披露更好地沟通企业与各方的关系、帮助企业树立良好的形象，在资本市场和商品市场赢得竞争力，同时，为进一步规范奠定基础；另一方面，加强外部监管，对于一些重污染且环保观念薄弱的企业政府管理机构要督促和定期检查，披露环境会计信息。与此同时，企业所披露的信息接受第三方的审核和验证，可以有效弥补自愿披露信息不可比、披露随意性大的缺陷，有利于企业减轻信息披露成本，维护公平竞争，极大地提高了信息的有效性。因此，企业环境会计披露需要依据其污染程度划分进行自愿性或者强制性对外公布。本身环保性极强，污染程度较小的企业，如风能、太阳能等，就可以选择自愿披露自身环境会计信息的形式。然而，石油、煤炭、天然气、电力等传统能源行业，其对环境造成的污染较大，则应采取强制性披露形式。

五、重要性原则

在国内，大中型的企业是上市公司的主体部分，其中大多数是我国最重要的基础性行业。我们应先从主要矛盾抓起，对上市公司的环境信息披露实施重点管理，使企业公布公开环境状况信息。例如，在化工、矿业和石油业等行业中进行重点管理。企业环境会计信息披露时，对生态环境有重大影响的企业要全面、充分披露环境会计信息，并作为重点检查对象，企业对生态环境有重大影响的业务活动或事项及其影响，要充分、详细披露。其他企业和事项则可以采用简化的披露模式。

六、一致性原则

目前的环境问题已经非常严峻，重视环境问题刻不容缓，作为社会主体，企业、政府和社会团体，不论其对环境污染的影响是否严重，都应该一致对待，不能偏袒其中任何一个，只有这样才能正确地评估环境信息。

七、继承、借鉴与创新原则

传统会计学中有很多经典的理论和方法，不能摒弃一切，要取其精华，从中继承一些有用的方法，还要从环境和经济等各种相关学科中学习一些好的理论，可以借鉴国外的理论方法。环境会计信息披露不能因循守旧，必须不断突破、不断创新才能更加适应社会发展的需求。

八、持续披露原则

持续披露原则包括两层含义：一是企业要遵循环保法规，定期、持续披露相关、可比的企业环境会计信息；二是企业选择的披露模式要有助于企业经济、高效地实现披露目标。只有遵循持续披露原则，企业才能实现可持续披露。

第三节 环境会计信息披露的形式

环境会计信息有不同的披露形式，而当信息使用者面临不同的披露形式时，所获得信息的效率是不同的。一种好的、合适的披露形式能够使信息使用者更有效地获取信息，并为其决策提供高效科学的依据。

一、国外环境会计信息披露形式

美国对于环境信息披露的形式主要是公司形成单独的环境报告并发布,而表述方面主要是采用货币与非货币相结合的形式。在货币表述方面,各公司则可以根据不同情况来选择所要采用的资产负债表与利润表的样式,或者选择只单独列示环境成本。在美国,单单近二三十年就已经颁布了一系列与环境保护有关的法律法规。美国财务会计准则委员会(FASB)于 1975 年 3 月发布的第 5 号准则公告《或有负债会计》,其中规定企业应该怎样对环境事项有关的负债或损失进行确认,并且具体规定了只要有负债发生或财产损失的可能性,同时如果能对这些损失的金额进行合理的估计,就应当确认或有负债或损失。而接下来的第 14 号解释公告《损失金额的合理估计》,则对第 5 号准则公告中计量方面的内容进行了更为详细的解释。该公告认为,当损失的预计金额有一个合理的区域,在该区域内没有哪一个金额比其他更好时,其中最少的金额应该被预计入账并对外披露。而紧急问题特别委员会(FASB 下属委员会)也发布了三个公告,包括《EITF89-13 石棉清除成本会计处理》《EITF90-8 环境污染费用的资本化》《EITF93-5 环境负债会计》。其中前两个公告解释说明了用于环境污染的费用是应该做资本化处理还是费用化处理,而第三个公告则是要求企业应当将与环境有关的或有负债与一般情况下的或有负债分开,单独列示和估计。美国证券交易委员会(SEC)有关环境信息披露方面的内容,主要有管理条例(Regulation)S-K 第 101 项、第 103 项和第 303 条款以及第 36 号财务报告公报,1979 年发布的解释公报与第 92 号专门会计公报等。其中,涉及环境会计与报告问题最多的是第 92 号专门会计公报,包括企业必须将与环境有关的负债以及可能收到的补偿与一般负债等项目相区别,在财务报表上单独列示;单独确认可能由其他企业、个人承担的环境成本等费用;详细说明了环境负债的计量基础;以及在财务报表中披露或有事项、场地清理与监控成本等方面的内容的规定。美国注册会计师协会(AICPA)下属的会计标准执行委员会于 1996 年发布了《环境负债补偿状况报告》(SOP NO.96-1),对有关环境会计信息的披露提供了较为详细可行的标准。更有美国的会计学者认为,要完整地反映环境对企业的影响,企业应该编制两张报表:一张是财务与非财务信

第三章　环境会计信息披露基础理论

息相结合的内部报表，此报表便于相关人员不断运用创新的方式来处理与环境有关的问题；另一张则是对外提供的报表，要求在资产负债表中将与环境有关的资产和折旧费独立于一般的资产负债列示，在损益表中单独列示环境控制费用。

日本企业大都以单独的环境报告书形式披露环境会计信息。目前，日本的环境报告主要有三种，即环境报告、生态行动计划和地方政府的环境报告。但日本企业主要是采用环境报告这种方式。日本的环境会计信息披露主要采用自愿披露模式，但是通过颁布统一实施的环境会计指南《环境会计准则》，提高了企业环境会计信息披露的可操作性，促进了环境会计信息披露的普及，同时也增强了不同企业间环境会计信息的可比性。

欧洲国家的企业环境会计信息披露并没有对环境报告的公布方式做较为强硬的规定，而是采取强制披露与自愿披露相结合的原则，但是鼓励企业进行环境会计信息披露，其披露的形式多种多样，主要采用的形式是环境报告和资产负债表、利润表及其附注。例如，荷兰对本国大型企业规定了编制环境报告书的任务，强制执行公开披露制度。环境报告书的编制有面向政府和面向公众发表两种类型。前一种环境报告由于是针对政府发布的，规定了应当报告的内容，以便政府进行整理汇总，并可以进行横向和纵向的比较分析、制定相应的策略；而后一种环境报告是基于企业信息披露的义务，政府并没有在内容上做出过多的要求。当然这两种环境报告书并不是绝对分开的，同样可以交叉使用。

加拿大特许会计师协会（CICA）[1]在1994年发布的《环境绩效报告》中指出，不同的信息使用者会有不同的要求，企业环境报告所选择使用的信息披露工具将取决于不同的报告使用者。CICA列举了大量的信息披露形式，从中可以看出，使用频率最高的是年度财务报告，其次是环境报告。该协会没有对

---

[1] 加拿大特许会计师协会（Chartered Accountants of Canada, CICA）是加拿大最大、排名第一和最主流的会计师职业团体（民间审计团体）。CICA是加拿大三大会计师团体（CA, CIGA, CMA）里历史最悠久的，同时也是国际会计师联合会的创始成员之一。CICA在加拿大为政府、企业和非营利组织协助起草和制定加拿大会计与审计的制度，同时协会也会为成员提供教育的机会。CICA撰写的CICA手册（CICA Handbook）基本上就是加拿大会计师和审计师在进行工作时的最高指引，同时这个手册的内容也等同于加拿大一般公认会计原则（Canadian GAAP）。

这些报告的具体形式进行说明和列示，它只是强调：企业披露的环境信息应该针对企业所面临的主要的环境问题，简明扼要。

二、中国环境会计信息披露形式

目前，我国并没有强制要求企业进行环境会计信息披露，这就导致了其披露的形式非常多样。目前，我国上市公司环境会计信息披露的形式包括货币形式、文字叙述式、货币形式和文字叙述式相结合三种。

第一种是货币式，即用货币的形式去描述企业的环境活动或者环境活动带来的影响。货币式通常用于年度报告的会计报表附注部分，对环保投资、排污费、绿化费、资源税、废旧原料销售收入和环保拨款、补贴、税费减免、奖励的金额进行描述，这种方式比较简明扼要，是会计中常用的方式。

第二种是文字叙述式，也是最基本的形式，这种方式可以对企业在环保理念、方针、目标，三废的治理措施，环境认证，环保法规的执行情况，环保政策的影响等方面做出描述，较为通俗。

第三种是货币形式和文字叙述式相结合的形式，这种形式比较直观，通常用于董事会报告和单独报告中，对污染物排放、节能降耗和污染物减排等环保绩效方面的指标进行描述，能量化企业在过去一年中给环境带来的影响和为减少环境污染所做的贡献，相对来说，这种方式更有利于信息使用者对有关信息的获取和理解。

第四节 环境会计信息披露的渠道

根据信息披露载体的不同，环境会计信息披露的渠道主要有以下几种。

一、年度财务报告

年报是公司进行环境会计信息披露的一个重要途径，企业一般在其报表或者附注中列示企业对于环境资产、环境费用和环境效益的核算内容。对于年报，中国证监会等其他机构并没有明确的要求，完全依靠上市公司的自愿披露，上市公司也完全是按照环境会计信息的特点和各自的偏好自行决定，因此公司披露的环境会计信比较随意、零散，这使得环境信息缺乏可比性。

二、招股说明书

中国证监会对招股说明书有关环境会计信息披露做出了明确的要求。2001年，中国证监会在《公开发行证券公司信息披露内容与格式准则第1号——招股说明书》风险因素中关于募股资金投向风险中应说明因环保引致的风险。《公开发行证券公司信息披露内容与格式准则第9号——首次公开发行股票申请文件》《公开发行证券公司信息披露的编报规则第12号——公开发行证券的法律意见书和律师工作报告》中第一次明确要求，股票发行人对其业务及募股价拟投资项目是否符合环境保护要求进行说明。并且上市时审查较为严格，所以相对来说，招股说明书中披露的环境信息内容比较多。

一般而言，招股说明书环境信息披露内容主要涉及环境保护整改相应的计划和举措，具体包括排污费、环保支出、环保投资、"三废"指标、节能环保设施改造、节能环保管理制度、节能减排新技术、污染治理系统工程、环境监测体系等。

三、公司官方网站

上市公司的官方网站主页会披露其环境保护相关的计划和政策，方便其公司管理层和员工、公司目前的投资者及潜在投资者浏览查阅。网站上的环境信息很零散、不固定，也没有规律性，不成体系，而且多为定性信息。

四、企业社会责任报告

企业社会责任报告指的是企业将其履行社会责任的理念、战略、方式方法，其经营活动对经济、环境、社会等领域造成的直接和间接影响、取得的成绩及不足等信息，进行系统的梳理和总结，并向利益相关方进行披露的方式。在日趋复杂的经营环境中，以货币的方式对企业的历史经营活动进行计量的财务信息无法将企业面临的机会和风险充分反映出来，也不能将企业的价值充分体现出来。企业社会责任报告所披露的非财务信息弥补了这一不足，两者的结合可以更好地反映企业未来的财务状况。

编制 CSR 报告可参照的标准很多,国际上包括全球报告倡议组织(Global Reporting Initiative,GRI)❶ 出版的 G3 标准、AA1000 标准,Sustainability 和 OECD 发布的相关标准。国内也有《上市公司企业社会责任编制指引》《中央企业履行企业社会责任的指导意见》和中国社会科学院发布的《中国企业社会责任报告编写指南(CASS – CSR 1.0)》等可供参考。目前影响最大、应用最多的是 GRI 标准的第 3 版(G3)。关于这些规范的具体情况将在本书第四章中进行详细介绍。

五、环境报告书

环境报告书即环境质量报告书,分为专项规划环境影响报告书和建设项目环境影响报告书,是对专项规划或建设项目实施后对环境可能产生的不良影响进行综合分析、评估、预测而形成的书面报告。环境报告书以文字形式列示公司的环保理念和措施,以数字形式介绍公司的环境会计信息,以图片和表格形式介绍公司每年环境成果的发展进步。环境报告书是各级人民政府环境保护行政主管部门向同级人民政府及上级人民政府环境保护行政主管部门定期上报的环境质量状况报告,是行政决策与环境管理的依据,是制定环境保护规划和各类环境管理制度、政策及信息发布的重要依据。环境质量报告书按时间分为年度环境质量报告书和五年环境质量报告书;按行政区划分为全国环境质量报告书、省级环境质量报告书、市级环境质量报告书和县级环境质量报告书。

根据《中华人民共和国环境影响评价法》第三章第十六条规定:可能造成重大环境影响的,应当编制环境影响报告书,对产生的环境影响进行全面评价。为贯彻《中华人民共和国环境保护法》,规范环境质量报告书的编制工作,环境保护部科技标准司制定了《环境质量报告书编写技术规范》HJ 641—2012,于 2013 年 3 月实施。本标准规定了环境质量报告书的总体要求、分类与结构、组织与编制程序、编写提纲等内容。环境质量报告书构成要素见表 3 – 1。

---

❶ 全球报告倡议组织(Global Reporting Initiative,GRI)成立于 1997 年,由美国非营利环境经济组织 CERES 和联合国环境规划署 UNEP 共同发起,秘书处设在荷兰的阿姆斯特丹。GRI 的报告框架旨在提供一个普遍为人们所接受的企业社会责任报告框架。它作为汇报一个机构的经济、环境及社会绩效之用。所有机构,不论规模、行业与地点,皆可使用。GRI 框架顾及各行各业的实际需要,包括小企业以及大机构等。

第三章　环境会计信息披露基础理论

表 3-1　环境质量报告书构成要素

要素类型	要素	是否必备（全国）	是否必备（省级）	是否必备（市级）
结构要素	封面	是	是	是
	内封	是	是	是
	前言	是	是	是
	目录	是	是	是
概况	自然环境概况	是	是	是
	社会经济概况	是	是	是
	环境保护工作概况	是	是	是
污染排放	环境空气污染排放	是	是	是
	水污染排放	是	是	是
	固体废物排放	是	是	是
环境质量状况	环境空气	是	是	是
	酸沉降	是	是	是
	沙尘暴	是	是[1]	是[1]
	地表水	是	是	是
	饮用水源地	是	是	是
	地下水	是	是[2]	是[2]
	近岸海域海水	是	是[1]	是[1]
	声环境	是	是	是
	生态环境	是	是	是
	农村环境	是	是	是
	土壤环境	是	是	是
	辐射环境	是	是	是
	区域特异环境问题	是	是	是
总结	环境质量结论	是	是	是
	主要环境问题	是	是	是
	对策及建议	是	是	是
专题	特色工作或新领域	是	是	是

[1]沙尘暴和近岸海域为沙尘暴和近岸海域监测网成员单位的必备要素，非成员单位可根据辖区实际情况参考执行。

[2]年度环境质量报告书可作为非必备要素，五年环境质量报告书为必备要素。

世界范围内许多知名企业都编制单独的环境报告书来披露其环境友好行为和环境责任履行情况。海尔集团、松下集团、通用电气是中国、日本、美国三国在环境报告编制方面具有代表性的三家企业。

海尔集团是环境信息披露的探路者和实践者，也是《企业环境报告书编制导则》HJ617—2011 及《山东省企业环境报告书编制指南》DB37/T 1086—2008 的制定者和积极参与者。作为国内企业环境信息披露实践的领头人，海尔集团严格落实企业环境报告制度，自 2005 年起系统地编制并发布环境报告书，由能源动力部负责。2005 年首次公开发布环境报告书后，海尔连续十余年发布了独立的环境报告书，并在其网站开辟专区发布环境报告书，为全社会提供在线阅览服务（表3-2）。环境报告主要包括环境管理、环保目标、环保投资与分析、物质流分析、环境绩效、降低环境负荷及绩效等内容。2015 年，海尔又提出将打造"环境信息公开 4.0 模式"：根据利益攸关方的订制推送环境信息。海尔将建立环境信息超级数据库，将 LCA 数据库环境数据、环境管理信息等整合，并搭建海尔环境报告 App 沟通平台，根据社会公众的"订制"需求，提供不涉密的相关环境保护数据、资料等。

表3-2　海尔集团历年环境报告一览表❶

年份	报告书亮点
2005	《海尔环境报告书2005》是海尔环境信息公开工作的首次尝试，它集中披露了海尔的环境信息，展现了企业强烈的环境责任意识
2006	《海尔环境报告书2006》在形式上增加了海尔与社会、海尔与顾客等内容，全面展示了海尔的绿色经营活动及在环境方面所履行的社会责任
2007	《海尔环境报告书2007》首次采用物质流分析的方法对企业生产、经营等各环节进行环境影响分析，有效地强化了环境管理
2008	《海尔环境报告书2008》增加社会报告和第三方认证内容，展示了海尔与社会的交流情况以及专业人士对海尔的评价
2009	《海尔环境报告书2009》首次公开了海尔的环保投资信息，有利于海尔利益相关方直观地了解和评价海尔的环境行为，监督企业的环保工作

---

❶ 资料来源于海尔官方网站。

续表

年份	报告书亮点
2010	《海尔环境报告书2010》紧跟时代步伐，在"十一五"收官之年以专题的形式对海尔"十一五"期间的企业发展状况、绿色经营成果进行了总结
2011	《海尔环境报告书2011》扩大了第三方认证的范围，更全面地反映了社会各界对海尔的环境信息公开及环保工作的态度
2012	《海尔环境报告书2012》开辟专题，从绿色发展、循环发展、低碳发展、环保公益四个方面介绍了海尔为实现生态化发展所做的努力
2013	《海尔环境报告书2013》将"绿色梦"作为主线，分别从绿色生活、绿色时尚、绿色公益三个视角展现了海尔践行"绿色梦"的坚定步伐
2015	《海尔环境报告书2015》秉承"绿色、创新、交互、共赢"的理念，提出将创新信息公开公众参与方式，打造"环境信息公开4.0模式"建立环境信息超级数据库，向信息需求者提供"定制"环境信息

注：由于无法获得相关资料，表中未能列示2014年海尔环境报告书。

松下集团从1997年开始发布环境报告，自2005年开始发布企业社会责任报告，此外作为补充信息，自2006年起开始发行《环境数据手册》，考虑到环境可持续管理的重要性，2010年将其名称修改为绿色创意报告。在报告中对公司环境经营的年度状况进行披露，将企业自身的环保方针、计划和业绩等对外公开发布，供企业利益相关者对企业环境管理进行评价。松下将其环境保护成本和经济效果与环境负荷量（削减量）联系起来，在全球范围内开展统计工作，并将其作为环境经营的基础信息，推进其在公司内部的有效利用。此外，为了能将公司的环境经营与绿色创意战略联系在一起进行理解，公司将"环境保护成本"和"经济效果"与商品、生产和推广三大绿色创意的各个项目联系在一起进行公开。绿色创意报告刊登的信息主要是以全球数据为基础的信息，报告主要分为四个部分：生活的绿色创意、经营模式的绿色创意、环境管理、第三方意见及独立鉴证报告。

美国通用电气公司（GE）作为美国的龙头企业之一，所做的企业环境信息公开工作在全球都处于领先地位，企业环境报告书所采用的形式相对比较新颖，公布的内容相当丰富。GE在绿色创想报告中强调"绿色即盈利（Green Is Green）"的理念。GE以表格形式公布的绿色创想产品与服务超过80个，覆盖了 GE 的所有业务部门，具体到每一个工厂所生产的环保新产品和所使用的节能技术。为了使内容更具可信度，GE 邀请了 9 位顶尖环保专家组成绿色创想顾问委员会，他们参加 GE 年度峰会，就重要的环境和商业问题为绿色创想团队提供咨询，在技术和政策方面为 GE 提供宝贵建议，参与环境报告编制的全过程，并以信誉为这一报告的质量提供担保。为让公众参与到绿色创想的努力中，GE 注册了专门网站供讨论和交流。公众可从该网站了解关于 GE 绿色创想、客户及利益相关各方的详细情况。此外，GE 还发布另外一本企业公民报告，着重阐述其在企业公民责任方面所做出的努力。

第五节 环境会计信息披露的动因

环境会计信息披露的动因来自两方面：一方面是需求动因，另一方面是供给动因。

一、环境会计信息需求动因

我们首先利用环境受托责任论和决策有用论解释环境会计信息披露的需求动因。

(一) 环境受托责任论

企业的所有者将企业的经营权让渡给企业的经营管理者而保留对企业的所有权，这就导致了企业经营权与所有权的分离。企业管理层作为受托人，根据委托代理契约对投资者（委托人）负有约定的经济受托责任。企业的经营管理者有责任和义务按契约的规定完成任务，合理利用资源，降低成本。作为社会经济体中的一员，为了社会的可持续发展，企业必须担当起保护环境的责任，管理层要提高环保意识，节约使用资源，及时淘汰落后产能，并及时向社会及公众报告企业的环境情况，以便给社会一个交代，决不能因为环境资源成本无法计量或者成本低而肆意浪费。可见，企业环境会计信息的披露与企业的治理结构等因素密切相关。

(二) 决策有用论

不同的信息使用者对企业披露的环境会计信息的需求不同，因此环境会计信息所起到的作用也就不同。对于投资者来说，企业披露准确的环境会计信息有利于投资者判断该企业投资风险的高低，做出正确的投资决策；对于政府部门来说，有效的环境会计信息有助于政府部门评价企业环保工作并采取相应的对策；金融机构为了降低风险，会了解上市公司的环境及财务状况，以衡量企业的持续经营是否受到环境活动的威胁；随着生活水平的提高，绿色消费者的队伍日渐壮大，他们需要获得企业的环境信息来确保自己用上环保健康的产品，企业客户也因此提出了新的环保要求，他们需要挑选环境行为活动积极并有详细信息披露的供应商进行合作，以求长足发展；而企业所在地居民目前已成为对企业环境会计信息最为关注的群体，他们非常关心企业的排放物是否会对其健康产生影响。可见，环境会计信息对不同的人有不同的作用。多方位的社会需求促使企业披露环境会计信息。

二、环境会计信息供给动因

笔者对环境会计的信息供给分析分别从外部压力和内部动力两方面进行阐述。二者相互补充，出发点都是企业自身。

（一）外部压力论

近年来，随着环境问题日益严重，人们对环境的关注度提高，这使得企业面临严重的外部压力，这种压力一方面来自社会公众的间接压力，另一方面来自政府相关部门的直接压力。

社会公众对重污染行业已经不像过去那样听之任之，人们为了自身的健康，会联合起来与污染企业作斗争，比如拒绝购买企业产品，或者联合起来向相关部门投诉等，这些行为无形中给污染企业带来了外部压力。环保及相关政府部门为了社会的健康发展及长治久安，会制定有关环境污染的指标，企业污染物的排放量若超过该指标，将受到罚款、责令停产等相关处罚，政府采取的措施往往是强制性的，由此给企业带来的压力是最直接的。

超标排放的企业在相当长一段时间内将受到社会公众、媒体及政府的共同监督，且监督者对企业的环境信息披露的要求也会提高。所以企业为了减少环境污染带来的外部压力，会采取措施保护生态环境，节能减排，减少环境污染，并自愿披露环境会计信息，以向社会表明其履行社会责任的态度。

(二) 内部动力论

虽然有的国家已经对环境会计信息披露做出了明确的规定，但就目前来看，企业披露环境会计信息，大多依赖的是企业的自觉性。主动披露环境会计信息会给企业带来一系列的正效应。首先，披露环境会计信息是建立良好社会关系、吸引社会公众的一种手段，因此企业自愿披露环境会计信息，以向社会表明其履行社会责任的积极态度。其次，环境会计信息披露可能会影响股市股票的价格。当媒体报道企业因环境污染，可能面临诉讼、为企业带来高额或有负债，威胁到企业的持续经营，那么公司股票可能因此而急剧下跌。企业会采取应急措施，减少环境污染，并主动披露环境会计信息，证明自己在挽救环境污染所做的努力，同时告诉社会，环境污染问题基本解决，不会影响到企业的持续经营，目的是希望公司股价逐渐回升。最后，有助于企业确立其在行业中的竞争优势。由于环保投入力度大，环境绩效高的公司能够获得投资者及利益相关者的更高评估，从而获得更高回报。因此，为区别于环境绩效低的公司，很多企业主动披露环境会计信息，以消除由于信息受阻而引起的负外部效应，即信息不对称引起的逆向选择问题，从而确立其在行业中的竞争优势。

根据上述环境信息披露的动因分析，我们可以看出：环境受托责任论倾向于强调企业披露环境会计信息的责任与义务，企业的责任与义务需要公司治理层切实履行。因此，环境会计信息披露与企业控股股东的性质、治理结构等因素密切相关。决策有用论强调企业披露的环境会计信息必须满足信息使用者的需求，所以，环境信息的披露与企业的盈利能力、偿债能力等因素有关，并受外部压力的影响。另外，环境信息的披露与企业是否属于国家划定的重污染行业、公众是否经常接触其产品、公司的环境绩效及经营绩效有关。

第六节 环境会计信息披露的内容

一、国外环境会计信息披露内容

一方面因为环境会计属于比较新兴且复杂的课题，各国还都在积极的探索过程中；另一方面是源于各国不同情况造成的不同需求，美国、日本、加拿大以及欧洲国家在环境会计信息披露的研究内容和范围方面各有侧重。

(一) 美国环境会计信息披露内容

美国是环境会计信息披露的先驱，相关法规文件比较成熟，里面详细提出企业应披露的信息，大多数企业也会按照相关指示进行披露。上市公司主要披露三个方面的内容，首先是与环境相关的企业遵循的各种政策，其次是与环境有关的可能债务、潜在债务，最后是与环境措施相关的环境成本。

1. 环境政策目标的披露

美国上市公司披露环境政策目标，并且只要与环境负债和成本相关的特定会计政策都予以披露，有的公司还披露政府就环境保护措施给予的鼓励。

2. 环境成本的披露

美国上市公司披露公司的环境成本，并将环境投资和环境费用分别做了列示，对研究、再利用、环境健康管理等方面有一定的描述。

3. 环境负债的披露

美国上市公司披露公司的环境负债，对与环境有关的可能债务予以定量的披露；对越来越严格的未来法规所导致的潜在债务予以说明；对与环境有关的债券和金额等予以披露；对企业排放许可权的有关信息进行披露，还要求企业公布有毒物质排放的情况。

(二) 日本环境会计信息披露内容

日本政府制定的《环境会计指南》鼓励企业积极披露环境会计信息，因此企业是自愿的。对于其中的内容，企业可披露环保成本、环保收益和环保活动所产生的经济效益，以及企业所有的经济活动对环境的影响。

(三) 欧盟环境会计信息披露内容

欧洲国家披露的内容多种多样，既包括货币性的，也包括非货币性的内容。大部分企业披露的环境会计信息包括环境财务信息和环境业绩信息。其中环境财务信息以环境成本和环境负债信息为主，环境业绩信息包含的内容比较广泛。现阶段欧盟企业披露的环境会计信息仍然以非货币信息为主，具体如下。

1. 产品信息

大多数人都没有意识到,企业最终出售的产品隐含丰富的环境信息,它不仅体现了原材料的使用与采取的生产工艺,甚至还包括消费者使用该产品所造成的环境影响,但是西欧国家企业却深深意识到了这一点。因此,关于产品信息也就成为西欧国家环境会计信息披露的一部分。当然并不是所有产品带来的环境信息都需要披露,一般这种信息需求往往集中在三类行业内。第一类是能源工业,如核电、煤、原油及矿产等。第二类是汽车制造业。这两类行业对于产品信息的披露已成为惯例,其目的在于首先向社会公众说明:它们的产品是"环境友好"的,或者是它们采用了先进的技术和一切可能的措施来降低对环境的不利影响。其次是说明研究与发展计划,而伴随对策说明和实际产量信息的详细环境部分说明则是非常少见的。第三类是提供环境服务的工程公司,如化学、机械制造或废物处理。

2. 生产信息

如果资本投资用来更新现有的生产设备或添置新的生产设备,那么与生产相关的环境会计信息往往和投资计划信息一起披露。一般情况而言,最常见的是披露与目前生产工艺相关的生产活动及由此带来的增加安全的措施,而较为少见的是对实际的处理过程和排放量的披露。此外,部分公司披露的内容还包括副产品及废弃物的处理,如副产品的再回收和废弃物的处理方式等方面的信息。

3. 雇员信息

欧盟各国对雇员信息披露的涵盖范围非常广泛,它不仅包括雇员的人数和包括间接成本的相关人工成本,还包括雇员培训、雇用政策、贸易组织及协调过程、工作时数、雇员离职率、缺勤率和健康、安全等信息。以社会观点来看,讨论的焦点在健康与安全问题。

不同国家公司在其所提供的信息量上也存在很大的差别,有的仅就法规的要求而进行披露,如雇员人数及成本;有的则披露得非常详细,德国公司属于后者,其次是法国公司。在雇员的健康、安全及意外事故率问题上,所披露信息的类型分为两种:一种是简明的政策阐述,来表达健康与安全问题的重要性,或在降低意外事故上所采取的措施;另一种是对于改善工作条件的特别计划的详细说明，通常提供详细的费用数据。一般来说，英国公司采用第一种方式较多，而其他国家公司要么不予披露，要么采用第二种方式。

4. 资本投资计划

在欧洲国家，环境立法日益增多，公众对于环境问题的关注度居高不下，所以公司不仅要考虑投资计划的财务影响，为了树立良好的公众形象也要考虑其环境影响，这是披露资本投资计划环境影响信息最原始的动机。在一些重工业中最为常见的是那种不带有量化数据的对投资计划的阐述。如果是用来保护和改善环境的投资计划，则可以披露较为详细的量化的关于投入、产出及投资影响的信息，如可达到的对排放量的降低率。

二、我国环境会计信息披露内容

现阶段我国企业环境会计信息披露的基本内容仍没有统一的认识。本书将环境会计信息披露的基本内容分为以下四个方面：①环境会计核算信息；②环境会计要素信息；③环境绩效信息；④环境会计政策信息。

环境会计核算信息主要是反映企业在实施环境会计时核算的与环境有关的经济活动和行为。环境会计要素信息反映的主要内容能够用货币进行量化，并且在企业的财务报表中能够作为正式的项目进行反映。企业的环境绩效信息反映的主要内容基本上不能用货币进行具体的量化，也无法在企业的财务报表中作为正式项目进行反映，但是可以用文字、图表或其他形式进行披露。环境会计政策信息就是指企业所采用的环境政策。

如果从信息是否可以以货币的形式予以量化，上述四方面的信息也可以划分为环境财务信息和环境非财务信息。其中，环境会计核算信息和环境会计要素信息属于环境财务信息；环境绩效信息和环境会计政策信息属于环境非财务信息。环境会计信息披露的内容见表 3-3。

表 3-3 环境会计信息披露内容

类别	项目	内容
环境财务信息	环境会计核算信息	由企业负担的自然资源损耗成本费用、环境保护费用方面的支出、企业实施环境保护措施所取得的收益
	环境会计要素信息	环境资产、环境负债、环境成本、环境效益

续表

类别	项目	内容
环境非财务信息	环境绩效信息	企业执行环境法规制度情况绩效、企业利用环境资源绩效、企业控制污染绩效、企业环境保护绩效、企业环境报告绩效
	环境会计政策信息	企业采用的记录与环境相关的信息和进行环境会计报告的环境会计准则或者环境会计指南、环境会计披露的会计期间、环境会计披露涵盖的范围、环境会计政策的变更

(一) 环境会计核算对象

环境会计的核算对象就是指一个企业在生产经营过程中所发生的环境活动或是与环境活动有关的经济活动。由于企业与环境资源的关系较为复杂，所以在界定环境会计核算的对象时要最大限度地有效揭示企业与环境资源相关的信息。企业环境会计核算的对象应当包括以下三项基本内容。

1. 由企业负担的自然资源损耗成本费用

这项内容主要反映的是企业在生产经营活动过程中，由于消耗自然资源给环境带来的由企业负担的相关费用。主要包括：①环境资源损失费用，具体指由于资源消耗失控、重大事故或者"三废"排放所造成的环境污染，例如，对水资源、山林、农田等产生的污染和破坏所造成的损失；②由于企业的生产经营活动导致生态环境恶化所造成的损失；③自然资源消耗所发生的成本，主要指企业在生产经营活动中使用自然资源所付出的成本，如水资源、土木资源、原油资源和矿产资源等的消耗。

2. 环境保护费用方面的支出

主要核算在生产经营过程中对损耗的环境资源进行修复所付出的成本。主要包括：①为了减少、防治以及修复在企业生产经营过程中可能对环境造成的污染所发生的成本及费用，如购建环保设施、环保投资、对生态环境的修复及补救费用等；②企业内部环保部门所发生的相关支出，例如，相关环保部门的职工薪酬、环保行政费用、环保的规划费及研究开发费用；③企业生产经营造成环境污染而发生的损失，如企业向国家缴纳的排污费、环境保护税及可能发生的环境损害赔偿金、罚款；④社会成本，主要指因污染环境而产生舆论，从而产生费用支出。

3. 企业实施环境保护措施所取得的收益

环境收益主要涵盖了企业开发利用各种环境资源所产生的收益及保护环境间接得到的利益。主要包括：①企业对"三废"进行利用所得到的产品收益及国家与环境活动相关的税收减免政策带来的收益；②企业致力于环保所带来的无形效益，如商誉的提升，引资增多；③企业因致力于环境保护而得到的政府奖励和由此产生的社会信誉收益，从而引起股票上升等相关收益。

（二）环境会计要素信息

环境会计要素是指环境会计核算和监督的具体内容，即对环境会计核算对象所做的基本分类。环境会计要素的核算与监督主要是对会计环境科目的设立、计量、记录以及环境会计报告进行研究，即在不影响企业会计业务核算的前提下融入环境的相关事宜，并在对外披露企业经营财务状况的同时，披露环境会计信息。

确认环境会计要素的标准可以主要参考以下四方面。①环境会计要素的可定义性。环境会计在企业中的确认的范围包括：企业开展的与环境相关的活动以及涉及生态环境的经济活动中，凡是可以用货币计量、实物表示或者可以用文字叙述和图表说明的信息。②环境会计要素的可计量性。环境会计要素的可计量性是指在对环境会计要素进行定义的基础之上，用货币、实物或文字、图表等形式对与环境和经济相关的信息进行计量和描述。③环境会计要素信息的相关性。环境会计要素信息的相关性是指企业所披露的环境会计信息要满足利益相关者、社会大众及信息使用者对信息的需求。具体的做法就是企业根据以上使用者对环境会计信息的具体要求，对必要的相关信息进行增加，减少或删除不必要的无用信息。④环境会计要素信息的可靠性。环境会计信息的可靠性是指企业在信息披露时必须如实、详细和完整地对与环境相关的活动以及涉及生态环境的经济活动和项目进行反映。在确认环境会计要素时，既要认真审核原始凭证所记载的事项的真实性，又要对环境会计信息文字记载的全面性和可靠性进行审查。根据以上标准，并且结合我国环境会计的实际核算情况，笔者在本书中将环境要素分为四大类，分别是环境资产、环境负债、环境成本以及

环境收益。❶

1. 环境资产

环境资产的定义与传统财务会计中资产的定义有许多相像之处，环境资产是指从企业过去所发生的事项中取得的或是企业能够加以控制的，可以用货币来进行计量的，很可能给企业生产经营活动带来效用的环境资源。环境资产应当包含两种：一种是生态资源性资产，另一种是自然资源性资产。但是自然资源资产是企业在进行环境会计信息披露时环境资产项目中的主要部分，因为从微观的角度无法对生态性资源进行准确的核算。自然性资源的主要内容有：①企业所有的并且与环境保护相关的固定资产的账面价值、折旧或摊销的期限以及符合条件而确认的减值准备；②自然资源的属性、类别、期初的存量、本期的增加量、本期的消耗量以及期末的存量等；③自然资源价值进行计量依据或者基础；④由自然因素或非人为因素所导致自然资源发生的重大变化以及其对环境资产价值的影响。

2. 环境负债

所谓的环境负债，是指一种与环境成本相关联的，由企业自身负担并且符合传统财务会计对负债的确认标准的债务或义务。企业在履行义务的过程中对所履行的时间或支出金额不确定时，环境负债也可以成为环境负债准备。环境负债所包含的具体内容可以概括为以下几点：①在对环境负债进行计量时所使用的方法以及基础依据（现行法或者是现行成本法）；②对于重大的环境负债项目应当在披露报告中具体说明环境负债的性质以及企业应当在什么条件下或具体时间清偿负债；③当企业环境负债的实际金额或具体的偿还时间难以确定时，应当在环境会计报告中对这一事项加以详细的披露；④对于任何与确认环境负债的计量有关的重大不确定性以及可能造成的后果的范围进行披露；⑤如果企业运用现值法作为计量环境负债的基础，应当披露对未来现金流出的估计

---

❶ 关于环境会计要素主要有四类观点：一是"三要素论"，即环境要素包括环境资产、环境成本和环境负债（李心合，2002）或环境成本、环境收入和环境收益（孙兴华，2000）；二是"四要素论"，即环境要素包括资源价值、环境成本、环境收益和环境利润（朱学义，1999；方文辉，1999）或环境污染损失、自然资源损耗、环境保护支出和环境保护收益（李宏英，1999）；三是"五要素论"，即环境要素包括资产、负债、成本、损失和收益（李武力，2000）；四是"六要素论"，即环境要素包括环境资产、环境负债、环境收益、环境费用、环境收益和环境利润（陆玉明，1998；陈琳，2001）。

与在报表中对确认环境负债起关键作用的所有假设。

3. 环境成本

根据联合国国际会计以及报告标准政府间专家工作组对环境成本的定义：环境成本是指企业出于对生态环境和自然资源负责的角度考虑，对企业在进行经济活动的过程中对环境所造成的负面影响而主动采取或者被要求采取的保护环境的措施所发生的成本，以及企业为了达到自身所设定的环境目标和要求，为了改善环境所付出的其他成本。根据环境成本信息所披露的相关问题，工作组在其第 15 次会议上颁布了《环境成本和负债的会计与财务报告》，该报告中做出以下规定。①应当披露确认为环境成本项目的类别。环境成本项目可以被确认为以下几类，但是又不仅仅限于这些类别：企业所排放的"三废"和对被污染空气的处理；排放污液的处理；固体废物的处理；环境的分析和控制以及场地的恢复、补救及回收。②企业在应当将计入损益部分的环境成本在报表附注中进行披露，并且将这些成本分为经营性成本与非经营性成本两类。一类是按照适合企业生产经营的规模、性质和生产的方式；另一类是按照企业在生产经营过程中相关环境问题的类型，再或者是以上两种分类方法同时运用，来对企业的环境成本进行分析。在企业生产经营过程中已经资本化的环境成本金额应当在资本化的当期在报表附注中进行反映。

4. 环境收益

环境收益是指企业在对自然资源进行利用和不断改善生态环境的过程中所获得的一定收益。环境收益体现为两种形式：一种是企业通过治理环境污染所得到的环境收益，另一种是企业中的环境资产给企业带来的环境收益。在两种形式之中，由于环境资产所产生的是间接性的环境收益，这种收益无法通过微观的环境核算而进行变现，因此企业通常披露的环境收益是企业在治理环境污染过程中所获得的环境收益和环境资产所带来的直接环境收益部分。具体的环境收益内容包括：①企业采取环境保护措施而产生的环境收益的种类、金额以及原因；②销售自然资源的销售收入；③自然资源销售成本以及其他相关费用；④销售自然资源所带来的环境收益。

(三) 企业环境绩效信息

企业环境绩效信息的披露是企业能否树立一个良好的环境形象的关键。环境绩效是指企业经营过程中所发生的环境活动和与环境问题相关的财务业绩和环境业绩的统称。所以，一个企业的环境绩效应当包括环境财务绩效和环境质量绩效两个方面的内容。西方发达国家环境会计相关的研究机构将环境绩效具体划分为以下几个方面。

1. 企业执行环境法规制度情况绩效

这部分信息主要向企业的外部利益相关者和社会大众揭示企业对于国家颁布的环境法规与环保方面政策的具体执行情况。这些信息主要包括：①企业在环境保护与污染治理方面是否受到了政府相应的奖励、表彰以及是否受到过惩罚、惩罚的种类为何种；②企业对环境目标责任制的执行与落实情况；③企业的主要环境指标是否达到国家标准；④如果企业被相关部门列为限期治理的对象，应当具体说明企业列入的原因、进行限期治理的目标以及工作进度的具体情况；⑤企业所建设的项目对环境具有什么影响，企业的配套环保设施是什么及其进度具体情况。

2. 企业利用环境资源绩效

企业在生产经营过程中对于资源性原材料和非可再生能源消耗的减少、节约、再利用以及循环再利用等。

3. 企业控制污染绩效

企业对主要污染物的处理与控制、企业对主要污染源的控制情况、企业主要污染物的回收与再利用、环境法规的执行情况和污染事故及其影响等。

4. 企业环境保护绩效

企业所确定的环境管理方针与环境管理体系、企业对于员工劳动环境条件的改善与美化、企业定期对员工进行环保知识方面的教育与培训、与环保相关的社会性的公益活动、能够保护环境的产品的研究与开发、社区公众的环境保护教育、国家对于企业环境保护方面的奖励等。

5. 企业环境报告绩效

企业采用什么样的环境报告制度，国家对于企业在环境会计信息披露方面进行奖励。我们国家可以通过这种方式，借鉴优秀企业的方法来鼓励各行各业对环境会计信息进行披露。各个企业在实际工作中可以根据自身的实际情况将环境报告方面的绩效信息进一步细化。

（四）企业主要的环境会计政策信息

由于企业的环境会计政策具有很强的专业性、特殊性和个性化，因此为了使利益相关者和信息的使用者能够更好地理解环境会计信息和保证环境会计信息的有效性，企业在披露环境会计核算对象、环境会计要素信息和环境绩效信息的同时还应当披露企业主要的环境会计政策。披露的具体内容主要包括以下方面。

1. 企业采用的环境会计准则或者环境会计指南

披露企业采用的记录与环境相关的信息和进行环境会计报告的环境会计准则或者环境会计指南，有利于帮助企业提高环境会计信息的可靠性和有用性。

2. 环境会计披露的会计期间

企业环境会计信息披露的期间与传统的财务信息披露期间相一致，可以分为年、季、月。同时，企业进行环境会计信息披露期间应当与企业的存续期间保持一致。

3. 环境会计披露所涵盖的范围

各国对于环境会计信息披露的范围没有具体的限制，可以是企业的一个部门、一个具体的地点，也可以是一个公司甚至是一个规模庞大的集团。但是有一点需要注意，企业所披露的环境会计的范围应当与企业合并财务报表的合并范围相一致。

4. 企业环境会计政策的变更

出于各种各样的原因，企业也许会对原有的与环境相关的会计政策进行变更。对于这种情况，企业应当在最近一次环境会计信息披露中及时并且充分地进行说明，告知社会公众以及信息使用者发生变更的原因和企业所做出的相应调整。

第四章 国内外环境会计信息披露制度

环境会计信息披露制度是指对环境造成影响并且须在指定网站或报表上披露环境活动的财务影响、环境事项对公司发展前景的影响以及环境绩效等方面信息的一种社会制度、规则等。多国实践证明，环境会计信息披露对于控制污染和促进减排产生了积极的推动作用。

第一节 国际上主要的环境会计信息披露制度及实践

欧美国家是制定环境会计信息披露制度的先驱，许多欧洲国家明确规定企业在其财务报表中报告环境事项，而美国在环境信息公开和会计准则制定方面独具特色。日本作为亚洲的发达国家，也是目前环境保护开展得最好的国家。1999年以后日本企业环境会计成为后起之秀，受到联合国可持续发展开发部《调查研究计划》第四次会议的充分肯定，成为世界各国环境会计的榜样。

一、美国的环境会计信息披露制度

美国是最早进行环境会计信息披露的国家之一。经过几十年的发展，随着环境法律的大量颁布实施，披露环境会计信息的企业及披露的范围也日渐增多，主要是源于法律法规的要求和资本市场的压力。由于美国对企业环境会计信息披露存在具体要求，因此绝大多数美国企业都会披露有关环境会计方面的信息，其中尤以上市公司做得最好。美国上市公司可以通过新闻、布告栏、发布会、年报和单独环境报告等多种形式说明环境事务，披露环境会计信息。

美国的环境会计信息披露主要来源于有关环境法律的规定。目前，基本形成了一个环境会计信息披露规范体系，主要由环境法律法规、美国证券交易委员会（SEC）涉及环境会计信息披露的规定以及美国财务会计准则委员会（FASB）、美国注册会计师协会（AICPA）和美国会计学会（AAA）对环境会计信息披露的规定三个部分组成，见表4-1。

表4-1 美国主要环境法律法规一览表

序号	名称	颁布时间	实施时间
1	《国家环境政策法》	1969年	1970年
2	《清洁空气法》	1970年	1990年修订
3	《清洁水法》	1972年	1977年修订
4	《综合环境反应、赔偿和责任法》	1980年	1980年
5	《第92号专门会计公报》	1993年	1993年
6	《FASB第5号准则公告"或有负债会计"》	1975年	1975年
7	《FASB第14号解释公告"损失值的合理估计"》	1976年	1976年
8	《石棉清理成本的会计处理》	2003年	2003年
9	《清理污染成本的资本化》	2003年	2003年
10	《环境负债会计》	2003年	2003年
11	《污染治理义务的会计处理与财务报告》	2006年	2006年

（一）环境法律法规

美国上市公司遵守的环境法规包括《国家环境政策法》《清洁空气法》《清洁水法》《资源保护与回收法》《综合环境反应、补偿和债务法》（又名《超级基金法》）和《关于地下储藏箱的规定》《超级基金增补与再授权法》等一系列涉及环境问题的法律法规。这些法律法规都有专门条款对环境信息的披露做出规定。

1. 《国家环境政策法》

1969年制定的《国家环境政策法》在世界范围内率先确立了环境影响评价制度，主要内容有4个方面：一是宣布国家环境政策和国家环境保护目标；二是明确国家环境政策的法律地位；三是规定环境影响评价制度；四是设立国家环境委员会。这4个方面的内容具有紧密的内在联系，是一个整体。其中，关于环境影响评价制度的规定是："对人类环境质量具有重大影响的各项提案或法律草案、建议报告以及其他重大联邦行为，均应当由负责经办的官员提供一份包括下列事项的详细说明：①拟议行为对环境的影响；②提案行为付诸实施对环境所产生的不可避免的不良影响；③提案行为的各种替代方案；④对人类环境的区域性短期使用与维持和加强长期生命力之间的关系；⑤提案行为付诸实施时可能产生的无法恢复和无法补救的资源耗损。在制作详细说明之前，联邦负责经办的官员应当与依法享有管辖权或者具有特殊专门知识的任何联邦机关进行磋商，并取得他们对可能引起的任何环境影响所做的评价。该说明评价应当与负责制定和执行环境标准所相应的联邦、州以及地方机构所做的评价和意见书的副本一并提交总统与环境质量委员会，并依照美国法典第五章第552条的规定向公众公开。这些文件应当与提案一道依现行机构审查办法的规定审查通过。"依据该法设立的"国家环境质量委员会"于1978年制定了《国家环境政策法实施条例》，为其提供了可操作的规范性标准和程序。《国家环境政策法》使行政机关对环境价值的考虑制度化、职能化，在行政机关中创造了一个履行其环保职能的内部环境和内部力量；创造了一个监督行政机关履行其环保职责的外部环境和外部力量；使环境影响评价成为行政决策程序的有机组成部分，改善了行政决策的质量。

2. 《清洁空气法》

从1955年的《空气污染控制法》到1963年的《清洁空气法》，1967年的《空气质量控制法》，再到1970年的《清洁空气法》，以及后来的1977年修正案、1990年修正案等多次修正而逐步完善，美国建立了一个完整的法律规范体系。经过半个世纪的不断修改完善，美国的《清洁空气法》确立了一系列行之有效的原则。1970年的《清洁空气法》第309条对联邦环保局审查环境影响评价的职责做出了与《国家环境政策法》相应的规定。具体包括：①公开披露对环境影响报告的评审意见；②环保局审查环境影响报告的职责；③环保局广泛地审查提议的联邦行动；④除了要指导环境审查外，联邦活动办公室还需要为环保局地区职员制定指导教材、提供培训课程，并促进环保局和其他联邦部门之间的协调。

美国《清洁空气法》不仅规定了旨在减少污染空气排放的制度、项目等，也为法律的有效实施设定了一些保障措施。这主要包括行政保障措施、民事诉讼和刑事保障措施等。在行政保障措施方面，适用主体是国家行政主管机构，包括联邦环境保护总署和州政府,性质属于行政管理行为。行政实施保障措施的适用是主动性的,是行政管理机构的职责所在,主动执法是积极履责;反之,则应因不作为而受到责任追究,且其适用要受到司法审查。在民事诉讼方面,《清洁空气法》第113条b款规定,联邦环境保护总署可以向污染排放源的经营者和拥有者提起民事诉讼,请求法院对其违规行为进行民事制裁或者实施永久禁令。

1970年的《清洁空气法》还规定了公民诉讼条款。公民诉讼的原告可以是公民、地方政府或非政府组织。也就是说,任何人均可对违反环保法律的行为提起诉讼,而不要求与诉讼标的有直接利害关系。公民诉讼的被告有两类:第一,任何人,包括私人的和官方的主体;第二,享有管理权而不作为的执法管理机构。刑事实施保障措施是指对严重污染环境触犯刑法的行为,联邦环境保护总署和司法部向法院提起刑事诉讼,请求追究违法的企业和实体刑事责任的措施。该措施是《清洁空气法》最为严厉的执行措施,追究的对象是造成严重空气污染的企业、实体及其负责人,而且对《清洁空气法》所要求的各项报告、文件、证明做虚假陈述的,也构成犯罪。

例如,2013年9月4日,美国联邦环境保护总署和司法部发布联合声明,美国超市巨头西夫韦公司(Safeway Inc.,NYSE:SWY)因为超市内的冰柜排放的氢氯氟碳化合物(HCFC-22)❶被罚款60万美元。声明称:西夫韦公司没有及时处理冰柜泄露的HCFC-22,同时也没有按要求保留冰柜的维修记录。声明表示,在《清洁空气法》颁布后,此次西夫韦公司是目前最严重的违反该法案的案例。当时西夫韦公司承诺,将在2015年以前将全公司的氢氯氟碳化合物泄漏率从25%降至18%。为了达到这一目标,公司将投入大约410万美元进行设备更新。❷

3.《清洁水法》

《清洁水法》是美国联邦政府主要的水污染控制法律,它制定了控制美国

---

❶ 氢氯氟碳化合物(HCFC-22)一般用于制冷和空调等设备的制冷剂中,一旦泄漏,对平流层中的臭氧破坏巨大,消耗平流层臭氧层,使得阳光中的紫外线直射地面,可能导致皮肤癌、白内障等疾病。

❷ http://www.zgqjmh.com/mation_show_8397.html.

污水排放的基本法规。该法最早在 1948 年由国会通过，当时称为《联邦水污染控制法》，后在 1965 年、1972 年、1977 年、1981 年和 1985 年多次修改。其中，1972 年和 1977 年的修改较大，被改名为《清洁水法》。1977 年的修正案集中针对有毒的污染物，1987 年重新对有毒物质、公民适用条款和根据批准的建设计划资助污水处理设施等进行授权。

《清洁水法》授予美国联邦环境保护总署建立工业污水排放的标准（基于技术），并继续建立针对地表水中所有污染物的水质标准的权力。《清洁水法》使得任何人，除非根据该法获得污水排放的许可证，不得从点污染源向可航行的水道中排放污水。《清洁水法》使联邦环境保护总署可以委托各州政府执行多种许可程序、行政管理和强制执法的各种任务。各州有权实施《清洁水法》的各项计划的同时，联邦环境保护总署仍然保留其监督的责任。

《清洁水法》通过规定严厉的刑事责任保证企业排污申报制度的有效运转。《清洁水法》对排污企业规定了自我监测和主动申报排污情况的排污申报制度。《清洁水法》规定："任何点源的所有者或操作者应当建立并保护监测记录，制作该报告，装设、使用并保持该监测设备或方法，取样调查排水，提供需要的其他信息。"为保证企业真实申报排污情况，该法还规定，管理机构有权进入排放源所在地点或记录所在地点，可"在合理的时间接触并复印各种记录，视察监测设备或方法，并取样调查该污染的所有人或操作人被要求取样的排水"。同时，该法还对违法者规定了严格的刑事责任："故意做虚假记录、报告、计划或其他上报或保存文件者，或者故意伪造、破坏、篡改监测设施和方法者，经审判应处以 1 万美元以下罚金或 2 年以下监禁，或者二者并罚。对于累犯者，处以每违法日 2 万美元以下罚金或 4 年以下监禁，或者二者并罚。"例如，2006 年 1 月前，沃尔玛一直没有设立计划，就如何处置有害垃圾培训员工。在某些情况下，沃尔玛员工不正确丢弃化学物品，要么把它们扔进市政垃圾桶，要么把它们倒入地方排水系统。在另一些情况下，化学物品在没有安全证明的情况下不正确运输。由于违反了《清洁水法》，美国司法部和环境保护总署提起刑事和民事诉讼，对沃尔玛罚款 8160 万美元，加上加利福尼亚州和密苏里州根据州法律开出的罚单，沃尔玛共计支付罚金

1.1亿美元。❶

4.《综合环境反应、赔偿和责任法》

1978年的拉夫运河（The Love Canal）污染事件❷之后，1980年美国国会通过了《综合环境反应、赔偿和责任法》（CERCLA），该法案因其中的环保超级基金而闻名，因此，通常又被称为超级基金法。超级基金主要用于治理全国范围内的闲置不用或被抛弃的危险废物处理场，并对危险物品泄漏做出紧急反应。《综合环境反应、赔偿和责任法》授予联邦政府拥有从排放污染的有关潜在责任方收回与污染场地认定、评估和清理有关的成本的权力。该法案在会计意义下将环境管理引入一个新的时代，该法案的目的是强迫"责任方"通过垃圾倾倒、废物储存和渗漏等方法清除土地污染，由此引致了环境负债、或有负债和准备金会计的发展。

（二）美国证券交易委员会（SEC）涉及环境会计信息披露的要求

美国要求上市公司在财务会计和报告以及财务分析中考虑环境问题导致成本增加对公司财务产生的影响，要求定量披露环境成本和负债，并有相应的清晰的指导。美国证券法规定，上市公司除了遵循上述法律法规外，还必须按照美国证券交易委员会（Securities and Exchange Committee，SEC）❸的要求披露环境会计信息。例如，《第92号专门会计公报》是SEC专门就环境会计与报

---

❶ http：//finance.qq.com/a/20130530/003204.htm.

❷ 拉夫运河位于纽约州，靠近尼加拉大瀑布，是一个世纪前为修建水电站挖成的一条运河，20世纪40年代干涸被废弃。1942年，美国一家电化学公司购买了这条大约1000米长的废弃运河，当作垃圾仓库来倾倒大量工业废弃物，持续了11年。1953年，这条充满各种有毒废弃物的运河被公司填埋覆盖好后转赠给当地的教育机构。此后，纽约市政府在这片土地上陆续开发了房地产，盖起了大量的住宅和一所学校。从1977年开始，这里的居民不断发生各种怪病，孕妇流产、儿童夭折、婴儿畸形、癫痫、直肠出血等病症也频频发生。1987年，这里的地面开始渗出含有多种有毒物质的黑色液体。当时的美国总统卡特宣布封闭当地住宅，关闭学校，并将居民撤离。事发之后，当地居民纷纷起诉，但因当时尚无相应的法律规定，该公司又在多年前就已将运河转让，诉讼失败。直到20世纪80年代，《综合环境反应、赔偿和责任法》在美国议院通过后，这一事件才被盖棺定论，以前的电化学公司和纽约政府被认定为加害方，共赔偿受害居民经济损失和健康损失费达30亿美元。

❸ 美国证券交易委员会（the US Securities and Exchange Commission，SEC）根据1934年证券交易法令而成立，负责美国的证券监督和管理工作，是美国证券行业的最高机构。总部在华盛顿特区，拥有5名总统提名并经国会通过的委员、4个部、18个办公室、职员3100多名。美国证券交易委员会（SEC）具有准立法权、准司法权、独立执法权。

告问题予以说明的一份公报。它涉及环境会计与报告中的许多问题,主要包括:①在财务报表上分开列示环境负债和可以收到的补偿(从保险公司或其他有关方面收到的应收款);②确认可能承担的环境成本;③环境负债计量的基础;④对于预计的环境负债的列示;⑤分级管理的企业的环境负债的列示;⑥或有事项、场地清理与监控成本在财务报表中的披露。

(三)美国财务会计准则委员会、美国注册会计师协会和美国会计学会对环境会计信息披露的规定

美国财务会计准则委员会(Financial Accounting Standards Board,FASB)❶为环境会计的处理与披露问题发布准则和解释公告,为企业披露环境信息提供了指南,这些公告包括:《FASB第5号准则公告"或有负债会计"》《FASB第14号解释公告"损失值的合理估计"》,以及紧急问题工作组公告《石棉清理成本的会计处理》《清理污染成本的资本化》《环境负债会计》。

1996年,美国注册会计师协会(American Institute of Certified Public Accountants,AICPA)❷的会计标准执行委员会发布了关于《环境负债补偿责任状况报告》,提出了企业在报告环境补偿责任和确认补偿费用时的基本原则,从而为所披露的信息的质量提供了保证。

美国会计学会(American Accounting Association,AAA)❸所成立的专门组织行为环境影响委员会,对环境会计信息披露的有关问题进行了专门研究。AAA认为,企业编制反映环境影响主要由内部报表和外部报表两张报表构成。关于内部报表,委员会建议利用多维方法收集财务与非财务信息,利用新模式

---

❶ 美国财务会计准则委员会(Financial Accounting Standards Board,FASB)成立于1973年,是美国证券交易监督委员会(《财务报告公告》第1号第101节)以及美国注册会计师协会(《职业行为守则》第203号,1973年5月及1979年5月修订)正式承认的制定财务会计准则的权威机构。

❷ 美国注册会计师协会(American Institute of Certified Public Accountants,AICPA)是美国全国性会计职业组织,也是世界上最大的会计师专业协会,在全球128个国家与地区拥有近37万名会员,其宗旨是:提高职业水平;联合全国的注册会计师,建立统一的会计职业组织;通过授课方式交流职业知识;建立行业图书馆;确保注册会计师这一称号被各州法律所承认。

❸ 美国会计学会(American Accounting Association,AAA)是美国最大的会计学术组织,其前身是1916年成立的美国大学会计教师联合会(简称AAUIA),1936年改为现名。学会由对会计教育和会计理论研究感兴趣的人士自愿组成,其中主要是会计学教授,但也接纳注册会计师和企业会计师参加。学会的主要宗旨是促进会计理论研究和改进会计教育工作,提高会计教育、研究及实务方面的水平。

处理与环境有关的问题;关于外部报表,AAA 建议在资产负债表中单列用于环境控制的资产和相关的折旧费,在损益表中单列一行揭示用于环境控制的费用。

综上所述,美国企业的环境会计信息披露属于法规披露项目,企业特别是大规模的重污染行业上市公司需要对环境会计信息进行披露,使企业管理者更好地了解企业,制定合理决策,同时满足信息需求者的需要。

二、欧洲国家的环境会计信息披露制度

欧洲各国比较重视环境会计问题,立法时间也比较早。许多国家根据欧盟法的指导意见并结合自己国家的实际情况制定了相关规定,从而更有效地对环境会计信息进行披露,环境会计信息披露实务在欧洲各国迅速发展起来。

(一)英国

英国虽然没有制定专门的环境会计准则,但却鼓励大公司在年度报告中披露环保设施和环境负债等信息。英国环境报告实务的快速发展在很大程度上归功于其明确的环境信息披露管制规范,见表 4-2。

表 4-2 英国主要环境法律法规一览表

序号	名称	颁布时间	具体内容
1	《环境保护法案》	1990 年	要求污染企业在其报表中反映采取的环保措施、建立的环境目标及环境绩效
2	《环境报告与财务部门:走向良好实务》	1997 年	鼓励最大的 350 家上市公司自愿披露它们的"温室气体"排放情况
3	《环境政策公告》	2000 年	提供环境会计公告、指南相关规定,帮助企业核算与披露相关环境会计信息
4	《环境报告通用指南》	2001 年	指导各类组织编制环境报告

(二)其他欧洲国家

荷兰环境部主张强制性的环境会计信息披露,1999 年颁布的《环境指南 1999》规定具有重大环境影响的本国大型企业有义务编制环境报告,要求企业提供两份环境报告,一份提供给政府机构以考察其环境遵循程度,并规定了应

当报告的内容；另一份提供给社会公众，属于企业应尽的义务，但并未对内容做任何规定。而且，为了鼓励企业充分披露环境信息，荷兰规定凡是与环境保护措施有关的一切费用，均可从应税收益中扣除。

丹麦法规要求企业以"绿色账户"形式公布环境信息。1995年的《环境报告法》明确规定企业在上交年度财务报告的同时，必须附上一份绿色环境会计报告，用以监督企业环保义务的履行情况。但是，该法案并未具体规定企业环境信息披露的内容。

瑞典从1999年开始，要求企业应衡量其对环境有害的行为及其对经济基础的损害，进行废物管理记录，并在年度报告和环境报告中披露环境事项的财务数据。

葡萄牙和法国等根据"在年度报表和报告中确认、计量和披露环境事项的建议"修正了各自的会计立法，规定企业须在其财务报表中披露环境事项。

挪威也要求所有公司必须描述任何具有重大环境影响的行为，要求在年报中揭示企业对环境造成的影响以及企业采取的措施。

德国联邦环境部（BMU）和联邦环境局（UBA）也已开始强调环境会计在公司中的重要性，要企业对此进行披露。

三、日本环境会计信息披露制度

（一）环境管理法律法规

日本政府首先建立健全与环境相关的法律法规体系，为推行企业环境会计工作奠定良好的法律基础。目前日本已制定各种环境法律法规7000余种，其中比较有代表性的法规见表4-3。

表4-3 日本环境管理主要法规一览表

序号	名称	颁布时间	实施时间
1	《环境基本法》	1993年	1993年
2	《环境影响评价法》	1997年	1999年
3	《关于把握特定化学物质排放量等及促进其管理的改善的法律》	1999年	2000年
4	《二噁英类对策特别措施法》	1999年	2000年

续表

序号	名称	颁布时间	实施时间
5	《关于削弱特定区域汽车所排放的氮氧化物及微尘总量的特别措施法》	1992 年	2001 年修订
6	《推进循环型社会形成基本法》	2000 年 5 月	2000 年 6 月
7	《关于促进资源有效利用的法律》	2000 年修订	2001 年
8	《国家关于促进环境物品等的采购的法律》	2000 年	2001 年
9	《特定家用电器的再商品化法》	1998 年	2001 年
10	《关于促进食品循环资源的再生利用等的法律》	2000 年	2001 年
11	《关于废弃汽车的重新资源化等的法律》	2002 年	2004 年
12	《土壤污染对策法》	2002 年	2003 年

日本以《环境基本法》为基础形成了包括环保标准、评价体系、环境监督、环境经济政策和环境法律的五部分环境影响的环境监管体系，各个部分相互补充、相互依存。环境目标实现着环境标准，环境影响评价是实现目标的桥梁，环境监测是实现目标的重要措施，环境和经济政策是有效地实现目标的重要手段，环境法律保护是一个实现环境目标的重要基础。

20 世纪 50 年代到 21 世纪初，日本对环境法律体系得到不断完善，为日本的环境保护提供法律保障。一是基本法，如《环境基本法》《环境污染控制基本法》和《公害对策基本法》。二是专业性法律，如《烟尘排放规制法》《大气污染防治法》等，由于污染领域的范围很大，所以也就形成了该类法律数量最多的原因。三是综合法，如《资源有效利用促进法》《工厂废物控制法》等。2000 年，日本国会正式通过了《循环型社会形成推进基本法》，这是世界上首次在推动循环型社会形成这个领域的立法尝试。四是对环境保护的补充法，如《公害健康损害赔偿法》《居民生活基本法》等。

在环境标准内容上，主要涉及大气、水、土壤和生物 4 个方面。关于环境标准的制定和实施，日本政府认为在环保法规方面，应该保证法律的严肃性，减少一些企业在制定环境目标时，具有不切实际的行为目标。日本政府在制定环保法规时，以充分考虑本国的环保技术水平和管理能力为前提，广泛征求各个行业的意见，在各个行业的标准制定方面也是分工明确的，以体现其充分的权威性和专业性。在大量的数据基础上，有根据地、科学地制定出各行业不同的环保标准，环境标准一旦出台，该行业的企业则要遵守环保标准，否则，企业必须承担相应的法律责任。

日本的环境影响评价制度创建于 1973 年，当初，企业在对新建项目进行环境影响评价时出现凌乱现象，严重缺乏法律的约束。直到 1997 年，《环境影响评价法》在日本颁布了，环境影响评价的法律地位得以确立。日本政府的环境评估分为两大类，即政府评估和民间环保组织的评估，两种评估制度采取不同的评价标准，但都具有很强的参考价值。日本的环境影响评估制度也规定了公众的参与制度，为了减少政策上的失误，有必要广泛接受公众的意见，以降低政府与公众之间的矛盾冲突。

在环境监督方面，日本的监督体系比较完善，拥有强大的网络监测系统和广泛的公众参与制度。环境监测结果方面，日本对环境监测数据比较重视，因为该数据是制定和修改环境标准的基础依据，是检查排放标准实施的重要手段。日本具有对各个行业进行检测的监测站，如在住宅区内，对水质情况以及机动车尾气排放方面进行监测的国家环境监测中心，同时，对许多大型污染企业进行监测，拥有遍布全国的环境监测网络系统。此外，一些民间组织、政府和企业对环境污染监督问题的重视是日本民众环保组织形成的主要原因，可以促进企业环保标准的实施。

在环境经济政策体系上，日本政府主要采取罚款、污染者付费、征收环境税和经济资助等经济政策。罚款制度是一种常见的规范制度，在许多国家和许多行业都有相应的规定，但是在日本，该项罚款制度的标准相当高，尤其是有《大气污染控制法》作为保障，并且有的地方上出台的标准远高于国家标准，这就充分体现了日本地方政府和民众对环保问题的重视程度，例如，对于那些违反排放标准的行为，将面临 10 万日元以下的罚款和 6 个月以下的有期徒刑。污染者付费政策是按照《公害健康损害赔偿法》中的规定，污染的肇事者必须承担被污染地区环境恢复的代价，对于污染受害者应该对损害居民健康的危害方面进行赔偿。在环境税收政策上，两方面原因推动着日本大力实施环境税政策：一方面是经济的快速增长导致国内碳排放量增长过快；另一方面是日本参与了国际公约减排承诺并受其影响。日本环境税一般是针对化石能源行业造成环境负荷进行纳税，由于化石能源中的碳含量比较高，在生产使用过程中，通常会造成大量的碳排放和污染物，日本环境税也是在政策上对纳税人进行资助，激励企业对该行业的研发，以实现这些依赖于化石能源的企业在产业结构上进行变革。在经济资助方面，为了实现企业在环境方面的治理，从20世纪70年代，日本开始实施"软银贷款计划"，按企业的规模大小和购置的环境设备的不同类别等，在贷款利率和贷款比例以及还款期限等方面对企业环境投资方面实施优惠措施。

日本具有完善的环境法律体系，对企业环境污染和破坏行为可以进行综合性整治。同时，日本比较注重采用激励性规制政策，以减少企业的环境管理和政府信息不对称，避免逆向选择，帮助企业减少因增加对环境责任的落实带来的成本，鼓励企业承担环境责任。

总之，日本的环境政策法规理念先进、措施具体、效果明显。这些法规不但促使日本政府通过强制手段开展环境保护工作，而且重视利用市场力量、重视市民和企业的自愿行动、重视信息手段。这些特点对于自愿性环境报告的发展非常重要。

（二）环境会计法规

日本对于环境会计与报告的研究体现了"官产学相结合"的特点，最早是一些优秀企业开始出现环境会计的萌芽，如1999年，日本富士通公司成为日本第一家采用绿色会计账的企业，之后有20多家日本企业跟进，包括爱普生、日本电气、索尼等。在此期间，日本公认会计士协会[1]和学术团体围绕环境会计问题结合企业案例召开许多研讨会、出版论文与专著、进行社会调查等。

日本环境省于1997年发布了《关于环境保护成本的把握及公开的原则的

---

[1] 日本公认会计士协会（The Japanese Institute of Certified Public Accountants，JICPA）成立于1949年，1966年根据《公认会计士法》重组，该会会员由4部分组成：公认会计士、境外公认会计士、审计公司和初级公认会计士（联系会员）。截至2005年年底，日本拥有公认会计士16245人，初级公认会计士6345人、审计公司162家。JICPA总部位于东京，在全国设有分会。该会日常事务由秘书处处理，由秘书长负责。设有8个专门委员会，包括审计委员会、会计委员会、管理咨询委员会、国际事务委员会、会计职业委员会、质量控制委员会、交流委员会和会员（注册）委员会。JICPA的主要职责包括：对会员执业质量情况进行监督；继续教育；积极参与企业会计委员会（企业会计委员会为权威的会计、审计准则制定机构）；增加会员服务机会；积极参加国际组织；积极推动IFAC和IASB项目、活动及通告；出版JICPA月刊读物。

规定》，从此引起日本企业对环境会计的日益重视，一部分企业陆续公布环境报告书。日本环境省于1999年3月公布《有关环保全成本的把握及公开的指南——环境会计的确立（中间报告）》，该指南出台表明日本环境会计框架初步确立，其增强了企业环境会计信息披露的可比性和一致性，促进了企业环境会计的普及。2000年3月，颁布了《引进环境会计体系指南》，该指南对环境成本的分类以及计量方法做了进一步的补充，对如何以货币和实物等单位来反映环境绩效提出了指导性意见，从而使环境会计开始得到快速普及。日本环境省于2001年2月颁布了《环境报告书指南2000》，详细规定了环境报告书中信息披露的时间、对象和内容；同时还提供了环境信息披露的标准，规范了信息披露的格式，使不同企业间环境会计信息具有可比性，具有很强的实践操作性。次年推出《环境报告书指南2000——环境报告书制作手册》，该手册内容主要涵盖了环境报告书的内容、环境报告书的模式、环境报告书制作的原因等。该准则的发布对企业公开环境报告书及其加强企业之间环境报告书的可比性起到了促进和加强作用，使得日本社会开始涌现出研究环境会计与环境报告的热潮。日本对《环境报告书编制指南》进行了不断的完善和改革，现在适用的是2012版。

1. 《环境会计指南2005》

2005年2月，日本环境省颁布了《环境会计指南2005》，对环境成本按成本特性进行了再分类，对环境绩效重新进行了整理。它内容更加详尽、具体，尤其在其概念和方法上都很好地修正了以前版本存在的不足。《环境会计指南2005》具体内容见表4-4。

表4-4 《环境会计指南2005》具体内容一览表

主要内容	具体构成
什么是环境会计	环境会计的定义、特点和作用、性质、构成要素
基本构成要素	重要组成要素、计算的目标期和范围
环境保护成本	环境保护成本的范围、分类、计算方法
环境保护收益	环境保护收益的分类、衡量方法，即根据环境保护成本来辨别环境保护收益

续表

主要内容	具体构成
环境保护活动的经济收益	相关经济收益、经济收益的测量方法、环境保护收益评估经济价值的方法
合并环境会计的处理	合并范围、合并环境会计处理
环境会计信息披露	环境保护活动的过程和结果、环境会计构成的重要内容、环境会计合并结果
内部管理的实行	对外披露信息和内部管理信息的关系、内部管理工具的发展
环境会计数据分析指标	分析指标的意义和作用、分析指标的概念和内容
环境会计披露格式和内部管理表格	外部报告披露格式、内部管理报表格式、环境会计应用中涉及的各种表格

《环境会计指南2005》的主要特点包括：①根据环境保护成本的特征引入新的成本分类。《环境会计指南2005》不仅以经营活动为依据对环境成本进行分类，而且增加了根据环境保护活动的范围（如全球变暖措施）对环境成本进行分类的方法。②重新修订环境保护收益概念。以前的《环境会计指南》以"释放到大气中的数量"作为分类标准，而《环境会计指南2005》使用了更具实用性的指标——释放的温室气体的体积。③重新定义与环境保护活动有关的经济利益。根据实际情况对"与环境保护活动有关的经济利益"的概念重新定义。增加真实收益（有形经济收益）、估计收益（估计的经济收益）的重要性和计算方法、环境保护活动经济评价等内容。④系统化环境会计披露格式。为了使外部使用者容易理解企业所披露的相关环境信息，《环境会计指南2005》要求企业列出"环境保护活动的过程和结果"及"环境会计的基本原则"。为使信息易于理解，要求披露的格式更加系统化，并要求增加环境报表的进度表。⑤重新编制和修订内部管理表格等。企业中为满足内部环境会计信息使用的要求，应根据内部管理单元（部门、商务站点、联营公司等）计算和管理详细的环境会计信息。因此，在《环境会计指南2005》中，要求综合环境管理活动编制合并环境会计，并且建议增加各种内部管理表格。⑥其他。《环境会计指南2005》指出了对合并环境会计合并范围和某种合并的方法，还指出各种指标的重要性以及在环境会计数量分析中的应用。

2. 《环境会计指南 2007》

《环境会计指南 2007——通向可持续发展社会》主要内容阐述为两个大部分：第一部分内容回答什么是环境报告书，具体包括环境报告书的定义、基本功能、一般原则和报告的基本要点；第二部分内容是环境报告书的阐述项目，规定了环境报告书的总体为五个方面：基本项目、环境管理状况、降低环境负荷的活动状况、考虑环境因素与管理之间关系的状况以及社会活动情况。其中又由 34 个项目组成，具体见表 4-5。

表 4-5 《环境会计指南 2007》披露指标内容一览表

内　容	项　目
基本项目	经营者理念
	报告书的基本要素
	总结该组织的业务
	组织活动的物料平衡
环境管理状况	环境管理体系现状
	环境相关法律的遵守情况
	环境会计信息
	环境方面的投资或融资状况
	绿色供应链管理的状况
	绿色采购状况
	环境友好技术的研发状况
	保护生态环境的运输状况
	生物多样性保护现状和生物资源的可持续利用
	环境信息交流的状况
	与环境有关的社会贡献
	有助于减少环境负荷的商品或服务的情况
降低环境负荷的活动状况	总能源投入量及消减对策
	总物资投入量及消减对策
	水资源投入量及消减对策
	组织业务范围内可循环的物料数量
	总产品生产量及销售量

续表

	项目
降低环境负荷的活动状况	温室气体排放量及消减对策
	空气污染对居住环境的影响及消减对策
	化学物质的排放量、迁移量及消减对策
	废弃物的总排放量、最终处置量及消减对策
	总排水量及消减对策
考虑环境因素与管理之间关系的状况	环境效率指标
社会活动情况	职业健康与安全的信息与指标
	就业信息与指标
	人权信息与指标
	向当地社区和社会做出贡献的信息与指标
	关于公司治理、企业道德、公平贸易的信息
	个人信息保护
	消费者保护与产品安全

3.《环境会计指南 2012》

《环境会计指南 2012》含有 8 章内容，分别是环境报告书与环境友好经营者之间的关系、基本指南、记载框架、基本项目、表示与环境管理等环境友好型经营有关情况信息与指标、表示与业务活动所伴随环境负荷及环境友好等措施有关情况的信息与指标、表示与环境友好型经营的经济及社会措施有关情况信息与指标和其他事项。

1993 年，本田汽车公司和东京电力公司开始发布环境报告，这是日本首次出现环境报告。从 1996 年开始，日本环境省每年颁发一次"优秀环境报告大奖（大臣奖）"，以鼓励和表彰企业主动发布环境报告，这在一定程度上促进了日本环境会计信息披露实务的发展。

第二节 我国的环境会计信息披露制度

我国对环境保护的重视始于 1978 年，邓小平同志首先提出我国应制定环境保护政策。1984年，我国把环境保护定为一项基本国策，环境保护的立法工作进程因此大大加快，先后颁布了《中华人民共和国环境保护法》《中华人民共和国大气污染防治法》《中华人民共和国水污染防治法》及《中华人民共和国环境噪声污染防治法》等几十部环保法律法规。我国现在已经形成了以《中华人民共和国环境保护法》为核心，由多项自然资源保护法及《中华人民共和国安全生产法》《中华人民共和国清洁生产促进法》《中华人民共和国环境影响评价法》所组成的比较健全的法律体系。

除了上述环保法律法规外，我国于20世纪90年代末在世界银行的帮助下，在镇江市和呼和浩特市试点研究探索企业环境信息公开化制度，进行企业环境行为信誉评级和公开。从2003年开始，我国陆续出台了一系列的关于企业环境信息披露的法律法规和政策。其中，推动我国企业环境信息披露的主要是环境影响评价制度和上市公司环境信息披露制度。

一、环保法律法规

目前我国已制定环境保护方面的法律7部，相关法规90多部，其中比较有代表性的法规见表4-6。

表4-6 我国主要环境法律法规一览表

序号	名称	颁布时间	实施或修订时间
1	《中华人民共和国环境保护法》	1979年	2015年修订
2	《中华人民共和国水污染防治法》	1984年	2008年修订
3	《中华人民共和国大气污染防治法》	1987年	2015年修订
4	《中华人民共和国固体废物污染环境防治法》	1995年	2013年修订
5	《中华人民共和国环境噪声污染防治法》	1996年	2014年修订
6	《建设项目环境保护管理条例》	1998年	1998年
7	《中华人民共和国环境影响评价法》	2002年	2003年
8	《中华人民共和国放射性污染防治法》	2003年	2003年
9	《排污费征收使用管理条例》	2003年	2003年
10	《医疗废物管理条例》	2003年	2003年

我国相关的环境法律制度都是在新中国成立初期的经济环境大背景下颁布

的，如《中华人民共和国环境保护法（试行）》是1979年通过试行的，在该法的制定时期，市场经济体制尚未发展起来。由于环境问题不断恶化，在可持续发展战略和循环经济、建设环境友好型社会和资源节约型社会等先进理论或理念的指导下，2014年4月24日，十二届全国人大常委会第八次会议审议通过了新修订的《中华人民共和国环境保护法》，2015年1月1日正式施行。修订后的环境保护法是我国环境法制建设的一项重要基础性工作，对于推动和促进新的历史条件下的环境保护工作具有十分重要的意义。

新修订的环境保护法具有三个鲜明特点：①对现实的针对性。在严峻的环境形势下，化解发展与环境深层次矛盾，推动科学发展，不断改善民生。在法律层面的顶层设计体现了对污染"零容忍"的坚决态度、保护环境的坚定决心、建设生态文明的强烈愿望。②对未来的前瞻性。规定了政府的环境责任、企业的环境义务、公民和社会组织的参与权，以及财政、教育、农业、公安、监察机关、任免机关、人大、法院等有关部门和机关的环保职责，构建了多元共治、社会参与的环境治理新格局，在立法层面为进一步推动环境管理顺利转型提供了制度保障，为促进中国经济绿色转型提供了重要依据，为环境保护工作继续开拓创新提供了强大动力支持。③权利义务的均衡性。强化各主体环境保护权利保障与责任承担，改变了重政府权力轻政府责任、重政府主导轻公众参与、重处罚手段轻治理责任的局面，为解决一些体制性、机制性问题提供了一条可行之路。

相关法律法规与地方性法规的有机结合，可以构成环境污染预防治理的法律体系。我国在单行法律的颁布数量上很多，其中有《中华人民共和国水污染防治法》《中华人民共和国大气污染防治法》《中华人民共和国固体废物污染防治法》《中华人民共和国环境噪声污染防治法》《中华人民共和国海洋环境保护法》以及《中华人民共和国放射性污染防治法》等。但这些法律法规由于法出多门，都是散见于中央和政府的行政部门之中。因此，我国急需一部综合性的污染防治法，将我国的环境法律法规之间有机地协调和统一起来，这样我国的环保体系才可以得到进一步的改善。

二、环境影响评价制度

我国是最早实施建设项目环境影响评价制度的发展中国家之一。1978年通过的《关于加强基本建设项目前期工作内容》提出了环境影响评价，使之成为基本建设项目可行性研究报告中的重要篇章。1979年通过的《中华人民共和国环境保护法（试行）》规定实行环境影响评价报告书制度。之后的《中华人民共和国海洋环境保护法》《中华人民共和国大气污染防治法》《中华人民共和国水污染防治法》《建设项目环境保护管理办法》等均含有环境影响评价的原则性规定。1998年国务院审议通过的《建设项目环境保护管理条例》是我国对建设项目实施环境影响评价制度的基本法律依据。2003年9月1日《中华人民共和国环境影响评价法》正式实施，这是我国环境影响评价制度发展史上的又一里程碑。我国的环境影响评价制度由此向全局性的战略环评方向逐步展开。

环境影响评价制度在控制新污染源、保护生态环境、实施可持续发展战略等方面发挥了重要作用。

三、上市公司环境信息披露制度

为督促上市公司严格执行国家环保法律、法规和政策，监管部门专门出台了针对上市公司环境信息披露的一系列规定，见表4-7。

表4-7 我国上市公司环境信息披露政策一览表

序号	发布时间	发布单位	文件名称
1	1997年	中国证监会	《公开发行证券公司信息披露内容与格式准则第1号——招股说明书》
2	2001年	中国证监会	《公开发行证券公司信息披露内容与格式准则第9号——首次公开发行股票申请文件》
3	2001年	国家环境保护总局	《关于做好上市公司环保情况核查工作的通知》
4	2003年	国家环境保护总局	《关于对申请上市的企业和申请再融资的上市企业进行环保核查的规定》
5	2005年	国务院	《关于落实科学发展观加强环境保护的决定》
6	2006年	深圳证券交易所	《上市公司社会责任指引》
7	2008年	上海证券交易所	《上市公司环境信息披露指引》
8	2009年	中国证监会	《公开发行证券公司信息披露内容与格式准则第29号——首次公开发行股票并在创业板上市申请文件》
9	2010年	环境保护部	《上市公司环境信息披露指南》（征求意见稿）

1997年中国证监会发布了《公开发行证券公司信息披露内容与格式准则第1号——招股说明书》，要求上市公司阐述投资项目环保方面的风险。

2001年中国证监会发布了《公开发行证券公司信息披露内容与格式准则第9号——首次公开发行股票申请文件》，明确要求股票发行人对其业务及募股资金拟投资项目是否符合环境保护要求进行说明。

2003年国家环境保护总局发布的《关于对申请上市的企业和申请再融资的上市企业进行环境保护核查的规定》，要求对申请上市的企业和申请再融资的上市企业的环境保护情况进行核查，并将核查结果进行公示。

2005年国务院颁布的《关于落实科学发展观加强环境保护的决定》要求，企业应当公开环境信息，引导上市公司积极履行环境保护社会责任，促进上市公司重视并改进环境保护工作，加强对上市公司环境保护工作的监督。

2006年深圳证券交易所发布了《上市公司社会责任指引》，就上市公司环保政策的制定、内容和实施等方面提出了指导。指引第七章"制度建设与信息披露"中要求，上市公司应当积极履行社会责任，定期评价公司社会责任的履行情况，自愿披露公司社会责任报告，同时规定了社会责任报告中最少应披露的内容。《中国企业社会责任报告（2014）》指出，2014年中国企业社会责任报告数量持续增长，达到1526份，以上市公司和国有企业为主力军；报告篇幅略增，内容较丰富，企业更倾向披露慈善公益等责任信息；报告参考标准多元，但第三方评价不足，可靠性有待提高；报告亮点突出，但同质化现象渐显，反映出报告实质性议题识别不足的短板；报告定量数据改善明显，纵向可比性好于横向可比性；报告平衡性表现不足，除部分企业外，整体存在"报喜不报忧"现象；报告发布连续性较好，发布时间集中在上半年，发布形式和途径多样，显示出企业对社会责任信息传播和沟通的迫切期望；报告过程性管理可圈可点，但利益相关方参与沟通须进一步加强。从报告中体现出以下趋势：第一，企业社会责任报告数量将稳步上升，上市公司和外资企业将成为新的增长点；第二，企业社会责任报告管理将走向常态化、专业化和信息化，管理能力将进一步得到提升；第三，企业社会责任报告内容将更加实质化、定量化，与公司战略、重大活动、社会热点等结合将成为未来重点；第四，企业社会责任报告发布将更加重视发布平台和新媒体的"杠杆"作用，传播形式趋向"社交化"和"移动化";第五,企业社会责任报告视野将更加国际化:不同语言版本渐多、海外报告和专题渐起、对标国际一流报告渐盛;第六,社会公众对企业社会责任报告的期望更高,监督更加严格,企业社会责任报告将进入新的阶段和发展水平。

2008年上海证券交易所发布了《上市公司环境信息披露指引》,指导上市公司的环境信息披露。指引规定,上市公司发生文件中的6类与环境保护相关的重大事件,且可能对其股票及衍生品种交易价格产生较大影响的,上市公司应当自该事件发生之日起2日内及时披露事件情况及对公司经营以及利益相关者可能产生的影响。指引还规定,上市公司可以根据自身需要,在公司年度社会责任报告中披露或单独披露9类环境信息,包括公司环境保护方针、年度环境保护目标及成效;公司年度资源消耗总量;公司环保投资和环境技术开发情况;公司排放污染物种类、数量、浓度和去向;公司环保设施的建设和运行情况;公司在生产过程中产生的废物的处理、处置情况,废弃产品的回收、综合利用情况;与环保部门签订的改善环境行为的自愿协议;公司受到环保部门奖励的情况;企业自愿公开的其他环境信息。此外,被列入环保部门的污染严重企业名单的上市公司应当在环保部门公布名单后两日内披露下列信息:公司污染物的名称、排放方式、排放浓度和总量、超标、超总量情况;公司环保设施的建设和运行情况;公司环境污染事故应急预案;公司为减少污染物排放所采取的措施及今后的工作安排。上市公司不得以商业秘密为由拒绝公开。

2009年中国证监会发布的《公开发行证券公司信息披露内容与格式准则第29号——首次公开发行股票并在创业板上市申请文件》要求,发行人除提交公司财务会计资料外,还要提交关于环境保护相关的其他文件,包括生产经营和募集资金投资项目符合环境保护要求的证明文件,其中重污染行业的发行人需提交符合国家环保部门规定的证明文件。

2010年环境保护部出台《上市公司环境信息披露指南》(征求意见稿),规定上市公司应当准确、及时、完整地向公众披露环境信息。上市公司信息披露的对象扩大到社会公众,以满足公众的环境知情权,敦促上市公司积极履行环境保护的责任。《上市公司环境信息披露指南》(征求意见稿)还要求,火电、钢铁、水泥、电解铝等16类重污染行业上市公司应当发布年度环境报告,定期披露污染物排放情况、环境守法、环境管理等方面的环境信息；发生突发环境事件的上市公司，应当在事件发生1日内发布临时环境报告，披露环境事件的发生时间、地点、主要污染物质和数量、事件对环境影响情况和人员伤害情况（如有），及已采取的应急处理措施等；因环境违法被省级及以上环保部门通报批评、挂牌督办、环评限批、被责令限期治理或停产整治、被责令拆除、关闭、被处以高额罚款等重大环保处罚的上市公司，应当在得知处罚决定后1日内发布临时环境报告，披露违法情形、违反的法律条款、处罚时间、处罚具体内容、整改方案及进度。该征求意见稿探索了上市公司环境信息披露的方式、时间、内容。

第三节 中外环境会计信息披露制度比较

各国都有自己的一套环境会计信息披露制度，但不论是法规制度建设，还是披露实践，各国发展都不尽相同。具体的比较分析见表4-8。

表4-8 中外环境会计信息披露制度比较

项目	美国	欧洲	日本	中国
制度数量	30多部环境法规，近1000个环境保护条例	近400条指令条例、决定和建议	700余种环境法律、法规和指南	环境保护法律7部，相关法规90多部
披露程度	最早进行披露的西方国家之一，环境会计信息披露制度全面、具体	披露历史悠久但发展缓慢，20世纪80年代末90年代初环境报告才得以推广	第一个制定环境会计准则的国家，对环境会计信息披露内容、格式做了详细规定	环境会计信息披露制度较少且不完善
披露方式	以公司独立环境报告为主	环境报告和财务报表	以公司独立环境报告为主	上海证券交易所网站，中国证监会指定刊物或网站以及企业社会责任报告
强制性	强制披露	强制与自愿相结合	政府主导，企业自愿	部分重污染企业强制披露

续表

项目	美国	欧洲	日本	中国
披露内容	以环境政策、环境成本和环境负债为主	以环境成本和环境负债为主	以环境成本和环境绩效为主	以环境政策为主
代表性机构	美国联邦环境保护总署、FASB、SEC	EU、ICAEW	日本环境省、JICPA	环境保护部、财政部、中国证监会
实施效果	企业能够较为及时、全面地披露企业环境会计信息	环境会计得到长足发展，环境会计信息披露如火如荼	设置企业环境信息披露底线，使企业自觉遵守法律法规，促进企业自愿披露的积极性	企业自愿披露积极性不高

一、环境法律法规内容比较

美国的环境法律法规主要有两大类：一类是环境污染防治的法律法规，另一类是补偿性法律法规，涉及补偿责任在公司财务报表中的处理问题。结合补偿性法规，美国财务会计准则委员会、美国注册会计师协会所属会计标准执行委员会均制定了相关准则，用以帮助企业确认和揭示超级基金潜在成本，更好地完成企业环境会计信息披露。美国证券交易委员会在环境信息记录及披露方面制定了较为详细的规则，并要求在报表中对业务概况和环境问题予以更多揭示。美国上市公司遵守的环境法规包括《清洁空气法》《清洁水法》《资源保护与回收法》《综合环境反应、赔偿和责任法》《关于地下储藏箱的规定》《超级基金增补与再授权法》等。由此可见，美国的环境会计制度比较具体、操作性强。

在欧洲，最早在法律中对环境会计信息披露做出具体规定的国家是挪威。该国1989年经过修订的《公司法》中要求公司在董事会报告中披露有关污染物排放水平及根据公司环境清理目标制定和实际采取的行动信息，同时还要求公司报告内部工作环境。法国政府规定员工在300人以上的企业都要提供包括环境信息在内的社会资产负债表。丹麦1995年6月通过的《绿色报告法》要求公司向政府全面提供有关企业环境业绩的信息。1993年欧盟颁布并实施"环境管理和审计计划",鼓励企业评估、报告和改进它们的环境业绩,2001年对该计划做了进一步的修订,详细说明了企业环境信息披露的内容。英国在1989年公司法修正案中要求企业解释控制污染的措施、披露任何与污染相关的罚款或罚金。1990年的环境保护法案要求有污染的企业必须在报告中反映其在环境保护方面所采取的措施,并对外报告其环境绩效。英格兰和威尔士特许会计师协会(ICAEW)❶ 在1996年10月提出一份讨论文件《财务报告中的环境问题》,详细述及环境成本核算、环境负债核算、资产损害复原和信息披露等问题。

日本具有完善的环境法律体系,对企业环境污染和破坏行为可以进行综合性整治。同时,日本比较注重采用激励性规制政策,以减少企业的环境管理和政府信息不对称,避免逆向选择,帮助企业减少因增加对环境责任的落实带来的成本,鼓励企业承担环境责任。总之,日本的环境政策法规理念先进、措施具体、效果明显。这些法规不但促使日本政府通过强制手段开展环境保护工作,而且重视利用市场力量、重视市民和企业的自愿行动、重视信息手段。这些特点对于自愿性环境报告的发展非常重要。

从环境法律法规方面来看,我国与发达国家相差甚远,环保法规体系虽然比较完备,但对于企业环境信息的监管政策实施比较落后,而且仅规定了应该披露的行业类型及披露内容,对于披露形式等具体问题未做说明。

二、披露制度发展模式比较

不同国家环境会计信息披露制度发展轨迹各不相同,有的是顺应经济发展规律,迫于社会环保压力从内部产生的;有的则是引进外部环境会计的方式。

---

❶ 英格兰及威尔士特许会计师协会(The Institute of Chartered Accountants in England and Wales,ICAEW)成立于1880年,是由当时伦敦、利物浦、曼彻斯特和谢菲尔德的6家地方性会计师组织合并组成的,总部位于英国伦敦,并在英格兰和威尔士地区设有10个地方办公室,负责支持协会22个地区分会的工作。ICAEW是欧洲最大的会计行业组织,目前拥有超过128000名会员,主要分布在事务所、商业和公共部门中,其中16000左右的会员在国外工作和生活,此外还有9000名左右的学员。同时,ICAEW也是英国会计职业团体咨询委员会(CCAB)六个成员中最大的一个。ICAEW的主要职能有教育培训学员、职业后续发展、保持专业和道德准则、更新会计相关技术、提供咨询及会员服务等。

美国、英国等欧美发达国家的企业环境会计信息披露采取强制披露与自愿披露相结合的原则，环境法律法规体系较为完善，执行力度较强。对于欧美发达国家而言，工业经济高速发展的同时也带来了环境污染，这引起了社会各界和政府的高度重视，结果便是环境法律法规的相继出台，这使得具有反映和监督功能的环境会计核算和披露制度得以在企业内部产生并发展。

日本的环境会计信息披露是在20世纪90年代采取直接引进方法，制定了环境会计和报告指南，为企业披露环境会计信息提供引导和规范。研究内容和范围虽然各有侧重，但基本都披露环境成本、环境负债以及环境绩效方面的信息。

中国的情况介于欧美和日本之间，中国的环境法规出台并不晚，但是执行力度不够。从环境会计的实践看，早在20世纪80年代我国就规定，"车间经费及企业管理费明细表"中单独列示"排污费"，但是我国的环境会计理论研究却在20世纪90年代以后才开始起步。我国企业大多披露一些环境方针政策，对于环境会计信息披露较少，这主要是因为制度性标准不完善，没有明确指出应该披露哪些环境会计信息，当然，同时也是由于我国的环境指标量化技术还比较低，从而阻碍了企业环境会计信息的披露。另外，我国企业缺乏披露环境会计信息的主动性。对于国家政策明令要求的披露内容才予以披露，企业多数是按照自身喜好披露环境会计相关信息，或者披露的多是对于企业发展有利的积极信息，对于负面信息多数回避。比如，环保拨款、补贴与税收减免这类有利于公司形象信誉的消息很明显披露得比较多，而与环境保护相关的法律诉讼、赔偿罚款等则披露得很少。同时，披露内容大多数都是套话，比如对公司环保政策进行宣传，但是并没有说明公司实际的环保做法。利益相关者很难从上市公司披露的内容中得到真正有利用价值的信息。

总之，与其他发达国家相比，我国的企业环境会计信息披露制度不够健全，企业环境会计信息披露所遵循的制度性标准太少，并且环境信息公开的内容、方式也不够统一，企业环境会计信息披露积极性不高。只是要求部分污染严重的企业进行环境信息披露，企业的覆盖面较为狭窄，没有形成完整的环境会计制度，企业内部也没有建立环境会计体系，需借鉴他国的经验来进一步完善我国的制度建设。

第五章 我国企业环境会计信息披露实证研究

第一节 火力发电企业环境会计信息披露状况

一、样本选取

由于我国法律法规的规定,以及各行业对环境利用状况不同,我国上市公司中非重污染行业的环境会计信息披露比例远低于重污染行业,因此,对重污染行业上市公司环境会计信息的披露状况进行分析,可以代表我国上市公司现阶段环境会计信息披露的整体水平。国家环境保护总局于2003年9月发布的《关于对申请上市的企业和申请再融资的上市企业进行环境保护核查的通知》规定,重污染行业暂定为冶金、化工、石化、煤炭、火电、建材、造纸、酿造、制药、发酵、纺织、制革和采矿业。结合2001年中国证监会发布的《上市公司行业分类指引》,本章选取了沪市和深市A股属于火力发电行业的46家上市公司为研究样本,其中沪市24家,深市22家。具体公司见表5-1。

表5-1 火电行业2014年度46家上市公司

序号	股票代码	公司名称
1	600011	华能国际
2	600021	上海电力
3	600023	浙能电力
4	600027	华电国际
5	600098	广州发展
6	600101	明星电力

续表

序号	股票代码	公司名称
7	600310	桂东电力
8	600396	金山股份
9	600452	涪陵电力
10	600505	西昌电力
11	600509	天富能源
12	600578	京能电力
13	600674	川投能源
14	600719	大连热电
15	600726	华电能源
16	600744	华银电力
17	600758	红阳能源
18	600780	通宝能源
19	600795	国电电力
20	600863	内蒙华电
21	600886	国投电力
22	600969	郴电国际
23	600982	宁波热电
24	600995	文山电力
25	000690	宝新能源
26	000695	滨海能源
27	000966	长源电力
28	000958	东方能源
29	000791	甘肃电投
30	000899	赣能股份
31	000883	湖北能源
32	000722	湖南发展
33	000692	惠天热电
34	000875	吉电股份
35	000600	建投能源
36	000993	闽东电力

续表

序号	股票代码	公司名称
37	000601	韶能股份
38	000037	深南电
39	000027	深圳能源
40	000543	皖能电力
41	000720	新能泰山
42	001896	豫能控股
43	000539	粤电力
44	000767	漳泽电力
45	000531	恒运集团
46	002039	黔源电力

注：样本数据来源于巨潮资讯网。

二、样本公司环境会计信息披露状况

（一）披露比例

根据对这 46 家火电行业上市公司 2014 年年报的分析，环境会计信息的披露比例情况见表 5-2。

表 5-2　火电行业上市公司 2014 年年度报告环境会计信息披露比例统计

项目	披露	未披露
公司数量（家）	46	—
占总数比例（%）	100	—

如表 5-2 所示，2014 年度火电行业上市公司在年度报告中披露环境会计信息的有 46 家，占总数的 100%。由此可见，火电行业上市公司环境会计信息披露从整体数量上看状况良好，企业均能就相关环境会计信息进行一定的披露。

（二）披露内容

通过对 46 家火电行业上市公司 2014 年年度报告分析总结，我国火电行业上市公司环境会计信息披露的主要内容包括国家环保政策、行业特点对公司影响，环保拨款、补贴与税费减免，节能降耗效果，污染物减排效果等。具体情况见表 5-3。

表 5-3　火电行业上市公司 2014 年年度报告环境会计信息披露内容统计

内容	公司数量（家）	占总数比例（%）
环保方针、理念	30	65
三废治理措施	31	67
环保部门与公司环保制度设置情况	23	50
国家环保政策、行业特点对公司影响	40	87
ISO 环境体系认证	1	2
环保法规执行情况	32	70
节能降耗效果	35	76
污染物减排效果	35	76
环保投资（设备、人员等）	31	67
环保诉讼罚款、赔偿与奖励等	2	4
对周边环境产生的重大影响或公众投诉	0	0
绿化费、排污费、资源税等环保费用	31	67
环保拨款、补贴与税费减免	37	80

（三）披露形式

如前所述，我国上市公司环境会计信息披露的形式包括货币形式、文字叙述式、货币形式和文字叙述式相结合三种。通过对 46 家上市公司 2014 年年度报告分析总结，我国上市公司环境会计信息披露的主要形式是货币形式和文字叙述式相结合的方式。由于环境会计信息的特殊性，完全用货币形式进行披露难度很大，而单纯用非货币性语言定性表述又不够直观、清晰。因此，我国上市公司采用货币形式和文字叙述式相结合的方式披露环境会计信息。具体情况见表 5-4。

表5-4 火电行业上市公司2014年年度报告环境会计信息披露形式统计

披露形式	货币形式	文字叙述式	货币形式和文字叙述式相结合
公司数量（家）	0	4	42
占总数比例（%）	0	9	91

第二节 环境会计信息披露影响因素实证分析

一、被解释变量设定

本书以目前普遍采用的环境会计信息披露水平指数（Environmental Disclosure Index，EDI）为被解释变量，采取对年度报告披露内容评分的方式，设定披露水平评分体系。其优点是通过对分类后的信息条目赋值打分，可以将繁杂的文字描述性信息和量化信息综合为单一、口径一致的数字，从而有利于加强信息的可比性。最先将信息披露指数法应用于环境信息披露领域的是美国学者怀斯曼（Wiseman），他把环境信息分为经济因素、减轻污染、诉讼及其他四大类和具体的18项，并按照披露内容的性质进行综合评分。

环境信息披露指数需要汇总每个信息条目的评分，然后计算得出。通常有直接汇总和加权汇总两种方法。直接汇总的方法基于信息披露条目的重要性是相同的这一假定基础上进行。加权汇总则根据信息条目的重要程度对每一信息条目分别赋以权重。但是信息使用者的不同会使其对环境信息的重要性认识带有较大的主观性；此外，不同的学者对于环境信息评分的标准也无法统一，这使得信息条目的权重比值也具有较大的主观性。因此，国际上通常采用直接汇总的方法进行环境信息披露指数的构建。本书也遵循国际的通用惯例来构建这一指数。

本书中具体的环境会计信息披露评分项目是综合了环保部、证监会、上交所、深交所的披露指南和火电行业上市公司环境会计信息披露的现状而选取的，评分标准参考了《环境会计信息披露研究》，具体评分项目如表5-5所示。

根据表5-5的评分项目和评分标准，逐项对46家上市公司2014年的年度报告中的环境会计信息披露情况进行打分，最后将每家公司各个评分项目得分加总，得到了每家样本公司的环境会计信息披露水平指数，即被解释变量 Y。具体评分结果见表 5-6。

表 5-5 环境会计信息披露评分表

披露项目	最优分值	评分标准
环保理念、方针和目标	2	定性描述，详细描述 2 分；简单描述 1 分；无描述 0 分
三废治理措施	2	定性描述，详细描述 2 分；简单描述 1 分；无描述 0 分
环保部门与公司环保制度设置情况	2	定性描述，详细描述 2 分；简单描述 1 分；无描述 0 分
国家环保政策、行业特点对公司影响	2	定性描述，详细描述 2 分；简单描述 1 分；无描述 0 分
ISO14000 环境体系认证	2	定性描述，详细描述 2 分；简单描述 1 分；无描述 0 分
环保法规执行情况	2	定性描述，详细描述 2 分；简单描述 1 分；无描述 0 分
节能降耗效果	3	定量详细描述 3 分；定量简单描述 2 分；定性简单描述 1 分；无描述 0 分
污染物减排效果	3	定量详细描述 3 分；定量简单描述 2 分；定性简单描述 1 分；无描述 0 分
环保投资（设备、人员等）	3	定量详细描述 3 分；定量简单描述 2 分；定性简单描述 1 分；无描述 0 分
环保诉讼罚款、赔偿与奖励等	3	定量详细描述 3 分；定量简单描述 2 分；定性简单描述 1 分；无描述 0 分
对周边环境产生的重大影响或公众投诉	3	定量详细描述 3 分；定量简单描述 2 分；定性简单描述 1 分；无描述 0 分
绿化费、排污费、资源税等环保费用	3	定量详细描述 3 分；定量简单描述 2 分；定性简单描述 1 分；无描述 0 分
环保拨款、补贴与税费减免	3	定量详细描述 3 分；定量简单描述 2 分；定性简单描述 1 分；无描述 0 分

第五章 我国企业环境会计信息披露实证研究

表5-6 样本公司环境会计信息披露水平指数表

股票代码	公司名称	环保方针、理念与目标	三废治理措施	公司环保部门、制度设置情况	国家环保政策、行业特点影响	ISO	环保法规执行情况	节能降耗效果	污染物减排效果	环保投资	诉讼、赔偿、罚款	对周边影响、公众投诉	环保费	环保拨款、奖励与补贴	Y
600011	华能国际	2	2	2	2	0	2	2	2	2	0	0	2	3	21.00
600021	上海电力	3	3	3	3	1	3	3	2	3	0	0	3	3	31.00
600023	浙能电力	1	2	2	2	0	2	2	2	2	0	0	2	3	20.00
600027	华电国际	1	2	1	2	0	2	2	2	1	0	0	2	2	17.00
600098	广州发展	2	1	2	1	0	1	1	1	3	0	0	0	3	15.00
600101	明星电力	1	0	0	0	0	0	0	0	0	0	0	0	1	4.00
600310	桂东电力	1	0	0	1	0	0	1	2	0	0	0	2	3	8.00
600396	金山股份	1	2	0	2	0	1	2	0	0	0	0	1	3	14.00
600452	涪陵电力	0	0	0	1	0	0	0	0	0	0	0	0	0	1.00
600505	西昌电力	2	2	0	2	0	2	2	2	0	0	0	2	1	13.00
600509	天富能源	1	1	1	3	0	1	1	1	1	0	0	2	3	13.00
600578	京能电力	3	3	2	3	0	3	3	3	0	0	0	2	3	25.00
600674	川投能源	2	0	0	2	0	0	0	0	3	0	0	3	3	13.00
600719	大连热电	2	2	0	1	0	0	2	1	1	0	0	0	3	9.00
600726	华电能源	2	2	2	2	0	3	3	3	3	0	0	3	3	26.00
600744	华银电力	0	0	0	3	0	2	2	2	3	0	0	2	3	19.00
600758	红阳能源	0	1	0	1	0	0	0	0	1	0	0	1	1	5.00

续表

股票代码	公司名称	环保方针、理念与目标	三废治理措施	公司环保部门、制度设置情况	国家环保政策、行业特点影响	ISO	环保法规执行情况	节能降耗效果	污染物减排效果	环保投资	诉讼、赔偿、罚款	对周边影响、公众投诉	环保费	环保拨款、奖励与补贴	Y
600780	通宝能源	1	1	1	1	0	1	1	1	0	0	0	1	2	10.00
600795	国电电力	3	3	1	2	0	3	3	3	2	0	0	2	3	25.00
600863	内蒙华电	1	3	2	3	0	2	3	3	2	0	0	1	2	20.00
600886	国投电力	3	3	2	2	0	3	3	3	0	0	0	2	3	26.00
600969	郴电国际	0	0	0	0	0	1	0	0	0	0	0	0	0	3.00
600982	宁波热电	0	0	0	1	0	1	0	0	1	0	0	1	2	6.00
600995	文山电力	3	3	2	2	0	3	3	3	0	0	0	0	0	19.00
000690	宝新能源	3	3	3	3	0	2	3	3	3	1	0	2	2	27.00
000695	滨海能源	1	2	2	3	0	3	2	3	3	0	0	2	3	26.00
000966	长源电力	1	1	0	2	0	1	2	2	2	1	0	1	3	20.00
000958	东方能源	1	1	0	0	0	0	1	1	3	0	0	3	3	13.00
000791	甘肃电投	0	0	0	1	0	0	1	1	1	2	0	0	0	6.00
000899	赣能股份	0	1	1	1	0	2	2	2	1	0	0	3	2	15.00
000883	湖北能源	1	1	0	0	0	1	1	0	1	0	0	0	3	11.00
000722	湖南发展	0	0	0	0	0	0	0	0	0	0	0	0	0	1.00
000692	惠天热电	1	2	0	0	0	0	2	2	2	0	0	0	3	12.00
000875	吉电股份	0	1	0	1	0	1	2	2	2	0	0	0	3	12.00

续表

股票代码	公司名称	环保方针、理念与目标	三废治理措施	公司环保部门、制度设置情况	国家环保政策、行业特点影响	ISO	环保法规执行情况	节能降耗效果	污染物减排效果	环保投资	诉讼、赔偿、罚款	对周边影响、公众投诉	环保费	环保拨款、奖励与补贴	Y
000600	建投能源	0	0	0	1	0	1	1	1	2	0	0	1	3	10.00
000993	闽东电力	1	2	1	1	0	1	3	3	0	0	0	1	0	13.00
000601	韶能股份	0	0	0	0	0	0	0	0	1	0	0	1	3	5.00
000037	深南电A	0	0	0	0	0	1	0	0	0	0	0	3	3	10.00
000027	深圳能源	2	3	2	2	0	3	3	3	1	0	0	0	3	22.00
000543	皖能电力	0	0	0	0	0	0	0	0	1	0	0	3	3	7.00
000720	新能泰山	0	0	0	0	0	0	0	0	1	0	0	1	3	5.00
001896	豫能控股	1	3	1	1	0	2	2	2	2	0	0	0	3	17.00
000539	粤电力	3	3	3	3	0	3	3	3	3	0	0	2	3	29.00
000767	漳泽电力	0	1	1	2	0	3	2	2	1	0	0	2	3	17.00
000531	穗恒运A	0	0	0	1	0	1	1	1	2	0	0	0	3	9.00
002039	黔源电力	3	3	3	3	0	3	2	3	2	0	0	0	0	22.00

二、解释变量设定

本书通过对其他学者的实证研究进行分析，结合火电行业的特点选择了 11 个变量作为影响环境会计信息披露水平的解释变量，并提出了相应的假设。具体变量说明见表 5-7。

表 5-7 解释变量说明

变量名称	符号	解释变量取值说明
公司规模	X_1	X_1 = LN（期末公司总资产）
资产负债率	X_2	X_2 资产负债率 =（负债总额/资产总额）×100%
盈利能力	X_3	X_3 净利率 =（净利润÷资产总额）×100%
流通股比例	X_4	X_4 流通股比例 =（流通股/总股本数）×100%
外资股比例	X_5	X_5 外资股比例 =（外资股/总股本数）×100%
独立董事比例	X_6	X_6 独立董事比例 = 独立董事人数/董事会总人数
政府环保补助奖励	X_7	年报期内获得环保补助奖励取值为 1，否则为 0
地区差异	X_8	公司注册地属于东部地区，则取值为 0；属于中部，则取值为 1；属于西部地区，则取值为 2
ISO14000 环境体系认证	X_9	在年报期内或之前获得了 ISO14000 环境体系认证则取值为 1，否则取 0
社会责任报告	X_{10}	上市公司发布了 2014 年的年度企业社会责任报告则取值为 1，否则为 0
上市地点	X_{11}	在上海证券交易所上市取值为 1，否则为 0

通过对样本公司进行分析，得到 11 个解释变量的实证数据，见表 5-8。

表 5-8 解释变量与被解释变量实证数据

X_1	X_2	X_3	X_4	X_5	X_6	X_7	X_8	X_9	X_{10}	X_{11}	Y
0.63	0.6935	0.0841	1.0000	0.2719	0.3333	1	0	0	1	1	21.00
6.16	0.6973	0.0823	1.0000	0.0000	0.4286	1	0	0	1	1	31.00
6.95	0.5093	0.1350	0.0668	0.0300	0.3333	1	0	0	0	1	20.00
0.63	0.7716	0.0863	0.8626	0.1950	0.3333	1	0	0	1	1	17.00
5.82	0.4857	0.0630	0.8941	0.0000	0.3750	1	0	0	1	1	15.00
3.29	0.3172	0.0783	1.0000	0.0000	0.3333	1	2	0	0	1	4.00
4.53	0.5470	0.0181	1.0000	0.0000	0.3333	1	2	0	1	1	8.00

续表

X_1	X_2	X_3	X_4	X_5	X_6	X_7	X_8	X_9	X_{10}	X_{11}	Y
5.01	0.8023	0.0601	0.7842	0.0000	0.3333	1	0	0	1	1	14.00
2.12	0.3715	0.0567	1.0000	0.0000	0.3333	0	2	0	1	1	1.00
2.90	0.4401	0.0810	1.0000	0.0000	0.3846	1	2	0	1	1	13.00
4.96	0.6825	0.0976	0.9260	0.0000	0.3846	1	2	0	0	1	13.00
5.99	0.5517	0.1968	0.4889	0.0000	0.3333	1	0	0	1	1	25.00
5.18	0.28.30	3.1530	1.0000	0.0000	0.3750	1	2	0	1	1	13.00
2.56	0.4383	0.0139	1.0000	0.0000	0.3333	1	0	0	0	1	9.00
5.47	0.8403	0.0150	0.5861	0.2197	0.2308	1	1	0	1	1	26.00
5.04	0.9085	-0.0281	0.6666	0.0000	0.3529	1	1	0	0	1	19.00
2.08	0.5755	0.0495	0.5540	0.0000	0.4545	0	0	0	0	1	5.00
4.42	0.4716	0.0882	1.0000	0.0000	0.5000	1	1	0	1	1	10.00
7.81	0.7329	0.0988	0.9025	0.0000	0.3077	1	0	0	1	1	25.00
5.96	0.6306	0.0999	0.4544	0.0000	0.3333	1	2	0	0	1	20.00
7.45	0.7525	0.1698	1.0000	0.0000	0.3333	1	0	0	1	1	26.00
4.24	0.5966	0.0754	0.7955	0.0000	0.4444	0	1	0	0	0	3.00
3.41	0.1717	0.1385	0.5623	0.0000	0.3333	1	0	0	1	1	6.00
3.36	0.5164	0.0515	1.0000	0.0000	0.3636	0	2	0	1	1	19.00
4.56	0.4753	0.2175	0.9919	0.0000	0.3333	1	0	0	1	0	27.00
2.41	0.7129	0.0051	0.9981	0.0000	0.3333	1	0	0	0	0	26.00
4.64	0.7566	0.1047	1.0000	0.0000	0.5000	1	1	0	0	0	20.00
2.86	0.6207	0.2496	0.4540	0.0000	0.3333	1	1	1	0	0	13.00
3.91	0.7221	0.1351	0.1589	0.0000	0.4286	0	2	0	0	0	6.00
4.09	0.6448	0.1453	0.8585	0.0000	0.3333	1	1	0	0	0	15.00
5.82	0.5345	0.1573	0.9995	0.0000	0.3333	1	1	0	0	0	11.00
3.42	0.1825	0.7148	0.5777	0.0000	0.5000	0	1	0	0	0	1.00
3.23	0.6590	0.0264	0.9999	0.0000	0.3333	1	0	0	0	0	12.00
5.31	0.7757	0.0157	0.4519	0.0000	0.2857	1	1	0	0	0	12.00
5.53	0.5661	0.1876	0.5099	0.0000	0.2500	1	1	0	0	0	10.00
3.65	0.5978	0.0224	1.0000	0.0000	0.2727	0	0	0	1	0	13.00
4.46	0.5358	0.0870	0.9199	0.0000	0.3333	1	0	0	0	0	5.00
3.92	0.7275	-0.2678	0.9999	0.4377	0.4000	1	0	0	0	0	10.00
5.95	0.4705	0.1627	0.3626	0.0000	0.3333	1	0	0	1	0	22.00
5.44	0.4555	0.0721	0.9734	0.0000	0.3750	1	1	0	0	0	7.00

续表

X_1	X_2	X_3	X_4	X_5	X_6	X_7	X_8	X_9	X_{10}	X_{11}	Y
4.00	0.7948	0.0253	1.0000	0.0000	0.3636	1	0	0	0	0	5.00
4.80	0.6940	0.1104	0.5028	0.0000	0.4286	1	1	0	0	0	17.00
6.54	0.5978	0.1034	0.6384	0.1521	0.2778	1	0	0	1	0	29.00
5.71	0.7990	0.0504	0.6983	0.0000	0.3636	1	1	0	0	0	17.00
4.32	0.5359	0.1469	1.0000	0.0000	0.3636	1	0	0	0	0	9.00
5.23	0.7907	0.1370	0.9999	0.0000	0.3636	0	2	0	1	0	22.00

三、研究假设

本书通过对其他学者的实证研究进行分析，结合火电行业的特点选择了11个变量作为影响环境会计信息披露水平的解释变量，并提出了相应的假设。

（一）公司规模

早在1987年，科文在研究企业社会责任会计信息披露的影响因素时发现，公司规模和行业类别是主要影响因素。公司规模越大，其政治成本就越高。公司规模较大的公司往往会吸引大量的投资者、供应商、客户、投资分析师等，必然对其信息的披露提出了更高的要求。为了减少外部各界对公司的误解、改善公司的形象，规模较大的公司有动力也有能力披露更多的环境会计信息，以减少由于信息不对称而产生的代理成本，从而获得社会公众的支持。规模较大的公司比规模较小的公司在经营管理方面更加规范，管理层隐瞒信息导致的道德风险相对比较低。笔者借鉴国际上普遍通用的做法，使用总资产金额的自然对数作为衡量上市公司规模影响环境会计信息披露水平的指标，并提出假设1。

假设1：上市公司规模越大，环境会计信息披露水平越高。

（二）资产负债率

公司的资产负债率为公司资本结构中总负债占总资产的比重，随着公司资本结构中负债的提高，公司的财务风险会大大提高。从公司债权人的角度来看，公司的资产负债率越高，就说明贷款的安全系数越低，公司的偿债能力也越小，债权人可能会要求公司披露更多的会计信息（包括受环境因素影响的资产质量、环境体系认证、遵守环境法规等信息），以此来保证自己的利益。从公司自身角度来看，为了再次获取债权人的信任，也会自愿去披露更多的环境会计信息。因此笔者选用资产负债率作为代表上市公司负债程度的指标，并提出假设2。

假设2：上市公司资产负债率越高，环境会计信息披露水平越高。

（三）盈利能力

沙恩和斯派塞利用 EPA 评级选择造纸、能源、钢铁和石油 4 个环境敏感行业（1970—1975 年）的投资者对环境绩效评价的反应进行研究，发现公司价值与环境会计信息的发布负相关，他们建议投资者利用这些信息和环境绩效指标来甄别不同的上市公司。公司盈利能力越强，越倾向于披露更多信息，因为这样既能体现公司的真正价值，获得投资人和利益相关者的信任，也能够传递企业承担社会责任的正面信息。因而笔者选用净利率作为代表公司盈利能力的指标，并提出假设3。

假设3：上市公司盈利能力越强，环境会计信息披露水平越高。

（四）流通股比例

根据信息不对称理论，公司的管理层相对于股东、公众而言，在信息的知晓程度上有更大的优势。但是，流通股股东能够在二级市场上抛售或拒绝购买公司股票，这在一定程度上能够对公司管理层施加压力。因此，流通股比例较大的公司，为了获取股东的信赖和支持，公司管理层会更加自愿地披露更多的环境会计信息。因此，提出假设4。

假设4：上市公司流通股比例越大，环境会计信息披露水平越高。

（五）外资股比例

经济全球化加剧了企业的国际竞争，很多企业为了提升国际竞争力纷纷吸引外资。但是，我国的环境会计信息披露水平远远不如发达国家，企业的自愿披露性不强。这样，为了获得国外投资者的青睐，就需要更多地披露环境会计信息。因此，提出假设5。

假设5：上市公司外资股比例越大，环境会计信息披露水平越高。

（六）独立董事比例

独立董事是指独立于公司股东且不在公司内部任职，并与公司或公司经营管理者没有重要的业务联系或专业联系，并对公司事务做出独立判断的董事。中国证监会于2001年在《关于在上市公司建立独立董事制度的指导意见》中指出："上市公司独立董事是指不在上市公司担任除董事外的其他职务，并与其所受聘的上市公司及其主要股东不存在可能妨碍其进行独立客观判断关系的董事。独立董事比例应占到董事会的1/3以上。"独立董事的背景和学历使得他们更倾向于代表投资者的利益，从而更有利于环境会计信息的披露。因此，提出假设6。

假设6：上市公司独立董事比例越高，环境会计信息披露水平越高。

（七）政府环保补助和奖励

随着低碳经济和可持续发展理念深入人心，政府对环境保护的要求越来越高，在号召企业节能减排的同时，也会对企业给予一定的环保补助和奖励，尤其是针对重污染行业。面对政府和外界的环保压力，企业只有在环保方面做出成绩，更主动地披露环境会计信息，才能获得政府的补助或奖励。本书将该变量假定为虚拟变量，如果上市公司在年报期内获得政府环保补助和奖励，则取值1，否则取0。因此，提出假设7。

假设7：越是获得政府环保补助获奖励的上市公司，越愿意提高环境会计信息披露水平。

（八）地区差异

地区不同，人们的环保意识也不同。一般而言，经济发达地区人们的环保意识比经济欠发达地区人们的环保意识要更强，这会使得当地企业在环保方面的压力更大。为了获得公众的支持，维持企业良好的社会形象，企业也会更多地披露环境会计信息。本书依据该上市公司的注册地址，将该变量假定成虚拟变量。如果该上市公司注册地属于东部地区，则取值为0；属于中部，则取值为1；属于西部地区，则取值为2。根据国家发改委的解释，我国东—中—西部是政策上的划分，而不是行政区划，也不是地理概念上的划分。因此，东部是指最早实行沿海开放政策并且经济发展水平较高的省市；中部是指经济次发达地区，而西部则是指经济欠发达的地区。东部地区包括11个省级行政区，分别是北京、天津、河北、辽宁、上海、江苏、浙江、福建、山东、广东、海南；中部地区包括8个省级行政区，分别是黑龙江、吉林、山西、安徽、江西、河南、湖北、湖南；西部地区包括12个省级行政区，分别是四川、重庆、贵州、云南、西藏、陕西、甘肃、青海、宁夏、新疆、广西、内蒙古；另外，国家还把湖南的湘西地区、湖北的鄂西地区、吉林的延边地区也划为西部地区，享受西部大开发中的优惠政策。因此，本书基于上述划分情况提出假设8。

假设8：上市公司所处地区越发达，环境会计信息披露水平越高。

（九）ISO14000 环境体系认证

ISO14000 环境管理系列标准是国际标准化组织（ISO）继 ISO9000 标准之后推出的又一个管理标准。该标准是由 ISO/TC207 的环境管理技术委员会制定，有 14001 到 14100 共 100 个号，统称为 ISO14000 系列标准。❶ ISO14000 环境管理体系目的是规范企业和社会团体等所有组织的环境行为，以达到节省资源、减少环境污染、改善环境质量、促进经济持续健康发展的目的。如果企业获得了该环境管理体系的认证，证明其能够更好地履行环保承诺，承担社会责任。本书将该变量假定为虚拟变量，如果上市公司在年报期内或之前获得了 ISO14000 环境体系认证则取值 1，否则取 0，并提出假设 9。

假设9：上市公司通过 ISO14000 环境管理体系认证，环境会计信息披露水平越高。

（十）社会责任报告

2008 年上海证券交易所《上市公司环境信息披露指引》和 2006 年深圳证券交易交所《上市公司社会责任指引》的颁布实施，使得企业社会责任越来越受到关注。编制社会责任报告成为体现一个企业的社会责任感，提升企业形象的重要手段。该变量为虚拟变量，若上市公司发布了 2014 年度企业社会责任报告则取值为 1，否则为 0。因此，提出假设 10。

假设10：上市公司编制社会责任报告，环境会计信息披露水平越高。

---

❶ 申请 ISO14000 所需条件：①申请日前一年内，未受到地方环保机关处罚；②污染物排放应符合国家或地方污染物排放标准；③申请认证的产品属国家公布可认证的环境标志产品种类名录；④符合国家颁布的环境标志产品标准或技术要求；⑤能正常批量生产，各项技术指标稳定；⑥建立环境标志产品保障体系；⑦应具有产品质量认证证书或产品生产许可证书，或省级以上标准化行政主管部门认可的检验机构出具的一年内产品质量合格证书。

（十一）上市地点

经过多年的持续发展，上海证券市场已成为中国内地首屈一指的市场，根据我国证监会的规划，欲将上海证券交易所打造成世界一流的交易所，因此，上海证券交易所各方面的制度会更加完善，与国际市场接轨，对在上海证券交易所上市的公司会有更多的约束，包括对环境会计信息披露方面的制度。因此，提出假设11。

假设11：在上海证券交易所上市的公司，其环境会计信息披露水平更高。

四、样本变量数据描述性统计分析

（一）连续性解释变量描述性统计分析

根据表5-9的显示结果，火电企业盈利能力的最大值为3.1530，最小值为-0.2678，均值为0.1646，标准差为0.4667，这表明，各个火电企业盈利能力差别较大。主要原因在于火电行业内企业在规模、区域环境方面仍将呈现较为明显的分化，这一点可以通过公司规模数据予以佐证。然而，盈利能力均值为0.1646表明火电行业整体的盈利能力仍然较好。这是因为，2014年我国经济总体平稳运行，用电需求平稳增长，煤炭价格依旧保持低位运行，需求增长、成本下降使得2014年火电行业盈利状况较好。

表5-9　连续性解释变量描述性统计分析表（统计量：46）

变量	极大值	极小值	均值	标准差
公司规模	7.81	0.63	4.47	1.5838
资产负债率	0.9085	0.1717	0.6034	0.1846
盈利能力	3.1530	-0.2678	0.1646	0.4667
流通股比例	1.0000	0.0668	0.7965	0.2564
外资股比例	0.4377	0.0000	0.0284	0.0868
独立董事比例	0.5000	0.2308	0.3574	0.0592

从连续解释变量描述统计表不难看出，我国上市公司治理结构还需进一步完善。流通股比例均值仅为0.7965，这一数据表明我国上市公司中仍有一部分非流通股，非流通股的存在使得股权不能同股同权，这与我国的历史现实有

关。我国在2005年左右进行过一次股权分置改革,简而言之,这是一次将非流通股全部转化成为流通股的历史性改革。因此,改革仍有空间。

根据表5-9的显示结果,外资股比例的最小值为0,最大值为0.4377,均值为0.0284,说明我国火电上市企业的外资股比例偏低。这是因为电力行业是我国经济的命脉基础,为国民经济中几乎所有行业提供基础能源。而火电在电力行业中占据主导地位,是国民经济的基础产业。因此国家对火电的相关政策限制和引导较多,导致外资股比例偏低。

我国证监会在《关于在上市公司建立独立董事制度的指导意见》中明确规定:上市公司必须设立独立董事且人数至少占到董事会规模的三分之一。根据表5-9的显示结果,火电企业上市公司独立董事的比例均值为0.3574,说明从整体水平来看,火电企业上市公司独立董事的比例达到证监会规定的比例。但是,最小值为0.2308,说明部分企业独立董事制度仍需进一步完善。

(二)虚拟解释变量描述性统计分析

对于虚拟变量的极大值、极小值的统计没有实际意义,因此只通过对均值的分析来解释这几个变量的分布情况和水平(表5-10)。

表5-10 虚拟解释变量描述性统计分析表(统计量:46)

变量	极大值	极小值	均值	标准差
政府环保补助与奖励	1	0	0.83	0.3832
注册地	2	0	0.74	0.8010
ISO14000认证	1	0	0.02	0.1474
社会责任报告	1	0	0.46	0.5036
上市地点	1	0	0.52	0.5050

政府环保补助与奖励的均值为0.83,说明83%的企业得到了政府的环保补助与奖励,这体现了我国政府对火电行业环保的重视程度和投入力度是很大的。

ISO14000认证的均值为0.02,说明只有2%的企业取得了ISO14000系列的认证,意味着我国火电行业在ISO14000系列认证方面几乎是空白的,与国际先进水平差距甚远。

社会责任报告的均值为0.46,意味着46%的企业编制了单独的社会责任报告，仍有超过50%的企业没有编制社会责任报告。这说明，对于容易导致环境污染和高耗能的火电企业而言，披露的主动性比较差，社会责任报告尚未完全得到企业管理层的重视。

（三）被解释变量描述性统计分析

由表5-5可知，本书确定的环境会计信息披露指数EDI的最优值为33。根据表5-11的显示结果，环境信息披露指数的最大值为31.00，最小值为1.00，均值为14.61。由表5-12可以看出，在46家样本公司中，EDI超过30的只有1家上海电力，其评分值为31；有25家企业的评分值低于平均值，占到了总数的54.35%。这一数据说明，我国火电行业上市公司的环境会计信息披露水平整体不高，并未充分披露环境会计信息，企业之间披露水平和程度差别明显。

表5-11 被解释变量描述性统计分析表

变量	统计量	极大值	极小值	均值	标准差
环境信息披露指数	46	31.00	1.00	14.61	7.9428

表5-12 被解释变量EDI区间分布统计表

区间	EDI≥30	15≤EDI<30	0≤EDI<15
统计量	1	20	25
占总体百分比（%）	2.17	43.48	54.35

五、多元回归模型的建立

本书采用多元线性回归分析的方法来研究影响环境会计信息披露行为的因素。建立的多元回归模型如下：

$Y = \beta_0 + \beta_1 X_1 + \beta_2 X_2 + \beta_3 X_3 + \beta_4 X_4 + \beta_5 X_5 + \beta_6 X_6 + \beta_7 X_7 + \beta_8 X_8 + \beta_9 X_9 + \beta_{10} X_{10} + \beta_{11} X_{11} + \varepsilon$

在这个模型中，β_0是与各个影响因素无关的常量；$\beta_1 \sim \beta_{11}$是回归系数，它们的含义是：当解释变量每改变一个单位时所引起的被解释变量的改变量；ε是随机扰动项。

六、实证分析

本书以火电行业上市公司为研究对象,运用 SPSS 软件进行回归分析,构建多元回归模型,找出影响环境会计信息披露的显著性因素。回归结果见表 5-13。

表 5-13 多元回归结果

Model		Unstandardized Coefficients		Standardized Coefficients		
		B	Std. Error	Beta	t	Sig.
4	(Constant)	-10.300	3.738		-2.755	0.009
	X_2	0.200	0.050	0.425	4.043	0.000
	X_{10}	7.311	1.634	0.464	4.474	0.000
	X_1	1.285	0.543	0.256	2.367	0.023
	X_7	4.696	2.223	0.227	2.112	0.041

F = 13.714　　Sig. = 0.00　　R = 0.756　　Adjusted R^2 = 0.531

(一) 模型显著性检验

回归方程模型共有 4 个,由于篇幅原因,并未列出全部结果。但随着变量个数的增加,R^2 和调整后的 R^2 都在不断增加,最后得到的模型 R = 0.756,说明解释变量与被解释变量之间有相对较好的相关性。由于调整后的 R^2 可以更好地体现模型的拟合优度,本书所构建的模型中调整后的 R^2 = 0.531,说明了所选解释变量对被解释变量的影响程度较大,被解释变量的变差中有 52.5% 是由自变量引起的。同时也说明本书所选的解释变量有一部分对被解释变量有较强的解释力,但是还存在我们没有考虑到的可能具有解释力的其他解释变量。

在方差分析中,F 值为 13.714,数值较大,通过了显著性水平为 0.01 的假设检验,而且 Sig. 值为 0.00,拒绝回归系数均为零的假设,说明回归方程有意义。

(二) 相关性分析

为了剔除因自变量之间存在显著的相关性而可能对回归结果产生的影响,在对解释变量和被解释变量之间进行回归分析之前,有必要对变量之间进行相关性检验。各变量之间的皮尔森相关系数如表 5-14 所示。

表 5-14 相关性检验表

		X_1	X_2	X_3	X_4	X_5	X_6	X_7	X_8	X_9	X_{10}	X_{11}	Y
X_1	Pearson Correlation	1	0.181	-0.004	-0.100	-0.078	-0.219	0.203	-0.249	-0.077	0.233	0.203	0.463**
	Sig. (2-tailed)		0.229	0.978	0.509	0.606	0.143	0.177	0.096	0.609	0.119	0.176	0.001
	N	46	46	46	46	46	46	46	46	46	46	46	46
X_2	Pearson Correlation	0.181	1	-0.385**	-0.028	0.261	-0.151	0.144	-0.137	0.022	-0.122	-0.138	0.444**
	Sig. (2-tailed)	0.229		0.008	0.851	0.080	0.315	0.339	0.364	0.886	0.421	0.361	0.002
	N	46	46	46	46	46	46	46	46	46	46	46	46
X_3	Pearson Correlation	-0.004	-0.385**	1	0.041	-0.147	0.102	0.009	0.248	0.027	0.154	0.096	-0.049
	Sig. (2-tailed)	0.978	0.008		0.786	0.329	0.499	0.951	0.096	0.856	0.307	0.528	0.748
	N	46	46	46	46	46	46	46	46	46	46	46	46
X_4	Pearson Correlation	-0.100	-0.028	0.041	1	0.087	0.085	0.065	0.008	-0.201	0.232	0.073	-0.040
	Sig. (2-tailed)	0.509	0.851	0.786		0.567	0.576	0.669	0.959	0.180	0.121	0.628	0.793
	N	46	46	46	46	46	46	46	46	46	46	46	46
X_5	Pearson Correlation	-0.078	0.261	-0.147	0.087	1	-0.141	0.148	-0.231	-0.048	0.130	0.011	0.157
	ig. (2-tailed)	0.606	0.080	0.329	0.567		0.352	0.326	0.122	0.751	0.389	0.945	0.297
	N	46	46	46	46	46	46	46	46	46	46	46	46
X_6	Pearson Correlation	-0.219	-0.151	0.102	0.085	-0.141	1	-0.295*	0.162	-0.061	-0.218	0.018	-0.285
	Sig. (2-tailed)	0.143	0.315	0.499	0.576	0.352		0.046	0.282	0.686	0.145	0.908	0.055
	N	46	46	46	46	46	46	46	46	46	46	46	46

— 116 —

续表

		X_1	X_2	X_3	X_4	X_5	X_6	X_7	X_8	X_9	X_{10}	X_{11}	Y
X_7	Pearson Correlation	0.203	0.144	0.009	0.065	0.148	-0.295*	1	-0.296*	0.068	-0.040	0.020	0.342*
	Sig. (2-tailed)	0.177	0.339	0.951	0.669	0.326	0.046		0.046	0.652	0.792	0.895	0.020
	N	46	46	46	46	46	46		46	46	46	46	46
X_8	Pearson Correlation	-0.249	-0.137	0.248	0.008	-0.231	0.162	-0.296*	1	0.049	-0.084	0.124	-0.271
	Sig. (2-tailed)	0.096	0.364	0.096	0.959	0.122	0.282	0.046		0.746	0.580	0.411	0.068
	N	46	46	46	46	46	46	46		46	46	46	46
X_9	Pearson Correlation	-0.077	0.022	0.027	-0.201	-0.048	-0.061	0.068	0.049	1	-0.137	-0.156	-0.031
	Sig. (2-tailed)	0.609	0.886	0.856	0.180	0.751	0.686	0.652	0.746		0.365	0.301	0.840
	N	46	46	46	46	46	46	46	46		46	46	46
X_{10}	Pearson Correlation	0.233	-0.122	0.154	0.232	0.130	-0.218	-0.040	-0.084	-0.137	1	0.441**	0.423**
	Sig. (2-tailed)	0.119	0.421	0.307	0.121	0.389	0.145	0.792	0.580	0.365		0.002	0.003
	N	46	46	46	46	46	46	46	46	46		46	46
X_{11}	Pearson Correlation	0.203	-0.138	0.096	0.073	0.011	0.018	0.020	0.124	-0.156	0.441**	1	0.069
	Sig. (2-tailed)	0.176	0.361	0.528	0.628	0.945	0.908	0.895	0.411	0.301	0.002		0.650
	N	46	46	46	46	46	46	46	46	46	46		46
Y	Pearson Correlation	0.463**	0.444**	-0.049	-0.040	0.157	-0.285	0.342*	-0.271	-0.031	0.423**	0.069	1
	Sig. (2-tailed)	0.001	0.002	0.748	0.793	0.297	0.055	0.020	0.068	0.840	0.003	0.650	
	N	46	46	46	46	46	46	46	46	46	46	46	

** Correlation is significant at the 0.01 level (2-tailed).
* Correlation is significant at the 0.05 level (2-tailed).

如表 5-14 所示,其中被解释变量环境会计信息披露指数(EDI)和解释变量公司规模(X_1)、资产负债率(X_2)、社会责任报告(X_{10})在 1% 的水平上显著正相关,与政府环保补助奖励(X_7)在 0.5% 水平上显著正相关,这为多元回归分析提供了基础。但是,其他解释变量,包括盈利能力(X_3)、流通股比例(X_4)、外资股比例(X_5)、独立董事比例(X_6)、地区差异(X_8)、ISO14000 环境管理体系认证(X_9)和上市地点(X_{11})与被解释变量环境会计信息披露指数(EDI)的相关性不显著。同时,需要注意的是,在某些解释变量之间也存在显著相关性,如资产负债率(X_2)和盈利能力(X_3)显著相关、政府环保补助奖励(X_7)与独立董事比例(X_6)和地区差异(X_8)显著相关、社会责任报告(X_{10})与上市地点(X_{11})显著相关,因此,我们不能排除存在多重共线性的可能。

一般认为,当解释变量之间的相关系数大于 0.9 时,回归方程肯定存在多重共线性问题;当大于 0.8 时,以这些自变量进行回归,可能引起多重共线性。通常,统计学上对多重共线性问题的判定标准是:当对自变量进行回归时,自变量之间的相关系数大于(含等于)0.5 时就可能存在多重共线性问题。如表 5-14 所示,本书中的解释变量的相关系数均小于 0.5,最大的系数为 0.441。因此,可以初步判断在本研究中存在多重共线性问题的可能性较小。但是,为了确保多元回归的结果具有显著的经济意义,我们需要进一步检验变量之间是否存在多重共线性。

(三)多重共线性检验

多重共线性的统计学表现是多个变量具有一致的变化趋势,类似于经济管理理论中的协同效应。多重共线性问题的存在会对多元线性的回归结果造成一定的影响,严重时还能导致回归结果失去统计学上的意义。因此,在回归之前需要对多重共线性问题进行诊断。

多元回归分析时为了对多重共线性问题进行进一步检验,还需要计算方差膨胀因子(VIF)。通常认为,当某个解释变量的容忍度(Tolerance)小于 0.1,或者方差膨胀因子超过 10 时,就说明该解释变量与其他解释变量存在严重的多重共线性。当方差膨胀因子趋近于 1,容忍度大于 0.5 时,我们可以认为变量间多重共线性的影响很小。

如表 5-15 所示，模型中方差膨胀因子（VIF）均大于 0 小于 10，且均在 1 左右，最大的才 1.122；容忍度均大于 0.5，且最低的容忍度水平为 0.891。另外，估计系数的标准差（表 5-9 "标准差"列）均比较小。较低的方差膨胀因子值（VIF）和估计系数的标准差（Std. Error）以及较高的容忍度水平（Tolerance）说明本书所选样本数符合多元回归的基本假设和要求，解释变量之间不存在多重共线性问题，可以利用这些数据进行多元线性回归分析。

表 5-15　多重共线性诊断结果

Model		Collinearity Statistics	
		Tolerance	VIF
4	X_2	0.945	1.058
	X_{10}	0.972	1.029
4	X_1	0.891	1.122
	X_7	0.907	1.103

（四）回归结果与分析

表 5-13 中 B 代表回归系数。Sig. 值代表 t 检验的显著性。从表 5-13 中最后一列可以看出，Sig. 值均小于 0.05，表明该模型得到每个解释变量的回归系数全部通过显著性检验，解释变量 X_1、X_2、X_7、X_{10} 可以有效预测被解释变量 Y 的变动。这与假设 1（上市公司规模越大，环境会计信息披露水平越高）、假设 2（上市公司资产负债率越高，环境会计信息披露水平越高）、假设 7（越是获得政府环保补助获奖励的上市公司，越愿意提高环境会计信息披露水平）和假设 10（上市公司编制社会责任报告，环境会计信息披露水平越高）的预期结论是一致的，说明这几个变量对上市公司环境会计信息披露水平的影响程度与预期一致。

假设 1 认为公司规模与环境会计信息披露水平呈正相关，即"上市公司规模越大，环境会计信息披露水平越高"，实证结果也支持这一假设，而且在 0.01 水平上高度显著，说明上市公司的规模是影响环境会计信息披露的重要因素。大公司的市场领导地位会使得政府管理部门和社会公众给予它更多的关注，要求它以身作则率先进行环境会计信息的披露，满足各利益相关方对于环境会计信息的需求，塑造公司积极履行环境责任的良好社会形象，并由此来减少由于政府管制及媒体关注而引发的政治成本。而且，公司规模大说明其拥有更强的经济实力、更好的技术设备以及丰富的人力资源，因此投入环境保护方面的资源更为充足。同时，其投入的成本与自身的实力相比比例较小，不会影响公司其他方面的正常运转。

假设 2 认为资产负债率与环境会计信息披露水平呈正相关，即"上市公司资产负债率越高，环境会计信息披露水平越高"，实证结果也支持这一假设，而且在 0.01 水平上高度显著，说明上市公司的资产负债率也是影响环境会计信息披露的重要因素。这可能是由于上市公司在进行环境信息披露时考虑了公司债务的风险和代理成本，同时在国家倡导低碳环保的大背景下，债权人对企业在环境保护方面的关注度不断提高，对企业环境信息披露的需求越来越充分。

假设 7 认为政府环保补助奖励与环境会计信息披露水平呈正相关，即"越是获得政府环保补助奖励的上市公司，越愿意提高环境会计信息披露水平"，实证结果也支持这一假设，而且在 0.05 水平上高度显著，说明政府环保补助奖励也是影响环境会计信息披露的重要因素。

假设 10 认为社会责任报告的编制与环境会计信息披露水平呈正相关，即"上市公司编制社会责任报告，环境会计信息披露水平越高"，实证结果也支持这一假设，而且在 0.01 水平上高度显著，说明社会责任报告也是影响环境会计信息披露的重要因素。社会责任报告是企业披露环境会计信息的重要载体。作为主要力量的行业协会及政府主管部门的积极推动，使得中国发布社会责任报告的机构数量一直保持着年均 20% 以上的高速增长，2014 年达 1526 份，其中，以国有企业和上市公司为主力军。社会责任报告质量也从起步期进入了成熟期，披露内容较丰富，平均篇幅由 2013 年的 31.8 页增至 34.5 页，能较好地涵盖企业所在行业及年度重大责任议题。具体披露内容涵盖了大气污染防治和水污染防治等"公共"问题，社区公益和慈善，反腐与合规，职业病防治，供应商管理等。其中大气污染防治和水污染防治等"公共"问题的披露率分别为 34.9% 和 33.9%。电力、通信和能源等行业履行社会责任及发布报告的状况最优。❶

---

❶ 资料来源于《中国企业社会责任研究报告（2014）》。

因此，建立回归方程：

$$Y = 1.285X_1 + 0.2X_2 + 4.696X_7 + 7.311X_{10} - 10.3$$

即公司规模每增加一个单位，环境会计信息披露水平会提高 1.285 个单位；资产负债率每提高一个单位，环境会计信息披露水平会相应提高 0.2 个单位；获得政府环保补助奖励的企业，环境会计信息披露水平会相应提高 4.696 个单位；发布社会责任报告的企业，环境会计信息披露水平会相应提高 7.311 个单位。

然而其他变量都会正向影响环境会计信息披露水平，但遗憾的是均未通过显著性检验，即假设 3（上市公司盈利能力越强，环境会计信息披露水平越高）、假设 4（上市公司流通股比例越大，环境会计信息披露水平越高）、假设 5（上市公司外资股比例越大，环境会计信息披露水平越高）、假设 6（上市公司独立董事比例越高，环境会计信息披露水平越高）、假设 8（上市公司所处地区越发达，环境会计信息披露水平越高）、假设 9（上市公司通过 ISO14000 环境管理体系认证，环境会计信息披露水平越高）和假设 11（在上海证券交易所上市的公司，其环境会计信息披露水平更高）没有通过显著性检验，说明这些因素对企业环境信息披露水平没有显著的影响，不能有效地解释企业环境信息披露水平的变化程度。

公司盈利能力与环境信息披露水平相关的假设和流通股比例与上市公司环境信息披露水平正相关的假设没有得到验证结果支持，说明在我国资本市场中的普通投资者还不成熟，环境会计信息与企业绩效信息披露对投资者的决策参考作用不大，投资者更多的是参与投机性交易。另外，市场上投资者所认可的公司价值并未有效涵盖公司的环保业绩，同时也说明市场条件和环境规制对盈利能力强的企业未起到激励引导和保护的作用，使其披露环境信息的主动性和积极性不强。因此，要加强对我国普通投资者的风险教育和稳健投资理念宣传教育，更要加强环境保护在公众中的宣传力度。

外资股比例虽然会对环境会计信息披露水平产生一定影响，但是没有通过显著性检验。根据对样本公司分析，46 家样本公司中只有 6 家企业有外资入股，分别是华能国际 27.19%、浙能电力 3%、华电国际 19.5%、华电能源 21.97%、深南电 A43.77% 以及粤电力 15.21%，其余 40 家企业的外资股比例均为 0。融资证券化是国际资本市场发展的大趋势，电力行业通过发行股票从国际资本市场融资，加快了电力企业改制的进度，同时也增强了国际投资者投资中国电力的信心。电力工业政策的鼓励使得外商直接投资电力行业的比例逐年增加。但是，由于电力行业的特殊性，其长期以间接利用外资为主，包括向世界银行、亚洲银行和外国政府贷款。因此，出现了样本公司中只有6家企业有外资入股的结果。

上市公司独立董事比例虽然会对环境会计信息披露水平产生一定影响，但是没有通过显著性检验。尽管我国为完善上市公司治理结构，在公司法中规定我国上市公司董事会中独立董事比例要达到三分之一以上，根据样本数据来看，我国上市公司在董事会中设立独立董事在形式上是达到了法定要求，但是我国上市公司的独立董事并没有发挥其应有的对上市公司经营行为和决策的监督作用，一定程度上反映了我国上市公司独立董事制度往往流于形式，说明我国董事会制度还存在很多问题，有待进一步完善。

地域差异这一指标未能通过显著性检验，即无论上市公司位于经济发达的东部地域，还是位于欠发达的西部地区，对于上市公司环境信息披露水平的影响作用不大。导致这一结果的原因可能是现在环境问题已成为全社会关注的焦点，不论是西部地区还是东部地区，人们都对其投入了相当的关注度。社会舆论的监督和政府部门的管理使得经济发达地区与欠发达地区的企业都同样地注意环境信息披露方面的问题。此外，政府管理部门对上市的火力发电企业制定了较为详细严格的信息披露机制也是这一结果的重要原因。

上市公司是否通过ISO14000环境管理体系认证这一指标未能通过显著性检验，即对环境会计信息披露水平影响不显著，与预期假设不一致。根据对自变量数据的分析发现，所有46家样本公司中只有东方能源通过了ISO14000环境管理体系认证，其余45家公司均未披露相关信息。这说明我国上市公司，尤其是火力发电企业对ISO14000环境管理体系的认识和重视程度不够，与国际水平差距甚远，有待今后进一步加强。

上市地点这一指标未能通过显著性检验，即在上海证券交易所上市的公司，其环境会计信息披露水平更高的假设不成立。上海证券交易所（上交所）成立于1990年11月26日，同年12月19日开业，作为中国内地首屈一指的市场，上市公司数、上市股票数、市价总值、流通市值、证券成交总额、股票成交金额和国债成交金额等各项指标均居首位。深圳证券交易所，简称"深交所""深市",成立于 1990 年 12 月 1 日,是为证券集中交易提供场所和设施,组织和监督证券交易,实行自律管理的法人,由中国证监会直接监督管理。2006 年深交所发布的《上市公司社会责任指引》第七章"制度建设与信息披露"中要求,上市公司应当积极履行社会责任,定期评价公司社会责任的履行情况,自愿披露公司社会责任报告,同时规定了社会责任报告中最少应披露的内容。2008 年上交所发布了《上市公司环境信息披露指引》,指导上交所上市公司的环境信息披露。由此可见,无论是上交所还是深交所,均致力于环境会计信息披露的制度建设,努力创造公开、公平、公正的市场环境,不断提高企业环境会计信息披露水平。

七、结论

根据上文对环境信息披露水平影响因素的实证检验结果,我们可以进一步得出如下具有普遍性的结论。

(一)企业环境会计信息披露水平整体偏低

尽管最近几年我国相继颁布了《环境信息公开办法(试行)》《上市公司环境信息披露指南》等一系列与环境信息披露相关的法律法规,在一定程度上促进了我国企业环境会计信息披露的公开化,但是我国上市公司在环境会计信息披露方面还只是尝试性的,存在无相对固定的实践模式、整体披露水平偏低等问题。上文的研究数据显示,我国火电上市公司 2014 年环境会计信息披露指数(EDI)的均值为 14.61,最高得分为 31 分,与最低分 1 分相差较大,表明现阶段我国境内上市公司的环境会计信息披露水平相差悬殊,难以满足利益相关者对环境会计信息日益增长的需求。由上文的实证研究可以看出,现阶段我国火电行业环境会计信息披露水平整体不高,还存在不少的问题。但是,随着我国政府对上市公司环境信息披露问题的规范程度的不断加强,我国公众对上市公司的环境问题关注度越来越高,火电行业的上市公司对环境会计信息披露水平会不断加强。

(二)环境会计信息披露水平受公司规模、资产负债率、政府补助奖励以及社会责任报告编制的影响明显

根据实证研究,公司规模、资产负债率、政府补助奖励以及社会责任报告

编制与环境会计信息披露指数具有正向相关关系且影响显著。企业规模、债权人的关注、政府的补助奖励以及行业协会的推动等一系列因素促进上市公司披露环境会计信息，与投资者进行沟通，向投资者和市场传递有效信息，使他们正确认识公司的价值。这样做一方面可以树立公司积极履行社会责任的良好社会形象和信誉，为公司塑造较好的"环保形象"；另一方面还可以增加"环境商誉"的价值，从而吸引更多的投资者。

第六章 我国企业环境会计信息披露问题及原因

我国从20世纪90年代初开始对环境会计进行研究，经过数十年的努力，我国的环境会计信息披露，无论从理论上还是实践上都已经有了较大的进步，并取得了一定的成绩。但是不可否认，与开始环境会计信息披露较早的发达国家相比，我国企业环境会计信息披露从内容、形式、渠道等多方面都比较落后，仍有很大的进步空间。我国的很多企业不够重视环境会计，造成财务报告信息披露不真实、不准确、不全面，而且由于没有相应的环境会计准则，我国的环境会计信息披露存在诸多问题。

第一节 我国企业环境会计信息披露存在的主要问题

一、环境会计信息披露规范不完善

我国已经出台了一系列的环保法规，包括《中华人民共和国环境保护法》《中华人民共和国水污染防治法》《中华人民共和国环境影响评价法》《上市公司环境信息披露指南》（征求意见稿）等。这些法律法规对约束企业污染行为、保护环境起到了积极的作用。但是，这些法律法规中均未涉及环境会计信息披露的具体规定。而且，我国会计从业准则也没有对环境会计要素进行确认。

我们知道，可比性和可靠性是会计信息质量的两项重要要求，如果对于相关要素的确认、计量、核算没有统一的规范，势必会造成核算的混乱，披露的信息也缺乏可比性和可靠性，最终也会对环境会计信息的有用性造成影响。

而我国的环境会计恰恰缺乏统一的标准，使得各企业环境会计信息的处理方法和核算对象比较混乱，这样一来就导致了企业披露的环境会计信息缺乏可比性和可靠性，企业披露环境会计信息的方式各不相同，环境会计核算与信息披露的可操作性差。这些都与环境会计规范不完善，环境会计核算的对象和核算方式不够统一有很大的关系。

另外，企业出于外界和同业的竞争压力，在财务报表中并不会披露对企业自身不利的会计信息，而只会披露一些对企业发展有利的环境绩效的信息。因此，即使企业在表面上披露了一些会计信息，在没有相关标准去衡量的情况下，其信息质量的真实性和可靠性并没有办法保证，不仅难以对企业环境信息进行对比分析，也不能取信于社会公众，根本没有达到信息披露应有的效果。同时，大多数上市公司的审计报告中完全没有涉及环境披露方面的内容，而且报告的其他地方也没有有关部门或机构对上市公司发布的环境信息的鉴证。

二、环境会计信息披露主体范围较小

早在1992年，联合国针对《财富》杂志评定的500家大公司进行的一项调查表明，86%的公司披露环境信息；罗伯特（Robert, 1993）对欧洲110家大公司（法国25家、德国40家、荷兰15家、瑞典15家、瑞士15家）的调查显示，有68%的公司披露环境信息。1996年，毕马威国际会计公司（KPMG）对13个国家的环境报告进行了调查，发现环境报告已经成为年报中的一部分，大约3/4的公司在年报中包括了环境信息，1/4的公司提供了单独的环境报告。

根据日本环境省2002年7月对2001年东京、大阪及名古屋证券交易所一部、二部上市公司和从业人员在500人以上的非上市公司的"环境企业调查"（2001 Environment - Conscious Corporate Survey），有491家已经引入了环境会计，占被调查企业的16.9%，有580家正在研究引入，占被调查企业的20.0%，即已经有约1100家企业引入或正在研究引入，占被调查企业的36.9%。

然而，中国环境保护部所属中国环境新闻工作者协会2015年1月22日发布的《中国上市公司环境责任信息披露评价报告（2013）》显示，我国上市企业环境信息披露总体水平偏低，尚处于起步阶段。报告评价了665家上市公司发布的 2013 年的环境责任报告和社会责任报告的环境信息部分，并公布了总评价前 50 名企业和第一、第二、第三产业的前 20 名企业等名单。同时，报告还针对发布环境报告的企业和属于国家级重点监控企业的披露状况进行了专门的评价分析。

与 2012 年相比，2013 年我国上市企业发布相关环境信息报告的数量增加 7.8%。但是，上市公司环境信息披露水平总体处于起步阶段。行业间环境信息披露质量水平差距较大，国有控股企业环境信息披露质量相对较高，第三产业整体水平略高于第一、第二产业等。上市公司中发布环境报告的企业过少，仅为 16 家。国家级重点监控企业发布环境报告数量及披露评价高于平均水平，但总体处于起步阶段。而这类企业正是新修订环保法明确要求必须进行环境信息公开的重点企业。2013 年现有上市公司中，属于国家级的重点监控企业约为 287 家，其中只有 61 家企业发布了相关环境信息报告，占 21.3%，仅有 4 家发布了环境报告，仅占 1.4%。[1]

综上所述，尽管社会经济的发展促使我国对环境会计方面进行了很多研究，企业环境会计的信息披露问题也慢慢地得到各种利益体的重视。但是，与国际发达国家相比，在我国已经进行了环境会计信息披露的行业还不是很广泛，披露主体范围较小，进行环境会计信息披露的企业所占比例偏低。

三、环境会计信息披露内容不完整、所含环境信息价值低

根据国家环境保护部关于企业环境信息公开的公告，企业必须公开的环境信息有企业环境保护方针、污染物排放总量、企业环境污染治理、环保守法、环境管理 5 大类 12 小项，并且要求企业不得以保守商业秘密为借口，拒绝公开相关环境信息。然而，从目前上市公司披露的环境信息看，披露内容并不完整也不真实。对于公告中的自愿公开这一条，企业披露的信息就更加随意了。多数企业所披露的信息主要是环保投资、排污费、绿化费、税收减免等，而类似于限期治理、设备淘汰、落后工艺、污染物控制总量等内容则基本没有披露，并且揭示的信息多数是自我表扬性质的，很少披露消极的方面。

---

[1] http://www.yicai.com/news/2015/01/4066575.html.

另外，企业环境信息披露内容的不完整还受披露成本的影响。一方面，我国环境会计体系不健全，在核算、计量和披露方面都没有形成统一的制度，因此，在进行环境会计信息披露时，实际收集资料、确认、计量等的工作成本太高；另一方面，许多公司信息由于涉及财务利益和战略利益，因此，商业机密外泄可能会给公司带来较大的机会成本。

就已披露的环境会计信息而言，内容太过简单，有些公司仅仅是在公司的治理结构中有关利益相关者部分简单提及环境问题，环境会计信息价值量偏低，难以满足信息使用者的决策需要。《中国上市公司环境责任信息披露评价报告（2013）》显示，40%左右的企业环境信息披露部分为简单陈述，没有足够数据等的支撑，描述概念化，介绍表面化，泛泛而谈，尚不能满足利益相关方对信息的实质性期望和诉求。而且，多数相关信息的披露及报告没有经过第三方机构的审验，公信力有待加强。

以某矿业公司为例，在其披露的环境信息中，多是对公司有利的正面信息，对可能造成负面影响的信息却通过财务报告和附注以外的形式披露；对很可能发生的未决诉讼支出，没有确认预计负债，仅作为或有事项予以披露，披露内容避重就轻。以2009年年度社会责任报告中的"环境绩效报告"为例，报告中只披露相关的正面信息，如环境保护的持续投入、积极治理、削减排放、生态保护与植被恢复的措施等，而对当年河北省某旧矿尾矿库回水系统泄漏事故的处理情况，以及因福建省某村矿区水源污染投诉面临的风险与未来支出，未做出任何披露。再如2010年某溃坝事故引发的诉讼，虽然在2010年年末和2011年6月末尚未判决，但败诉已基本确定，理应合理估计相应损失，并于2010年12月31日和2011年6月30日分别确认预计负债，然而某矿业公司却以法律顾问无法估计损失为由未进行确认，只在报表附注中作为或有事项披露。

四、环境会计信息披露不及时

尽管国家规定企业应于每年3月31日以前公布上一年度的环境信息，但对于环保投资等具有时间效益的事件很少能从环境会计信息披露中得到，这对于会计信息的使用者进行决策没有起到积极的促进作用。而且，上市公司的环境会计信息披露主要是已经发生事项的历史性信息,如公司过去用于环境治理的投资、排污费、绿化费等费用支出,对于未来可能发生的环境问题缺乏说明,如对环境诉讼这样的不确定事项及其后续连续性的信息披露,具有很大的随意性,使得环境会计信息的披露缺乏及时性、连续性,从而造成公司环境会计信息披露内容的时效性不强。

按照上海证券交易所《上市公司环境信息披露指引》的规定,上市公司发生可能对公司股票交易价格产生较大影响的重大事件,应自事件发生之日起两日内将有关该重大事件的情况向证券监管机构和证券交易所报送临时报告,并予以公告,说明事件的起因、目前的状态和可能产生的法律后果。典型案例包括某矿业公司铜酸水渗漏事故和山东输油管道爆炸事故。2010年,某矿业公司在福建的生产基地发生铜酸水渗漏事故,由于废水池防渗膜垫层异常扰动,导致防渗膜局部破损,约有9100立方米废水自废水池下方的排洪涵洞流入汀江,导致汀江部分水域严重污染及大量网箱养的鱼死亡。然而,某矿业公司没有及时对外公告,而是在事故发生9天后才对外公告。另外,山东输油管道爆炸事故调查报告显示,该输油管道原油泄漏长达8小时,最终爆炸导致62人死亡,相关企业对泄漏原油数量未按应急预案要求进行研判,对事故风险评估出现严重错误,没有及时下达启动应急预案的指令;未按要求及时全面报告泄漏量、泄漏油品等信息,存在漏报问题,致使事态扩大、事故严重。

五、环境会计信息披露形式不规范

在环境会计起步较早的西方国家,如美国,其环境会计信息可以存在于财务报告、报告附注等文件中,也可以单独报告的形式对外发布,并能充分利用广播、电视、网络、报纸等媒体,其环境会计信息披露的方式具有多样化的特征。

中国《上市公司信息披露管理办法》第五条针对上市公司规定了"信息披露文件主要包括招股说明书、募集说明书、上市公告书、定期报告和临时报告等","定期报告包括年度报告、中期报告和季度报告"。可以看出,中国上市公司环境会计信息日常对外披露的形式主要是以包含在年度报告中的董事会报告和财务报表附注为主,而对于自愿披露环境会计信息的企业,则更没有明确的披露形式的规范。例如，徐琪霞（2015）从沪深证券交易市场中以煤炭产地分布为划分依据，选取中煤能源、西山煤电、大同煤业、盘江股份等30家煤炭类上市公司作为样本，经过分析发现，煤炭类上市公司披露环境会计信息的方式是多样化的，主要集中在董事会报告、社会责任报告、财务报表附注及重大事项中。根据分析，占样本73%的上市公司在董事会报告中对环境会计有定性的描述，但是，定性披露叙述很简短，没有统一规范，每个上市公司都是在国家倡导的环境理念下"模块化"写作；占样本50%的上市公司公布其单独的《社会责任报告》，一般发布在公司网站和证券交易所网站上；超过样本90%的煤炭类上市公司选择在财务报表附注中披露环境会计信息，而且以定量的数据展示；83%的上市公司选择多渠道相结合的形式进行披露，没有上市公司单独披露环境会计报告。

根据本书样本数据分析，46家样本公司中有25家没有编制单独的社会责任报告，占样本的54.35%。虽然100%的样本上市公司在年度报告中对环境会计有定性或定量的描述，但是，定性披露叙述并不规范，定量的描述也不充分。关于环保方针、理念与目标，31家样本公司很少或根本没有提及，占样本总量的67.39%；关于三废治理措施，25家样本公司很少或根本没有提及，占样本总量的54.35%；关于环保部门与公司环保制度设置情况，32家样本公司很少或根本没有提及，占样本总量的69.57%；关于国家环保政策、行业特点对公司影响，23家样本公司很少或根本没有提及，占样本总量的50%；关于环保法规执行情况，27家样本公司很少或根本没有提及，占样本总量的58.70%；关于节能降耗效果和污染物减排效果，分别有20家和21家样本公司很少或根本没有定量披露，分别占样本总量的43.48%和45.65%；关于环保投资和环保费，均有25家样本公司未进行充分的定量披露，占样本总量的54.35%；关于诉讼、赔偿、罚款和对周边影响、公众投诉，几乎100%的样本公司没有进行任何描述和披露。

披露形式和内容规范性的缺失使得企业的环境会计信息散见于不同的信息载体上，信息使用者如想获取全面的资料，要从多个不同的报表中摘取，搜集资料的工作量不言而喻，给信息使用者，尤其是企业外部信息使用者对环境会计信息的获取增加了难度，从而不利于信息的传递与沟通。更为重要的是，不能为环境会计的进一步完善提供完整的数据支持。

六、缺乏复合型会计人员

环境会计涉及许多学科领域，属于交叉应用型学科。随着可持续发展在公司战略中的进一步推广和环境会计制度的逐步建立，会计从业人员面对的不再只是传统的注重资产的财务会计报告，而很可能是财务、自然、社会、人力资本和技术等方面的整合性报告。因此，要求从事企业会计的相关人员全面提高自身素质，转变观念，更新知识，具备披露环境会计信息的能力，这是环境会计信息披露走向现实的基础性保证。这要求会计人员不仅要掌握会计基本技能，还要掌握其他相关学科的基本知识，以及与相关工程部门、管理部门协调的能力。而在现阶段实际工作中，企业财务人员掌握的是比较单一的会计学知识，具备高学历、跨专业的复合型人才并不多见，会计人员缺乏相关的专业知识和能力，必然会导致企业环境会计信息披露的方式不够专业，信息质量不高、不全面、不准确和不充分。

七、缺少第三方审计

第三方鉴证业务对于国内企业提高环境信息披露水平与质量具有至关重要的作用。没有经过第三方鉴证的企业环境会计报告很容易造成管理当局和利益相关者的盲目乐观情况，环境会计报告公信力程度较低。目前国内只有纺织行业于2008年发布《中国纺织服装企业社会责任报告验证准则》，只适用于服装行业，缺乏流通性和国际认可。

虽然我国各省审计厅都有开展一定的环境审计工作，但是其中更多的是针对重大污染事件或大型的污染项目，缺少对与经营活动和环境资源相关企业的一个系统的监督。由于缺乏相关的职能部门与独立的第三方审计机构对企业出具的环境信息披露报告进行复核，没有政府对企业环境信息披露的过程进行监督，企业在环境信息披露时可以不完全地对企业真实的环境情况进行披露，造成企业环境信息披露报告的内容缺乏可靠性。

八、缺乏全社会的广泛参与

中国目前有些企业仍存在"重经济轻环境"的思想，"先污染，后治理"

等非持续的行为仍大有市场，公众的整体环境意识比较低下。在这种情况下，有些企业可能就不愿对外披露环境会计信息。会计界对环境会计的研究大多数局限于微观层面，将环境会计局限于企业环境会计，而忽略了宏观层面的环境会计，对宏观环境会计研究参与不足。这种研究现状的缺陷有两个方面：首先，对环境问题的认识不够全面；其次，没有认识到环境作为一项公共产品，对环境的有效控制需要一个宏观与微观衔接的核算体系，从而不利于在会计体系中实现宏观环境核算与微观环境核算的衔接。

第二节　我国环境会计信息披露存在问题的原因分析

一、缺乏环境会计信息披露强制性约束

无论是我国企业环境会计信息披露数量较少，还是披露内容过于简单，很大程度上都是源于我国缺少针对环境会计信息披露的强制性法律法规。目前，我国只有《中华人民共和国环境保护法》等基本法律法规对环境信息的公开做出了具体规定，但也只是对环境信息的规定，并不适用于企业的环境会计信息披露。而会计法规中对环境会计信息的规定则不成体系，无章可循。环境会计是涉及环境保护和会计核算两方的边缘性的学科，以往关于环境保护、会计等的法律法规都是自成一体，二者之间缺乏联系贯通，而无论是单一的环境法律法规，或是单一的会计法规都无法对企业环境会计信息披露起到强制性的规范作用。因此，企业的环境会计信息披露需要有专门的强制性法律法规。

二、企业披露环境会计信息的主动性较差

我国企业自主披露其环境会计信息的比重长期偏低，源于企业缺乏披露环境会计信息的主动性，我国企业进行环境会计信息披露的动因很大程度上来自政府及各方利益关系人对企业管理者施加的压力，又或是为了树立企业良好的社会形象，故所披露的环境信息往往是有选择性的，并非全面真实，而真正去履行环境会计社会责任的企业也为数不多。由于非物质激励机制依然不健全，缺乏来自政府及相关机构的环境监管，进行环境会计信息披露的外在动力不

足,严重影响我国企业保护环境的积极性。

三、企业利益相关者对环境会计信息需求不足

企业环境信息披露的目的就是向利益相关者提供有用的环境会计信息。所以环境会计信息的披露要以企业的利益相关者为基础,对于一个企业来说,利益相关者就是指获得公司某种形式的利益或承受公司活动——财务或环境活动,产生的风险的个人和群体,主要有企业内部的经理人员和员工、政府管理部门、投资者、银行及其他债权人、社会公众等。不同的利益相关者对所需的环境会计信息各有不同,对企业造成的影响也各异。例如,投资者出于对投资的安全性和收益性的考虑,自然非常关心企业的环境绩效会对企业财务上的安全性和盈利能力产生何种影响;政府因为将环境资源通过有偿或无偿的方式交付企业使用,自然会关注企业的受托责任的执行情况及企业的生产经营与环境法规的一致性。但是企业所提供的信息远远不能满足他们的需求,最终导致利益相关者信息需求不足。

四、环境会计计量缺乏可比性和可靠性

环境会计作为一门新兴的边缘学科,将环境问题与会计理论方法有机结合,以货币单位或实物单位计量,用文字、图表等方式记录并报告环境成本与价值,评价企业的环境经济活动以及取得的环境效益对社会造成的近期及长远影响。由于我国的环境会计理论起步较晚,发展还不够成熟,尤其是在环境会计的计量、成本确认等方面尚未形成一致观点,尚未真正建立起科学系统并符合我国企业自身特点的环境会计理论和方法体系,客观上制约了企业全面充分地披露环境会计信息,也导致我国企业环境会计信息披露缺乏可比性和可靠性。

五、环境会计信息披露缺乏可持续性

环境会计信息披露制度理论与实务不够成熟使得部分企业不能够持续披露的问题。我国证监会要求新上市公司应当进行环境信息披露,而且证监会已正式发文规定:"重污染行业生产经营公司申请首次公开发行股票的,申请文件

中应当提供国家环保总局的核查意见。"因此,新上市公司在招股说明书中都会进行披露,主要是在风险因素以及对策、募集资金及运用中进行披露。但是,在持续经营的过程中,企业的环境披露意识仍然比较薄弱,一些企业没有有序地、连续地披露环境信息。

我国现用于指导企业会计报告的法规主要是由财政部和中国证监会制定的,包括会计准则、财务制度以及中国证监会发布的公开发行股票公司执行的信息披露规则和准则、公告。但是只有中国证监会明文要求上市公司在招股说明书中的"政策风险"和"募股资金运用"这两处披露环境信息,以及2011年发出的公告要求严重污染企业在年报中的"重大事项"中披露环境信息,但并没有要求所有上市公司在年报中都进行披露,这是导致上市公司披露缺乏可持续性的原因之一。除此之外,在上市公司信息披露的有关规定中,也缺乏环境会计信息披露的完整内容,导致很多新上市公司环境会计信息披露不持续,有可能使投资者将其资金投向污染严重、存在很大环境风险的企业,从而加剧环境污染和破坏。同时,上市公司也会由于缺乏持续的环境信息披露而缺乏环保意识、风险防范意识,面临在后期不符合环保要求而影响企业再融资甚至面临责令停产的风险。

第七章 企业环境会计信息披露模式选择研究

第一节 现行环境会计信息披露模式

环境会计信息在形式上，有定量的信息，也有定性的信息；有货币信息，也有实物信息；有以价值量为基础的信息，也有以自然量为基础的信息。正因为环境会计信息形式的多样性，我们才需要在原有传统财务报告的基础上进行一定的修正来予以披露。环境会计信息披露模式不能完全脱离原有的财务信息模式，但又不同于原有的财务信息披露模式。

现行的环境会计信息披露模式主要有两种：财务报告模式和环境报告模式，财务报告模式又分为补充报告模式和独立报表模式。补充报告模式是指在现有的财务报告体系中增加环境会计要素和其他环境信息等内容；独立报表模式是指在传统的会计报表之外，设置环境资产负债表、环境利润表和环境现金流量表；环境报告模式是指企业以年为单位编制独立的环境报告书，单独披露企业环境责任的履行情况。

一、补充报告模式

补充报告模式指的是把环境会计要素等内容直接添加到现有的会计报表项目中予以披露，即在现有的会计报表内增加项目，以某种合适的项目对与环境有关的财务状况和经营成果指标单独进行披露。具体的做法是：在资产负债表中增设环境资产、环境负债和环境权益，同时在资产负债表附注中说明环境资产、负债和权益的确认和计量方法。在利润表中增设环境费用和环境收益项目，包括环境资产的折旧费、常设环境管理机构经费、企业交纳的排污费和罚款与赔付，以及因环境活动带来的净收益等，同时在利润表附注中说明环境费用和环境收益的确认和计量基础。在现金流量表中，增加环境活动现金流量内容，分设环境活动引起的现金流入和现金流出项目。同时在会计报表附注中披露非货币计量的环境信息，披露的内容有环境政策影响、环保法规、环保荣誉、环境认证、环境管理、政府环境补贴的运用情况、环境收益等重要事项。环境会计信息特别是环境绩效信息无法纳入传统的会计报表之中，所以有必要在报表附注中披露这些信息。

补充报告模式的优点是利用现有会计信息披露体系，使用者可以直观获得环境会计信息；将与环境相关的信息以货币形式披露，便于比较；操作简单，工作量不大，符合成本效益原则。缺点是披露内容不全面，基本上只能披露以货币计量方式表示的环境会计信息；所披露的信息散布在会计报告的各个部分，过于分散，使用者难以整体把握环境问题对企业各方面的影响。

总之，非独立的环境会计报告是一种将环境信息与现有的财务信息合并报送的一种方式。这种披露环境信息的方式将环境信息和传统的财务信息合并报送，容易引起混乱，降低了环境信息的重要性。

二、独立报表模式

凡与环境有关的财务问题，根据需要将环境问题对财务状况和经营成果的影响单独编制一张或几张附表或者补充报表。比如，单独编制环境资产负债表、环境成本表、环境损益表等进行详细列示。

（一）环境资产负债表

根据资产负债表的概念和结构，环境资产负债表是指反映企业在某一特定日期环境资产、环境负债内容与金额的报表。由于环境资产、环境负债之间不具备会计上的对应关系，也无法与相关权益构成一个完整体系，而需要与企业其他资产、负债、权益相互联系，才能使作为会计核算主体的企业符合"资产＝负债＋所有者权益"的平衡公式。所以单独编制的环境资产负债表只披露环境资产、环境负债所包含的内容及金额。环境资产负债表如表7－1所示。

表 7-1 环境资产负债表

编制单位：　　　　　　　　　　　　　　年　月　日　　　　　　　　　　　　　　单位：元

项目	年初数	期末数	项目	年初数	期末数
流动资产			流动负债		
货币资金			应付环保费		
环保基金存款			单位排污费		
应收环境赔款			个人排污费		
存货			包装物排污费		
环保材料			固体废弃物排污费		
环保商品			排污物品使用费		
……			……		
流动资产合计			应缴税费		
固定资产			应缴环保税		
环保设施			应缴资源税		
减：累计折旧			……		
环保设施净值			应付环保资产租金		
环保工程物资			其他应付款		
环保在建工程			应付其他环保支出		
无形资产			流动负债合计		
环保专利技术			长期负债		
排污权			环保专项贷款		
长期股权投资			……		
环境设施建设投资			预计负债		
……			或有环保负债		
非流动资产合计			非流动负债合计		
资产总计			负债总计		

（二）环境成本表

环境成本表是反映企业一定时期内在治理和防护环境方面所付出成本情况

的报表。环境成本可以分为货币化环境成本和非货币化环境成本。一般而言，货币化的环境成本主要包括环境管理成本、环境预防成本、环境保护研发成本、环境整治成本及环境污染罚款赔偿等。非货币化环境成本则主要包括企业污染物排放情况等。环境成本表具体格式见表7-2和表7-3。

表7-2 货币化环境成本表

编制单位：　　　　　　　　　　　年　月　日　　　　　　　　　单位：元

项目	本期数	本年累计数
环境管理成本		
环保管理培训成本		
环保机构管理费用		
环保机构人员工资		
环境管理体系认证费用		
……		
环境预防成本		
环境监测费用		
废弃物处置费用		
绿化费用		
……		
环境保护研发成本		
新技术研发设计		
旧设备更新改造		
环境整治成本		
排污费		
……		
环境污染罚款赔偿		
违反环保法律法规的罚款		
环境污染对第三方的赔付		

表 7-3 非货币化环境成本表

编制单位：　　　　　　　　　　　　　　　　　　　　　　　年　月　日

名称		单位	排放量	处理量	是否达标	
					是	否
废气	SO_2					
	CO_2					
	工业粉尘					
	氮氧化物					
	……					
废水	NH_3-N					
	有毒物质					
固体废弃物						
噪声						
其他污染物						
……						

（三）环境损益表

环境损益表是反映企业与环境问题有关的收入和支出情况，以及企业治理污染和保护环境获得的当期环境损益情况等。根据"环境收益 - 环境成本 = 环境利润"编制，但其中环境收益包括：废弃物的回收再利用收益，环境保护和环境治理的附加收益，排污权转让收益，收到的环境损失赔偿金和政府环保补贴收入等。环境成本包括：环保设备的折旧费，环境保护研究与开发费用，废弃物再利用费用，排污费，与环保相关的罚款和赔付，绿化费等费用。环境损益表见表 7-4。

表 7-4 环境损益表

编制单位：　　　　　　　年　月　日　　　　　　　　　　单位：元

项目	本月数	本年累计数
环境收益		
废弃物的回收再利用收益		
排污权转让收益		

续表

项目	本月数	本年累计数
环保补贴收入		
环保治理附加收益		
……		
环境成本		
环保直接支出		
环保管理费用		
环保营业费用		
……		
环境利润		

独立报表模式的优点是环境会计信息集中、全面和系统，使信息使用者对企业的环境活动做出恰当的评价，有利于会计信息使用者阅读和使用。缺点是由于环境会计的"环境资产 = 环境负债 + 环境所有者权益"这一等式难以成立，难以进行审计；货币计量不能全方面反映企业环境绩效信息；企业环境活动与生产经营活动难以严格区分，计量存在一定困难。

三、环境报告模式

企业仅仅以财务报表的形式反映企业的环境信息往往是不充分的，也不容易被理解和接受，那么就需要以一种易于被企业的各利益相关者所理解和接受的方式来反映企业的环境状况，企业环境报告书就是这样产生的。独立的环境会计报告是指采用一定的方法和形式单独编制的报告，可以采用表格、文字、图形等多种方法，最终形成一系列的货币指标和专门报表，全面反映企业承担的环境受托责任。环境报告书是反映企业及其所属业务部门和生产单位在其生产经营活动中产生的环境影响，以及为了减轻和消除有害环境影响所进行的努力及其成果的书面报告。目前，此模式已经在世界多个国家实践，如日本的麒麟啤酒公司、松下电器集团公司，美国的百特公司、巴科斯塔公司，我国的海尔集团等。联合国环境规划署同其他机构联合也制定了环境报告书的编制指南，鼓励企业以此模式披露环境信息。

如前所述,环境报告书的内容主要有以下几方面:①企业简介,主要介绍企业概况。②环境政策和环境目标,主要披露企业适用的环境政策和环境目标以及执行环境政策和实现环境目标的情况。③环境财务信息,主要用会计报表反映与企业环境保护活动相关的财务信息以及企业未来的环境支出预算等。④环境绩效,主要是对企业排放废物造成污染所形成的社会成本增加以及企业通过减少废弃物排放、减轻或消除污染所形成的环境改善和社会成本降低等环境业绩的评价。

与补充式环境会计报告相比,独立的环境会计报告所披露的内容更加具有全面性和针对性,既能提供量化的财务信息,又能用文字补充说明一些措施、政策和方法,有助于信息使用者正确评价企业环境活动的财务影响、企业环境受托责任的履行情况,对企业的环境行为和环境工作有一个较为全面的认识;同时,独立的环境会计报告披露的信息集中、系统,并且与财务信息具有同等重要的地位,有助于信息使用者结合财务主表说明问题,全面了解企业的经济效益和社会效益,对企业的环境工作和环境发展前景做出正确判断;无须更改原有会计报告体系,有利于此方面会计工作的简化。缺点是存在两套报告体系,给使用者理解造成混淆;难以提供统一规范的报告,提供的环境会计信息种类和数量取决于企业,随意性大,可比性较差。

研究发现,目前我国上市公司所披露环境信息主要是在招股说明书和年报中,即采用了第一种方式——补充报告模式(在董事会报告、重要事项和报表附注中)对其环境信息进行披露,只有相当少部分的企业采用第二种披露方式——编制独立的环境报告。因此,就上市公司环境会计信息披露模式来看,主要存在披露模式单一化、简单化,没有统一的规范等问题。大多数已上市的公司都只是在年报的董事会报告和重大事项中进行说明,有一些企业会单独列项说明,但是这种披露方式仍然是环境会计信息与财务信息合并报送。这些披露模式实际上降低了环境会计信息的重要性,也使信息使用者、利益相关者无法对企业的经济责任和环境社会责任的履行情况做出客观而准确的评价判断,即把环境会计信息置于财务信息的附属地位,这种披露模式与目前时代对环境会计信息的需求不相符合。

第二节 美日环境会计信息披露模式借鉴

一、美国环境会计信息披露模式借鉴

从20世纪70年代起,美国就已经开始针对企业环境会计信息披露的研究工作,到90年代中期呈现迅猛发展态势,在经过了几十年的成长期后取得一系列卓有成效的研究成果。全面而严格的环境保护法律限制,以及来自各方面社会力量的监督与监管,使得美国企业的环境信息披露水平与质量不断提升。美国国家环保署(EPA)等政府机构和非营利组织的监督作用使美国建立起良好的环境会计信息披露氛围。

(一) 事项法的提出

美国会计学家乔治·索特教授于20世纪70年代初期提出事项法理论概念,由此将事项法理论带入会计学界视野。索特事项法产生的时期被《美国会计史》称为"扩张与争议:不确定时期的会计"时代,是一个不断变化的时代,是信息使用者新的需求产生和发展的时代。信息使用者对决策的有效性以及会计信息的相关性和准确性提出了更高的要求,这是事项法萌芽并生长的土壤。迅速发展的资本市场环境,信息理论和决策理论的出现,投资者对会计信息的能动反应,都使会计决策有效性学派具备了较强的现实基础和理论基础。面对变化的经济环境和新的科学理论,美国会计学家认为会计的本质是数据处理过程,即"鉴别、计量和传递经济信息,使信息使用者能有根据地做出可靠判断和决策的过程",因此,会计应将重点放在数据的整理、分析、转化、分类等一系列的工作中。随着管理科学和信息科学的进一步发展,会计进行的数据处理的重点是为信息使用者决策服务。因此,使用者需求的不确定性以及会计服务于经济活动的共识使会计索特事项法应运而生。

1969年,索特在《基本会计理论中的"事项法"》一文中正式提出"事项法"概念。索特教授根据传统价值法与事项法的不同之处,从一个全新角度论述了以事项法为基础的会计理论体系结构,拟对传统"价值法"会计进行创新性改良。索特教授否定了传统的以财务报表等传统形式为输出载体为企

业利益相关者及政府机构等提供企业会计信息输出的价值法概念,他认为会计信息系统提供给信息使用者的经济事项信息应以最原始形式呈现和保存,而不是经过层层的人工筛选与加工。企业会计信息使用者有权力自主选择信息输出形式及载体,并且也有权利得到适合于自己决策目标与决策模型的会计信息。

在索特教授之后,美国会计学家奥雷斯·约翰逊对于事项会计之中的"事项"这一概念确认进行补充说明,认为事项必须是可以被预测到的并且可以被证实的经济事项,也就是说事项必须是企业经济活动中真实发生的交易事项,并且不能准确被其他财务信息形式所描述。而另一位美国会计学家斐内·米勒则认为经济事项是进入会计信息系统的单元要素,并且确实会导致企业的营业实体中所涵盖的各项资产和权益发生变化。

(二) 完善的环境保护法规确保了环境会计信息披露

美国的环境保护法律是世界上最全面、最完善的环境法律体系,不仅包含了关于防止环境污染的各种情况及应对措施,并且包含了非常详细具体的对环境污染妨害的赔偿惩罚措施细则。对于环境破坏行为,美国立法机构设立了严于我国处罚力度的法律条款,并且法律执行机构非常关注环境保护法律法规的细节认定问题,针对不同的环境污染行为会做出非常具体的界定与划分,为企业日常生产经营范围及环境保护工作提供了清晰明确的范围。表7-5列示了美国环境法律和部分重要法规及具体处罚。

表7-5 美国环境法和重要法规具体处罚规定

法律名称	民事处罚	刑事制裁
《综合环境反应、赔偿和责任法》	2.5万美元或清洁费的3倍	2.5万美元或1年监禁
《清洁空气法》	2.5万美元或5000美元传票程序	2.5万美元或5年以下监禁
《有害控制法》	2.5万美元	2.5万美元或1年监禁
《资源保护和回收法》	2.5万美元且无改过双倍加罚	2.5万美元或2至5年监禁

(三) 环保部门的理论指导与实际监督提高了环境会计信息披露水平

美国环境保护署是旨在督促全美范围内企业环境保护工作执行情况的行政机构,在企业环境会计信息披露模式的创新过程中扮演着十分重要的角色。

1992年,EPA成立专门的环境会计项目小组进行理论研究工作,通过提升理论水平来为企业提供环境会计信息披露工作的指导。随后 EPA 根据小组研究成果出版《环境会计导论：作为一种企业管理工具》一书，用以指导美国企业环境会计问题，构建全新的更适合于信息时代要求的环境会计信息运作模式，全面提高美国企业环境会计信息披露水平。

在实际监督中，EPA 和美国证券交易委员会（SEC）紧密合作，确保企业充分披露相应的信息。SEC 负责对上市公司向投资人披露公司环境信息情况进行监管，要求上市公司必须全面披露有关环境法律遵守情况，以及由此引起的诉讼和指控，对资本支出盈利与竞争地位的影响，在过去年度和未来年度对于环保方面的投入与费用问题都要明确列示。EPA 会将那些有潜在环境负债倾向的企业名单提供给 SEC，以便 SEC 更有针对性地监督这些企业环境相关的经济业务。当 EPA 依据《综合环境反应、赔偿和责任法》和《资源保护和回收法》两项法案对有嫌疑的上市公司进行法律介入时，会通知 SEC 采取联合行动，这样 SEC 就可以根据上述两个法案的具体细则来审查企业年度财报，确定公司是否存在因环境问题导致的或有负债以及是否充分披露。

（四）会计专业机构推动了环境会计信息披露

美国的民间会计专业机构，包括美国财务会计准则委员会（FASB）、美国注册会计师协会（AICPA）以及美国会计学会（AAA）对于环境会计理论与实践的发展起到了重要的推动作用。

美国财务会计准则委员会为企业环境会计实际操作提供理论指导，对于会计信息披露过程中所需要的准则条款都有明确规定与解释。譬如 FASB 所发布的《公认会计准则第 5 号——或有负债会计》是全美范围内公认的企业处理潜在责任的权威准则，为企业披露潜在环境责任的补偿成本提供依据，明确规定了企业所披露程度取决于环境成本是否可以确认与计量。第 14 号解释公告《损失值的合理预计》则明确了企业为环境活动所付出的代价损失应在一个合理均等的范围内，在这一区域内所有损失价值都是平均的。除此以外，FASB 专门的环境事项小组针对环境成本支出记录问题还发布了《石棉清理成本的会计处理》《处理环境污染成本的资本化》以及《环境负债会计》三份公告，为企业环境会计成本在记录等方面情况做出政策指导。

1996 年，美国注册会计师协会发布《环境负债补偿责任状况报告》，对上市公司为生产经营过程中的环境资源污染与消耗而付出的经济代价的具体操作和准则做出解释，报告对于企业环境会计具体操作的指导工作全面提高了上市公司环境会计信息披露比例与质量。

美国会计学会下属的环境影响委员会旨在对企业环境会计信息披露工作进行理论支持与技术指导。美国会计学会建议，企业通过两张报表来反映企业环境会计问题处理情况：对于企业内部信息使用者而言，应该尽可能通过各种渠道搜集环境会计信息与财务信息；而外部信息使用者则更需要企业将环境资产与相关的折旧费用明晰地列示出来。

综上所述，美国健全成熟的环境法律体系是政府机构指导与监督企业环境保护工作的有力保证，并为企业环境工作提供清晰方向与界限；同时，专业而分工明确的会计专业机构又会随时为美国的环境会计理论提供必要补充，配合法律机构所出台的环境法规。

二、日本环境会计信息披露模式借鉴

日本作为亚洲率先崛起的"四小龙"之一，在环境会计信息披露问题上领先于亚洲各国。日本环境会计信息披露工作源于1996年国际标准化组织（ISO）发布的ISO 14001环境管理体系认证。由于日本在进出口贸易中受到了欧美国家各类产品认证标准的限制而出现贸易逆差，为了缓解这一国际贸易困境并且学习欧美先进的环境管理方式，日本开始申请认证ISO14001环境管理体系，从而促使日本在环境会计领域学习到许多先进的管理模式与体系建设理念，在结合日本本土企业的实际情况和经济环境情况之后得出一套日本模式的环境会计体系，在世界范围内都得到广泛认可。

（一）政府主导环境会计信息披露模式理论研究

日本由于自身自然条件资源限制以及多次后果严重的环境污染事件影响，长期奉行"循环型经济社会"理念。日本环境省作为负责防治公害及自然环境保护的中央省之一，一直致力于完善与环境相关的法律法规体系，为企业进行环境会计工作提供政策指导，所制定与推广的环保政策易于企业实际操作，所以企业自愿披露较多，环境保护工作效果显著。

而且，日本吸取和创新美国EPA和SEC相配合的模式，利用环境省和经济产业省的合力作用共同推动日本环境会计发展。经济产业省是日本中央政府的直属省厅，确保经济与产业得到发展，使矿物资源及能源供应稳定和保持效率。过去经济产业省被认为是引领日本经济腾飞的总司令台，但由于20世纪90年代初日本遭遇经济泡沫，经济增长速度大幅度放缓，经济产业省开始调整发展路线，在处理环境公害、事业废弃物、贸易摩擦等问题上改变过去与环境省相对立的态度，不再以经济优先为导向，而是更注重于与环境省的配合工作以达到环境保护目标。另外，环境省还涉及环境会计支持系统软件，放在环境省官方网站方便企业下载使用，在软件的帮助下推进环境会计信息披露模式的建立实施。

（二）环境会计信息披露内容更注重环境绩效信息

在环境会计中，信息披露主要放在环境成本和环境负债上，外部信息使用者通过环境成本与负债信息来评估企业环境情况，进行风险管理工作。日本环境省除了环境财务信息外，更重视环境绩效信息以及公司在日常生产经营过程中由于保护环境所产生的效率与结果。日本环境省2005年制定的《环境会计指南2005》，既包含环境财务信息，又包含环境业绩信息，其内容已在第四章中进行了详细介绍。

（三）环境会计信息披露以独立环境会计报告为主

日本企业大部分都会选择编制独立的环境报告书来披露环境信息，此环境报告书由环境保护工作情况以及企业环境会计情况构成。《环境会计指南2005》为企业编制环境报告书提供详细的内容标准以及项目分类情况，并对企业生产过程中可能涉及的各种污染物排放做出详细标准限制。日本环境报告书采用货币与非货币相结合的方式，具体内容包括环境活动方针、年度环境目标、环保产品体系、环境会计分析、对环境报告中的案例进行分析等。除环境报告书外，有的企业还同时通过公司宣传手册、营业报告书等方式反映环境会计信息，披露环境会计信息所涉及的范围非常广泛。

通过编制独立的环境会计报告书，增强了企业外部信息使用者阅读企业环境会计信息的直观性与完整性，有利于维护品牌形象；由于企业所有与环境相关的交易事项及信息均清晰列示在环境报告书之中，即使是不参与生产经营的外部信息使用者，也可以很快全面了解企业在过去年度以及未来预期所要完成的环境保护工作情况。

从日本多年来日趋完善的环境会计制度以及环境保护工作成绩可以看出，编制独立的环境报告书是企业环境会计信息披露工作的发展方向。目前，国内企业社会责任意识与环境保护意识不强，企业对于独立环境报告书制度还不完全了解与接受，同时国内环保部门也没有一个适合于企业的环境报告书模板提供，实施和操作起来有一定难度。

（四）上市公司自愿披露程度较高

与许多欧洲国家的环境会计信息披露制度有所不同，日本采取自愿披露环境信息形式。日本环境省希望在尊重企业自身意愿的基础上促进整个社会的环境会计工作。第二次世界大战后，日本经济高速发展，但忽视了环境问题，致使日本在20世纪50年代爆发了危及公共健康的严重环境问题，包括汞中毒事件❶、镉中毒事件❷和氧化硫吸入事件❸。这些事件引起了公众广泛关注和民众运动，在大众媒体的压力下，日本政府不得不转变经济发展思路，这一转变成为日本社会、经济和产业政策的分水岭，从而环境问题成为核心。此后，日本

---

❶ 汞中毒事件即日本水俣病事件，1956年，水俣湾附近发现了一种奇怪的病。这种病症最初出现在猫身上，被称为"猫舞蹈症"。病猫步态不稳，抽搐、麻痹，甚至跳海死去，被称为"自杀猫"。随后不久，此地也发现了患这种病症的人。患者由于脑中枢神经和末梢神经被侵害，轻者口齿不清、步履蹒跚、面部痴呆、手足麻痹、感觉障碍、视觉丧失、震颤、手足变形，重者神经失常，或酣睡、或兴奋、身体弯弓高叫，直至死亡。"水俣病"的罪魁祸首是当时处于世界化工业尖端技术的氮（N）生产企业。工厂把没有经过任何处理的废水排放到水俣湾中。水俣湾由于常年的工业废水排放而被严重污染了，水俣湾里的鱼虾类也由此被污染了。这些被污染的鱼虾通过食物链又进入了动物和人类的体内，侵害到脑部和身体其他部分。

❷ 从1931年起，日本富山平原的民众开始出现一种怪病：腰、手和脚的关节疼痛不已，到后来，患者通常会骨骼软化萎缩，四肢弯曲，骨质疏松，连咳嗽都可能造成骨折，最终无法进食，常常忍不住喊"痛、痛"，此病因此得名"痛痛病"。1946—1960年，日本医学界经过长期分析研究后，发现"痛痛病"的病因源于神通川上游的神冈矿山排放的含镉废水污染神通川流域，"痛痛病"实际就是慢性镉中毒。资料显示，1955—1972年，日本富山平原神通川流域发现的"痛痛病"患者达258人，死亡128人。

❸ 20世纪60年代初，牵引日本经济高速增长的石油化学联合企业（第一联合企业）在三重县四日市临海区域（盐滨地区）建成，并开始正式运行，燃油造成的二氧化硫被大量排放到空气之中。高浓度的二氧化硫大量排放到空气中，引起支气管、肺功能障碍和相关疾病。在严重的大气污染笼罩之下，四日市出现了呼吸道疾病频发的状况（被称为"四日市哮喘"）。60年代四日市的人口约20万，呼吸道疾病发病率在市区居民中占到了3%。其中幼儿和老年人的发病率极高，50岁以上的市区居民中，每10人就有1人发病。

民众的环境保护意识开始提高,开始提倡绿色消费。典型的例子就是日本严格的生活垃圾分类制度,将垃圾细分到了17类,例如,仅瓶类就又划分为无色瓶、茶色瓶、其他瓶等。日本国民自身具有极高的环境保护意识,所有人都会严格遵守生活垃圾分类制度。另外,企业在环境污染事件中由于承受巨额赔偿,也感到"环境经营"的重要。日本政府利用规范政策引导企业提高环境意识,从被迫接受到自愿披露,尤其环境会计指南颁布后,详细的政策指导使许多企业自愿参与到环境会计信息披露工作中。

三、美日环境会计信息披露对中国的启示

(一)加大环境执法力度,充分发挥政府环境管理部门的作用

在美国和日本这两个国家的环境会计信息披露过程中,国家环境保护机构充分发挥了政府职能部门的作用。我国要加强环境执法力度,主要通过两种手段:一是借助于法律手段,以立法的形式对企业污染物处理及排放进行强制性的管制,并且将行政处罚和刑事处罚并行;二是借助于经济手段,用补贴、征税、收费和排放权交易制度等形式对企业污染物处理进行间接管制。通过加大环境执法和惩处力度,迫使企业认识到环境问题给企业经营所带来的风险,使更多的企业关心环境保护,接受绿色经营理念,引导企业自愿进行环境保护和环境会计信息的披露。

(二)强化舆论监督,唤醒社会公众的环保意识

提高我国社会公众的环保意识是促使我国环境会计信息披露发展的重要手段之一。新闻媒体、环境组织和当地社区都是对环境会计信息十分关注的群体,环保组织和当地社区虽然无权干预企业的经营活动,但可以通过新闻媒体向企业施加压力,迫使企业在改进环境方面做出努力,并通过及时报道和宣传环境问题对人类生存和发展的影响,唤醒社会公众的环保意识。当环境危机和环保理念深入人心之后,企业进行环境会计信息披露就将成为大势所趋。

(三)加强环境会计理论和方法研究,颁布环境会计准则体系

我国应积极借鉴美国、日本等环境会计领域走在前端的国家的研究成果,

结合我国实际情况，加强环境会计理论和方法的研究，以指导我国的环境会计实践。通过成立环境会计研究团体，组织学习发达国家的环境会计准则，借鉴其适合我国国情，并有操作性的部分，制定具有中国特色的环境会计准则。同时以法律、法规的形式确定环境会计的地位和作用，使环境会计有法可依，使企业环境会计信息披露有统一的标准，增强实务的可操作性与统一性。

第八章 完善企业环境会计信息披露的对策建议

根据前文实证研究，环境会计信息与企业绩效信息披露对投资者的决策参考作用不大，一方面是这些信息毫无质量，对企业经营状况不构成重要影响，另一方面也说明投资者并不关心这方面的信息，投资者更多的是参与投机性交易；市场条件和环境规制对盈利能力强的企业未起到激励引导和保护的作用，使其披露环境信息的主动性和积极性不强。我国上市公司的独立董事往往流于形式，并没有发挥其应有的对上市公司经营行为和决策的监督作用，还存在很多问题有待进一步完善。此外，所有46家样本公司中只有东方能源通过了ISO 14000环境管理体系认证，其余45家公司均未披露相关信息。这说明我国上市公司，尤其是火力发电企业对ISO 14000环境管理体系的认识和重视程度不够，与国际水平差距甚远，有待今后进一步加强。由此可见，目前我国没有形成"大众环保"的氛围，企业对环境会计信息进行披露，绝大多数是基于政府管理机构的要求，而投资者方面对企业并没有形成太大压力。

就我国目前的状况而言，企业环境会计信息披露的完善是一个艰巨且长远的任务，现阶段，政府应该在环境会计信息披露上起主导作用，相关部门、行业协会、社会公众和企业相互配合。从长远来看，环境会计信息披露需要会计学界、信息使用者和政府部门的共同努力，环境会计信息的披露离不开会计学者对环境会计的深入研究。

第八章 完善企业环境会计信息披露的对策建议

第一节 完善环境会计信息披露规范体系

一、建立、健全我国环境会计信息披露法律法规

法律法规是以国家的强制力作为实施保障，用来协调各种社会经济关系的社会规范的集合。企业作为当前经济生活中不可或缺的一种重要的组织形式，其在生产经营中所发生的一切活动都必然会受到相关法律法规的规范和约束。建立、健全我国环境会计信息披露法律法规是完善我国环境会计信息披露规范体系的重要环节。借鉴美、英、日等发达国家的经验，结合中国国情，我国需要建立以国家强制性法律法规为基础的企业环境会计信息披露框架体系，除现有的环境和会计法律法规之外，国家应当制定和颁布专门的环境会计信息披露相关的法规，为环境会计信息披露的发展提供充足的空间。制定专项法律法规，一方面使企业的环境会计信息披依露有法可依，有利于为企业树立起减少环境污染和重视环境保护的意识，同时也使企业高度注意内部所发生的环保投资和环保收益的情况；另一方面，建立、健全我国环境会计信息披露法律法规可以在一定程度上节约环境会计信息披露制度体系的运行成本，节约交易费用。

综观我国现有的法律法规，其中对企业环境会计信息披露做出明确规定的少之又少。1979年9月，我国制定、颁布了《中华人民共和国环境保护法（试行）》，规定在进行新建、改建和扩建工程时，必须提出对环境影响的报告书。1998年2月11日至13日，我国参加了联合国国际会计和报告标准政府间专家组第十五次会议，这次会议的主题是环境会计和报告，会上共同讨论通过了目前国际上第一份关于环境会计和报告的系统完整的国际指南——《环境会计和报告的立场公告》。我国现有的与环境会计信息披露有关的法律法规尚未明确规定企业必须在日常的经营过程中对环境会计信息进行披露，这对我国有关的政府部门和社会公众对企业的环境会计信息披露实施必要的监督十分不利。因此，我国政府应当积极建立、健全环境会计信息披露的法律法规，使其对企业的环境会计信息披露起到引导的作用。

环境会计信息披露法律法规具体可由国家立法机关、国务院以及各级地方人民政府制定和发布。根据各个规范在整个规范体系中所处的地位、所起的作用、适用范围以及管制效力的不同，环境会计信息披露法律法规可以分三个层次构建，如图8-1所示。

```
环境会计信息披露基本法律
        ↓
环境会计信息披露具体法规
        ↓
地方人民政府制定的相关环境会计信息披露指导性文件
```

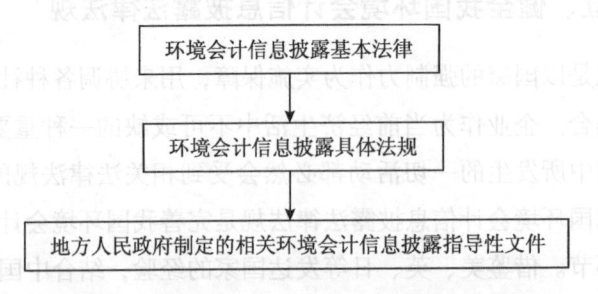

图8-1　环境会计信息披露法律法规体系图

第一个层次的环境会计信息披露基本法律位于最顶层，起统驭全局的作用，适用于中国境内所有的企业，具有最高法律效力。这个层次的规范一般应由国家最高立法机关，即全国人民代表大会及其常务委员会制定，其他任何相关环境会计规范不得与之相背离。因此，该层次的规范应具有相对稳定性，结合企业环境问题的通用性做出原则性规定，尤其对违反有关环境会计信息披露法律法规的行为，要明确法律责任。目前，我国在这一层次上仍然空白，国家应加快立法步伐，尽快制定适合中国国情的环境会计信息披露法律法规，如《中华人民共和国环境会计信息披露法》，或者对现有的《中华人民共和国会计法》进行修订，加入有关环境会计信息披露的内容。

第二个层次的环境会计信息披露具体法规由国务院和国务院各部门制定和颁布。在《中华人民共和国会计法》或《中华人民共和国环境会计信息披露法》等环境会计信息披露基本法律的指导下，国务院可以以行政命令或行政法规的形式制定和颁布关于环境会计信息披露的规范，明确企业披露环境会计信息的责任、披露时间、报送对象等一般性事项。

第三个层次是地方各级人民政府制定的相关指导性文件。地方各级人民政府可以根据各地具体情况的不同，在不与环境会计信息披露基本法律和环境会计信息披露具体法规相抵触的前提下，考虑本地区经济发展和环境保护的需要，制定有利于本地区全面可持续发展的环境会计信息披露指导文件。

二、制定我国环境会计准则和会计制度

环境会计相关的准则是环境会计信息披露的具体技术和操作规范，使企业在披露环境会计信息时做到有章可循。如前所述，很多国家或国际组织均制定了有关的环境会计准则。各国环境会计准则所规定的内容，主要包括环境成本的确认与计量、环境会计信息的披露，只有 ISAR 和 CICA 提出了应将环境业绩与财务业绩相结合。但是，对于环境资源的会计核算问题均没有在环境会计准则中予以体现。因此，目前国际上对环境会计准则的研究总体上仍处于起步阶段。

我国在有关法规中对环境会计信息的披露也进行了规定，但是远远不能满足企业进行规范化、全面化的环境会计信息披露的需要。例如，1985 年 1 月，财政部（85）财会字第 1 号文件中要求在"车间经费及企业管理费明细表"中对排污费项目进行单独设立，用来反映企业所缴纳的排污费。在企业会计制度中，企业所发生的排污费与绿化费是在"管理费用"科目中进行列支的，核算的方法是将其作为提供生产技术条件的费用，对于企业违反环境法规而缴纳的罚款或者由于污染环境而造成的损害赔偿等费用列入营业外支出。企业如果因为治理排污不得当而对周围的生态环境造成了一定的污染，以及由此受到起诉而引起的或有事项，应当根据《企业会计准则第 13 号——或有事项》中的具体规定进行确认和披露。《企业会计准则第 4 号——固定资产》中规定了"弃置费用"的处理。《企业会计准则第 5 号——生物资产》中规定了"公益性生物资产"的处理。《公开发行证券的公司信息披露内容与格式准则第 1 号——招股说明书》中的第 47 条规定，"关于募股资金投向风险，应说明投资项目因技术、市场、环保、财务等因素引致的风险，特定收购兼并项目的风险，股权投资及与他人合作的风险，以及项目管理和组织实施的风险等"，第 71 条中的第 7 款规定，"存在高危险、重污染情况的，应披露公司对人身、财产、环境所采取的安全措施"。在《公开发行证券的公司信息披露内容与格式准则第 9 号——首次公开发行股票申请文件》中的第 44 条第 7 款明确规定："存在高危险、重污染情况的，应披露安全生产及污染治理情况、因安全生产及环境保护原因受到处罚的情况、近三年相关费用成本支出及未来支出情况，

说明是否符合国家关于安全生产和环境保护的要求。"

环境会计相关准则、制度的建立是实现我国经济可持续发展的"必需"。中国海洋大学管理学院教授李雪总结说:"环境会计准则是衡量环境会计质量的客观标准,是确定企业承担受托环境责任的依据,完善组织内部管理的基础。同时,环境会计准则的建立可以帮助我国企业同国际顺利接轨,增强我国企业产品的竞争力。"同时,环境会计准则和制度的建立是我国真正转变经济增长模式的必要前提。中南财经政法大学武汉学院财会系主任彭浪认为:"长期以来,衡量经济增长的指标因过于单一而无法同时考虑环境和资源成本等因素,导致了资源的过度开发、低效利用和超标浪费,且大大超出了环境可持续发展的承载能力。因此,建立健全环境会计准则和制度,将环境会计应用于对经济发展和效益的评估,已然成为我国向'高产出、低能耗、低污染、低浪费'的集约型经济增长模式彻底转变的必要前提。"

环境会计准则和会计制度作为环境会计信息披露的具体操作规范,具有技术性强、涉及面广等特点,应由财政部、证监会、国资委等相关部门组织有关专家、学者,借鉴欧美等发达国家的经验,并结合我国国情进行分类制定。制定我国的环境会计准则,应坚持科学性的普遍性原理与具有特殊性的应用实际相结合,坚持前瞻性、发展性和可操作性原则。首先,环境会计准则的研究和制定应具有前瞻性,不仅对目前进行的环境会计活动进行规范,也要对目前没有进行而在将来会开展的环境会计活动进行规范,这样才能充分发挥环境会计的功能。其次,环境会计准则是用来联系环境会计实践和理论研究的桥梁,它既是环境会计理论研究的成果,又是环境会计实践的直接指南,因此环境会计准则一定要具有可操作性。最后,环境会计准则是会计业务扩展的结果,它是环境会计业务规范化、标准化的产物,环境会计准则应能够发挥推动环境会计行业发展的导向功能。在具体制定环境会计准则的时候,为环境会计准则的发展留有余地,这样既有利于合理保护会计人员的利益,又能够在新问题出现后及时采取措施。

关于环境会计准则的制定,目前理论界有两种观点:一是制定独立的企业环境会计准则;二是将环境会计准则纳入现行财务会计体系,与现行企业会计准则融合。由于两种模式具有较大的差异,所以必须慎重思考,选择与我国国情较为符合的模式。

　　第一类是建立独立的环境会计体系，制定相应的《环境会计准则》。环境专家以及环境会计学者希望能够尽快建立独立的环境会计体系，并与企业财务会计体系并列运行，以彻底满足环境管理和外界信息使用者的需要。《环境会计准则》应是结合会计学、环境科学、现代经济理论和可持续发展理论，运用一定的方法，以货币单位、实物单位计量，使其自然资源和环境污染外部成本内部化的核算，或用文字表述的形式，反映、报告和考核企业的自然资源、人力资源和生态环境资源等成本价值，平衡人工资本和自然资本，全面反映自然资本和企业社会效益的会计新准则。但是，从我国的现实情况来看，我国对于环境会计的研究还只是停留在理论层面，对很多问题的认识还存在很大的分歧，研究成果形成了百家争鸣的局面。

　　第二类是将环境会计准则纳入现行财务会计体系，与现行企业会计准则融合，即在现行企业财务会计的基本框架下，对环境会计事项按照现有会计规范进行处理的方法。世界上绝大多数进行环境会计核算的企业，采用的基本上还是将环境事项的影响统一纳入企业财务会计核算体系，编制综合的企业财务会计报告。基于中国的国情，笔者认为第二类做法比较恰当。具体的思路如下。

　　一是增加单独揭示与环境有关的经营成果和财务状况指标的表内新项目。例如，在利润表中增设专门的"环境支出"与"环境收益"科目，用其来计量环境控制所耗费的资金，反映由于在生产过程中保护环境而得到的收益，即用以揭示包括企业已交的排污费、与环保有关的长期资产的折旧、所有被列为当期损失和费用的环境支出，以及关于反映企业主动参与治理环境污染而得到的环境收益。

　　二是针对环境信息，可以制定独立的《企业会计准则——环境信息披露》。该准则主要规范企业可以用货币计量的环境信息在财务报告附注中的披露，具体包括如下信息：专门环境管理机构的费用支出，环境教育的费用支出，环境因素导致的利息支出，产品设计时考虑环境因素发生的费用，为保护环境采购运输中发生的成本，生物多样性和景观的保护发生的费用，排污许可证取得、转让、摊销、减值，用于环境保护方面的投资，投资时考虑环境因素所发生的额外支出，企业为协助防灾救灾发生的费用或者提供的捐赠资金等。

三、建立有毒化学物质排放清单制度

美国有毒化学物质排放清单（Toxic Release Inventory，TRI）制度，是指所有超过一定数量排放列入排放清单中有毒物质的企业必须向美国环保局提交年度报告（Form R），报告企业使用、储存、运输、处理有毒化学物质的数据，美国环保局在对这些数据进行收集、整理、升级之后建立电子数据库向公众公开等一系列规定。实践证明，TRI制度对有害化学污染物排放控制以及重大化学事故防范方面成效显著，更对环境管理决策和公众参与提供了基础支持。TRI制度产生于重大化学品泄漏事故频发背景并通过不断立法加以完善。在1984年印度博帕尔毒气泄漏事件（导致2000多人死亡）以及之后的西韦吉尼亚联合碳化物公司事件的影响下，美国国会于1986年通过了《应急计划与社区知情法》（EPCRA）。为强化公众对社区化学物质排放信息的知情，并通过信息公开让公众知晓社区的环境风险，EPCRA第13节导入了有毒化学物质排放清单。自1986年导入有毒化学物质排放清单以来，以EPCAR为基础，国会以及美国环保局对有毒化学物质排放清单的扩展过程中，逐步形成了一个较为完整的规则体系，即有毒化学物质排放清单制度体系。从1994年起，美国环保局为完善有毒化学物质排放清单，先后颁布了12个规章，分别就增减化学物质、微量排放企业阈值的选择、报告企业的增加、PBT物质（持久性生物累积性有毒污染物）的报告要求、减少报告频率等事项对有毒化学物质排放清单制度进行补充与完善。

在美国环保署每年发布的TRI报告中，对被管制企业按照其环境绩效的优劣排序，客观上激励了落后企业改进环境绩效。根据美国环保署发布的年度《TRI国家分析报告》，有毒物质排放清单制度实施以来，释放到空气中的化学物质的数量稳步下降。据统计，2003—2012年十年间污染物处置和排放的数量总体下降了19%。同时，企业废物管理的效率在不断提升。

美国有毒化学物质排放清单制度的立法背景，归纳起来主要有三个方面：一是在工业生产中广泛使用化学品；二是环境灾难频发；三是行政管理体制在预防环境污染事件的失效。比较当前我国的化学品环境管理现状，笔者认为我国与美国设立有毒化学物质排放清单制度的背景完全契合，应当充分借鉴美国

的先进立法经验，建立并完善符合我国国情的有毒化学物质排放清单制度。具体思路是，对我国已有的企业环境信息强制公开制度规定进行集中清理、补充与修正，建立统一的公开主体、公开内容、公开形式、公开法律责任等标准，出台《企业环境信息强制公开办法》。

企业环境信息强制公开制度的建立需要寻找企业规则负担与公众环境知情权之间的利益均衡点。如果企业的规则负担过重，则不但无法实现公众的环境知情权，相反会拖垮企业，阻碍经济社会的发展。因此，我们在构建企业环境信息强制公开制度时，应当充分保障公众的环境知情权，但是同时也必须考虑企业的规则负担，审慎考虑纳入报告范围的企业与化学物质，先要求大中型企业公开，先公开那些毒性较强的化学物质，再随着经济发展水平的提高而不断扩大报告企业的范围，增减化学物质的数量。

企业环境信息强制公开制度的完善，需要理顺执法部门职权。明确环境保护部门的职责为收集信息、整理信息、发布信息，即所有报告企业将信息提交至环保部门，再由环保部门建立数据库进行统一发布。并且在立法的过程中应当充分考虑企业、化学物质等报告要素的变化，赋予环境保护部门一定的自由裁量权，比如环保部门在一定的条件下可以增删化学物质，可以扩大报告企业范围，增减报告频率等，从而实现制度的自我修复。

企业环境信息强制公开制度的执行，需要引入公众的参与、监督。在企业环境信息强制公开制度的构建中，公众是最大受益者。因此，应当充分发挥公众参与的作用，公众有权请求对企业范围、报告形式、化学物质范围进行修正，环保部门在对立法做出修正的时候，也应该充分尊重公众的意愿，听取公众的意见。另外，为了强化行政执法的力度，要引入环境公益诉讼机制，公众如果认为行政机关或者企业违法信息公开的法定义务，有权向司法机关提起诉讼。

第二节　完善环境审计工作

所谓的环境审计是指审计机关、内部审计机构和注册会计师对政府和企事业单位的环境管理系统以及经济活动对环境的影响进行监督、评价或鉴证，使之达到管理有效、控制得当，并符合可持续发展要求的审计活动。环境审计的范围包括政府强制性披露的环境会计信息与企业自愿性披露的环境会计信息，以及与环境活动相关的能够货币化或仅能通过文字描述和图表的方式进行披露的政策，还有诸多信息，例如：企业的环境资产与环境负债、环境成本与环境效益、环境绩效方面的信息、环境资源的开发与利用、环境的质量状况以及环境会计制度的执行状况信息等在内的与企业环境活动有关的会计信息。环境审计的重点应当放在核查以上所述的环境会计信息是否真实可靠、是否客观、是否准确；审计的目的是尽可能满足各方面利益相关者对环境会计信息的需求；环境审计的宗旨是保障环境会计信息的真实性与可靠性。切实有效的环境审计工作需要以完善的审计制度体系、高素质的审计队伍为基础。

2006年2月，财政部颁发了《中国注册会计师审计准则第1631号——财务报表审计中对环境事项的考虑》，为我国注册会计师执行环境审计业务提供了一定的依据。2009年，我国审计署发布了《关于加强资源环境审计工作的意见》，指导全国各级审计机关积极开展环境审计实践。2010年，财政部、证监会、审计署、银监会、保监会联合发布了《企业内部控制应用指引第4号——社会责任》，有助于推动企业内部审计部门开展环境审计。为贯彻落实党的十八大、十八届三中全会、十八届四中全会精神和《中华人民共和国环境保护法》《国务院关于加强审计工作的意见》的规定，积极探索和推动环境审计制度建设，环境保护部于2015年3月下发《关于开展政府环境审计试点工作的通知》，决定在甘肃省兰州市开展政府环境审计试点。

逐步完善环境会计审计工作，不仅有利于发挥各方面对于企业环境会计信息披露工作的监督效力，而且有助于我国环境会计信息披露逐步走向规范化的道路。然而，我国环境会计审计的发展仍处于起步阶段，还有很多问题没有解决，包括理论研究不深入、准则制度不完善、专业人员胜任能力不足等。为此，我们需要从以下几个方面开展工作。

一、加强环境审计立法建设

环境审计工作需要以相关法律法规为基础，但我国现行立法中并没有对其进行系统、明确和具体的规定，导致审计无法充分发挥监督环境管理的作用。

在环境审计法律法规不配套、不完备的情况下，环境审计监督、鉴证及评价活动无法真正实现。表 8-1 列示了近年来我国出台的环境审计重要文件。

表 8-1　近年来出台的环境审计重要文件

时间	相关文件	内容概要
2008 年	《2008 至 2012 年审计工作发展规划》	着力构建符合我国国情的资源环境审计模式，2012 年初步建立起资源环境审计评价体系。认真履行亚洲审计组织环境审计委员会主席国职责
2009 年	《审计署关于加强资源环境审计工作的意见》	将资源环境内容纳入各项审计，开展多元环境审计
2010 年	《党政主要领导干部和国有企业领导人员经济责任审计规定》	将环境效益的履行情况纳入领导干部经济责任审计内容
2011 年	《审计署"十二五"审计工作发展规划》	继续开展节能减排审计。继续推动资源节约与环境保护政策措施的落实和完善。继续探索符合我国实际的资源环境审计道路，着力构建资源环境审计评价体系和审计操作指南，加大我国资源与环境领域审计的推进力度，从而加速其发展

《中华人民共和国宪法》《中华人民共和国审计法》及其配套的实施细则把我国环境保护审计资金的筹集和使用，以及国家环保部门的财务收支情况和国有企事业单位环境保护方面的财务收支情况列入政府环境审计的范围，但主要是对环保资金的财务审计。在其他个别法律中也有关于环境审计的相关规定。例如，《中华人民共和国防沙治沙法》赋予了县级以上人民政府的审计机关依法监督防沙治沙资金使用情况的权力。❶ 2009 年 9 月，审计署出台的《审计署关于加强资源环境审计工作的意见》，明确指出了资源环境审计工作的指导思想、主要任务和发展目标，该意见算是专门规范环境审计的规范性文件，

---

❶ 《中华人民共和国防沙治沙法》第三十七条规定："县级以上人民政府审计机关，应当依法对防沙治沙资金使用情况实施监督。"

但相比基本法律而言，其效力等级过低。2011年7月《审计署"十二五"审计工作发展规划》出台，将资源环境审计并列为六大审计之一，提出了审计工作法治化和规范化建设迈上新台阶的总体目标。

综上可见，我国没有专门的环境审计立法，环境审计的法律规定多散布在不同的法律条文和规章制度中。而且，这些相关立法规定的环境审计主要是围绕环保资金、基金、贷款等的筹集、使用和管理情况的政府审计，审计类型单一，审计主体范围较窄，审计范围局限于财务审计，并没有包括对环境保护资金使用效益的评价、有关环境经济活动对环境和生态的影响等。另外，这些条文的规定较为含糊，在环境审计的范围、法律责任等方面缺乏直接、明确的可操作性的内容。总的来说，无论在立法构成还是内容上，现有立法均不能满足环境审计发展的需要，难免使环境审计流于形式而无法真正起到监督的作用，无法应对当前环境形势发展的需要。因此，有必要在现有环境审计有关法律法规的基础上进行补充立法，确立环境审计的法律地位，完善环境审计法律制度。

美国、荷兰是较早开展环境审计的国家，借鉴、吸收它们的立法经验，对于完善我国环境审计立法具有十分重要的理论价值和现实意义。

美国的环境审计始于1969年美国审计总署开展的水污染控制审计项目。美国审计总署于1978年成立了自然资源利用与环境保护司，对环保资金的使用情况进行常规审计，并对环保资金的使用效果进行绩效审计。美国国会每年都要听取审计总署的环境审计报告。此外，美国出台了一系列的环保法案和政策，如1986年公布的《优先补偿基金与重新授权法案》。同年，美国审计总署公布了环境审计的政策纲领，该纲领鼓励相关主体进行环境审计，但没有提出明确的制度化的措施和实施方案。1995年，美国审计总署对环境审计的政策进行了调整，对企业主动进行审计活动的给予激励，包括减轻民事制裁、换取不起诉等。除了成文法，美国还存在一些习惯法，也是环境审计的依据。可见，美国的环境审计立法结构较为平衡，既有审计法律又有环境方面的法律规定，而且还不断进行调整。

荷兰国土面积较小，较早地认识到环境资源有限的问题，对该问题高度重视。自20世纪60年代开始加强环境保护，80年代后期开始实施国家环境保护政策。荷兰的环境审计法律和政策已经比较完善,部门之间分工明确并相互协调配合。1989年发布了《国家环境政策计划》,指导荷兰政府确立环境保护的目标,是荷兰实施环境审计的主要依据。随后又制定了《环境管理条例》,规定企业对于环境保护负有独立的责任,企业要通过建立相应的环境审计制度开展自主环境审计。1990年荷兰开始实行中央政府的内部环境管理审计,将环境政策审计列为重要的审计内容。荷兰环境审计立法已经相对完善,具有突出的特点。一是立法结构较为完整,包括了宪法、政府审计法案、环境管理条例和国家环境政策计划等。二是注重环境绩效审计。三是积极地对环境政策进行审计。近几年加大了环境政策执行方面的审计,如对降低农药有效性的审计、大棚节能政策有效性审计等。

因此,加强我国环境审计立法建设需要从以下几个方面着手。

第一,健全环境审计立法的结构。首先,补充和加强基本法律相关环境审计立法,弥补立法缺陷,完善环境审计立法层级结构。其次,加强环境法律关于环境审计的规定,加强程序条款,平衡环境审计立法的结构。最后,提高立法质量,构建相关环境审计法律文件的内容结构。

第二,完善环境审计立法的内容。首先,扩大环境审计主体范围,构建政府审计、内部审计和社会审计共存的综合框架。我国立法可以鼓励企业设置内部审计部门进行必要的环境审计,加强对自身环境管理活动的监督,同时环境保护部门保留提请审计部门对未进行必要环境审计的企业进行环境审计的权力。同时,在环境审计立法中增加有资质的民间审计机构为环境审计的主体,认可其接受委托提供环境审计,以满足环境审计的现实需要。其次,扩展环境审计的对象。与环境审计主体相呼应,环境审计的对象可以分为政府环境审计的对象、内部环境审计的对象和社会环境审计的对象三类。政府环境审计的对象应由法律明确规定,主要包括政府相关部门、授权机构以及需进行必要环境审计的企事业单位。内部环境审计的对象根据企业环境经济活动需要由企业自身确定,立法鼓励企业积极开展环境审计。社会环境审计因其产生于相关主体的委托授权,由委托方来确定,但通过立法严格规定社会审计机构的环境审计准入机制。最后,增加环境审计激励措施。目前《中华人民共和国循环经济促进法》《中华人民共和国清洁生产促进法》《中华人民共和国企业所得税法》

等法律中已有鼓励节约资源、保护环境的相关规定。环境审计补充立法可以进一步完善相关的更具操作性的优惠政策和措施。例如，对主动进行环境审计，且环境管理绩效突出者，可以给予信贷、税收等方面的优惠等，以此来充分调动企事业单位开展环境审计的积极性，引导其由被动守法到主动守法转变。补充立法时应注意相关立法、政策之间优惠政策和措施的衔接和协调，避免抵触、背离和重复。

二、完善相关审计准则

早在 1998 年 3 月，国际会计师联合会就发布了《国际审计实务公告第 1010 号——在会计报表审计中对环保事项的考虑》，规定了对影响财务报表的环境事项如何进行确定和计量，为注册会计师在审计过程中提供了审计依据，也为环境会计信息的披露提供了有据可循的披露基础。

2006 年 2 月，财政部颁发了《中国注册会计师审计准则第 1631 号——财务报表审计中对环境事项的考虑》，于 2007 年 1 月 1 日正式实施。该准则是由中国注册会计师协会在借鉴《国际审计实务公告第 1010 号——在会计报表审计中对环境事项的考虑》基础上拟定的。这条准则主要基于环境事项已成为导致财务报表重大错报环境风险的主要因素，投资人和社会公众环境保护意识的提高，以及拓宽审计领域、加快与国际审计准则趋同发展的需要等背景而制定。

对环境事项的考虑是我国注册会计师审计准则建设的一大进步。但是，从我国当前环境保护的状况和注册会计师审计的地位来看，该准则在实施过程中仍然存在一定的问题。第一，该准则只适用于注册会计师行业，适用范围狭窄。实际上与环境相关的事项不仅出现在企业，还出现在政府的投资活动以及社会群体的生活活动之中，而且，可能不仅有影响财务报表的环境事项，还会有暂时不产生影响的事项等。第二，注册会计师环境专业知识的欠缺会影响其对环境事项予以关注并实施必要的审计。该准则第 6 条"注册会计师是否需要考虑环境事项以及考虑的范围，取决于其对环境事项是否引起财务报表重大错报风险作出的职业判断"；第 9 条"对具体审计业务而言，注册会计师拥有的环境事项知识程度通常不如管理层或环境专家。但注册会计师应当具备足够的环境事项知识,以识别和了解与环境事项相关的,可能对财务报表及其审计产生重大影响的交易、事项和惯例";第14条"根据职业判断,只有认为环境事项可能对财务报表产生重大影响,注册会计师才有必要了解与环境事项相关的内部控制"。显然,是否需要对环境事项予以关注并实施必要的审计程序完全依赖于注册会计师的职业判断。根据准则第27条规定,针对能够引起重大错报风险的环境事项,注册会计师实施实质性程序时可以利用环境专家、环境审计和内部审计的工作,但这未必能够发挥应有的作用。其原因之一是环境审计、内部审计的目标与注册会计师的财务报表审计存在差异,二是若注册会计师缺少环境方面的必要知识,也可能会低估环境事项风险,而不去借助。面对这种情况,加快与环境事项相关的审计业务法律法规与执业准则的制定与完善成为了当前亟待解决的一个问题。

三、加强环境审计理论研究

我国学术界对于环境审计的研究是从20世纪80年代起步的,王金光在1988年发表《要重视城建环保审计》,提出在城市建设中要重视环保审计。随后我国学者陆续开始关注环境审计,既涉及环境审计的概念、目标、对象、理论框架等基本理论,也涉及环境审计技术方法等应用理论。不少学者对企业环境审计问题(如企业内部环境审计的内容、环境审计系统的基本架构)、环境审计与其他领域的结合问题(主要包括环境审计的产生基础,环境审计与经济发展的关系,环境审计与可持续发展的关系,环境审计与环境管理的关系)进行了探讨。这些研究成果对深化企业环境审计的基本理论、促进环境审计与其他领域的结合研究都发挥了极其重要的作用。此外,很多学者还介绍与借鉴国外环境审计的模式,这对完善我国的环境审计规范、指导我国审计部门开展环境财务审计和环境绩效审计等具有一定的启发作用。

但是,总体来讲,我国环境审计研究目前还处于起步阶段,仍然存在很多不足,如环境审计的理论研究尚未形成体系、缺乏基本的环境会计准则或制度、环境审计未普遍开展、审计内容和范围较窄、环境审计工作协调性和指导性不足、缺乏实施环境审计的具体规范等。随着环境问题的不断加剧以及"科学发展观""生态文明""建设资源节约型和环境友好型社会""低碳经济"等观念不断深入人心，我国有必要进一步推进环境审计，以提升环境管理系统、实现环境保护目标。这就要求理论与实务界紧密合作，共同对环境审计的有关理论与方法进行深入、系统的研究，以促进环境审计在我国政府部门和各类企事业单位中的广泛应用。

第一，构建我国的环境审计理论框架。理论框架可以指导相关的理论和实务。未来应当在现有环境审计基本理论研究的基础上，进一步理顺相关概念之间的关系，并结合我国环境审计的具体环境，构建起一个具有严密的内在逻辑关系的具有概念框架性质的环境审计理论体系。

第二，要重视审计实践的基础性地位。审计实践是审计理论研究的基石，为审计理论研究提供灵感。审计实践有助于审计理论研究人员熟悉审计流程，掌握取证技巧，增加对审计业务的感性认识，有助于把碎片化的审计经验通过综合分析提升到理论知识的高度，从而增强审计理论对审计实践的指导作用。

第三，关注前沿问题和理论。前沿性问题和理论，既包括审计领域，如审计全覆盖、组织实施分阶段审计等，也包括宏观调控等其他领域。

第四，创新交流，为搞好审计理论研究注入活力。审计理论研究必须以积极的创新和交流作为支撑，这就要求审计理论研究和实务人员善于创新、勇于交流，在创新、交流中增强审计理论研究的活力。

四、加强环境审计国际交流与合作

随着经济活动对环境的潜伏性影响不断显现，越来越多的环境问题需要国家之间、地区之间的相互合作与交流。审计机关在关注环境问题的同时，也应该关注环境保护国际化的特点，加强国际间的环境审计交流与协调，减少环境审计理论和方法研究的重复性劳动，借鉴国际成功经验，构筑中国特色环境审计理论体系。

2010年6月8日，世界审计组织环境审计工作组第13次大会在广西桂林开幕。来自57个国家和国际组织的127名代表齐聚桂林，围绕国际环境审计的热点问题进行研讨和交流。时任审计署审计长刘家义强调，环境问题是世界各国共同面临的重大挑战，需要国际社会同舟共济、齐心协力、共同解决，环境审计也需要加强国际之间的合作与交流。他表示，作为亚洲审计

第八章　完善企业环境会计信息披露的对策建议

组织❶环境审计委员会主席和世界审计组织❷第20届大会"环境审计与可持续发展"议题主席,中国审计署在推动亚洲环境审计发展和世界环境审计交流等方面,不遗余力地发挥着积极作用。今后,中国审计署将一如既往地参与世界审计组织环境审计工作组各项工作,加强与世界各国最高审计机关和国际组织的交流与合作,为推动世界环境保护做出更多努力。

中国作为亚洲审计组织环境审计委员会主席国和世界审计组织第20届大会"环境审计与可持续发展"议题的主席国,在推动亚洲环境审计发展和世界环境审计交流等方面,发挥了负责任大国在世界舞台上的重要作用。作为亚洲审计组织环境审计委员会主席单位,中国审计署在组织亚洲各国开展环境审计研究、加强与世界审计组织环境审计委员会联系、参与国际活动等方面做了许多工作,包括:建立亚洲审计组织环境审计委员会网站,举办亚洲环境审计研讨会,组织号召亚洲各国最高审计机关开展环境合作审计;参加世界审计组织环境审计委员会的会议和培训,参与世界审计组织环境审计委员会的相关环境审计指南研究,配合世界审计组织环境审计委员会的调查、培训等活动。近

---

❶ 亚洲审计组织(以下称亚审组织)成立于1979年,亚审组织成员现已增至43名。亚审组织的机构包括大会、理事会、秘书处和审计委员会。大会由所有成员国组成,有权制定亚审组织的政策,选举组织主席、理事会人选、审计委员会成员(不得同时担任理事会成员),确定下次大会举办地点以及决定本组织的规章制度等。大会每3年召开1次,每个成员国有1票选举权,采取简单多数决议制。中国在1991—1993年和2006—2009年先后两次担任亚洲审计组织主席。2000年,根据世界审计组织环境审计工作组关于各地区应成立地区环境审计委员会的要求,亚审组织成立了环境审计委员会,以促进审计工作在环境保护领域发挥作用,帮助亚洲各国最高审计机关制定环境审计指南并进行交流与合作。中国审记署被推举为委员会主席,委员会秘书处设在中国审记署。亚审组织环境审计委员会现有中国、印度、印度尼西亚、日本、韩国、科威特、马来西亚、马尔代夫、蒙古等20余个成员国。

❷ 世界审计组织(INTOSAI)创建于1953年,是一个由联合国成员国及其专业机构成员国的最高审计机关组成的专业组织,其成员已经从最初的34个增加到现在的191个。世界审计组织秘书处常设于奥地利维也纳。世界审计组织共有5种工作语言:阿拉伯语、英语、法语、德语和西班牙语。世界审计组织为世界各国政府审计人员就共同关心的问题开展专业讨论,了解适用的专业准则以及最佳实务的最新发展情况提供了论坛。通过每3年举行一次的全体大会、各专门委员会以及其他联络活动,世界审计组织针对各国最高审计机关所面临的问题,帮助各成员制定具有创新精神的方案,解决共同的难题。针对以上目标,世界审计组织将"经验分享,人人共惠"作为自己的座右铭。世界审计组织本质上是一个民主性组织,通过协商求得共识。在不召开大会时,世界审计组织的各委员会和7个地区组织主要负责处理重要事项并在世界审计组织的范围内促进沟通和知识与经验共享。在遵守世界审计组织的独立性准则的前提下,本组织还与其他组织合作,处理共同感兴趣的问题。世界审计组织各成员国的最高审计机关拥有最终决策权力。每个成员国有一票投票权,没有哪一个国家拥有否决权。作为现代管理理念的体现,理事会向全体成员负责,秘书处向全体成员和理事会报告工作。

年来中国环境审计发展的多项举措都表明，中国非常重视国际间的沟通与协作，与各国一起共同面对环境问题的重大挑战。

五、完善企业内部审计制度

内部审计是现代审计体系的重要组成部分，是基于资产所有者和资产管理者之间的受托经济责任关系以及高级管理者与各层级管理者执行力的受托责任关系的需要而产生和发展起来的，是经营管理分权制的产物。内部审计作为企业自我约束和监督机制的重要组成部分，加强内部审计则是企业转换经营机制、适应社会主义市场经济、建立现代企业制度的客观需要。

企业内部审计制度的完善，最重要的一点在于合理设置内部审计机构——审计委员会。审计委员会起源于美国。1938年，美国的麦克森-罗宾斯（Mckesson&Robbins）药材公司的倒闭，引起了人们对审计师独立性和专业性的质疑。1939年，美国证券交易理事会首次提出由公司非执行董事组成一个委员会，选择公司外部审计人员以加强对外部审计的监督。1974年，美国证券交易委员会发布公告强制要求上市公司设立审计委员会。响应美国证券交易委员会的号召，纽约证券交易所于1978年通过了"审计委员会政策公告"，要求在该市场挂牌交易的公司都必须设立由独立董事组成的审计委员会。美国证券交易所和纳斯达克也建议上市公司设立由独立董事组成的审计委员会。在这之后，审计委员会制度在美国资本市场迅速普及并发展。日本的《公司治理原则——从日本的角度》规定，在董事会下面应该设立审计委员会，且组成审计委员会的成员中大多数应该由非执行董事组成。2002年，我国引入审计委员会制度。我国《上市公司治理准则》中规定，上市公司董事会可以根据公司股东大会的有关决议，建立上市公司审计委员会，其成员全部由董事组成，其中独立董事应占多数并担任召集人，且至少应有一名独立董事是财务专业人士。审计委员会制度在加强内部监督、推动内部控制制度完善以及促进会计信息质量的提升等方面发挥了重要作用。

审计委员会设置、运行不当，直接影响到内部审计工作的独立性，不仅关系到审计监督的权威性，还关系到审计监督的力度。目前，我国内部审计制度存在的主要问题是独立性难以保证、缺乏激励机制及工作信息不透明等。为了解决上述存在的问题，需要从以下几点着手。

第一，强化激励与约束机制保证独立性。为确保审计委员会的独立性，其成员的选择权应交由董事会而不是管理层。同时，还要加强激励和约束机制，否则审计委员会很可能不作为，或者被管理层"俘虏"。例如，美国审计委员会的成员全部由独立董事担任，并且在独立董事的薪酬中，公司股票占有很大的份额。我国也有学者指出，为避免短期行为，应以股票或股票期权等代替现金支出。但我国证监会2005年发布的有关管理办法中明确规定，上市公司股权激励对象可以包括董事、监事、高级管理人员等，但不应包括独立董事。该规定意在要求独立董事以完全超脱的身份监督公司管理层，而不能分享公司业绩增长带来的好处与激励。既然那些审计委员会成员中的非独立董事可以分享公司股权激励的好处而不被认为其与公司管理层的"合谋"或"串通"，那么让独立董事也享有股权激励同样也不应被认为会失去其公正性而影响其对公司管理层的监督和对公司利益的保护。故建议可将独立董事也纳入公司股权激励的范畴，同其他审计委员会成员一样享有对公司治理、利益维护所做贡献带来的好处。在此基础上，可再对其成员进行一定的激励，具体可由上市公司在其章程中予以明确规定。

第二，明确审计委员会与监事会职责分工。审计委员会成员中大多数是财务专业人士，根据其专业特性，审计委员会主要是确保公司财务的独立性和财务报告的可靠性；监事会是股东大会常设监督机构，其主要是监督管理层是否按照股东大会和董事会决议来经营管理公司。

处理好审计委员会和监事会关系的关键，在于将"财务监督检查权"改由审计委员会统一集中行使。审计委员会成员因其财务专业知识和专业能力强于监事，同时被授予对外部审计师聘用和沟通的特别权力、对公司内部审计机构的领导和指导权以及对公司管理层制定和执行的公司内部控制制度的审查权，使其对经理层形成过程的、动态的监督，故完全有能力来行使原来由监事会拥有的"检查公司财务""审核公司定期报告并提出书面审核意见"等权力。监事会从财务监督检查权"脱身"，将更有精力和能力来履行其监督管理层的职责。这样监事会和审计委员会可以在不同的公司治理领域，以不同的方式发挥作用和履行职责，实现制度的互补和协同。

第三，规范审计委员会信息披露制度。审计委员会负有向公司股东汇报职权范围内事项的义务。通过年度报告中对审计委员会组成情况以及履职情况进行披露，加强其工作的透明度，是促进审计委员会有效运作的重要手段之一，也是公众投资者据以判断公司财务质量的标准之一。故建议应不限于仅就年度报告进行说明，还应扩展至平时或中期财务报告发布。季度报告或中期报告虽然不需要进行外部审计，但审计委员会可就公司内部控制制度建设、改进和执行情况向公众股东披露、报告，对内部控制制度执行的检查情况，以及在这过程中与公司管理层的交流、沟通及提出的建议等。这样，将对公司内部控制的检查工作主要放在年中，而将年度报告的审核及与外部审计师就年度报告审计情况进行交流的情况放在年初。不同的时间，工作重点有所区分，有利于审计委员会职责的履行和加强对内部控制的监督。

六、培养环境审计专业技术人才

由于对与环境事项相关的信息的搜集与判断需要具备一定与环境专业相关的知识背景，而这些知识理论体系往往与注册会计师本身所具备的专业知识结构存在一定的差异，因此，在不具备相关专业知识背景的情况下，对与环境事项相关的信息进行分析与整合自然会有一定的难度。注册会计师丰富自身专业背景知识，拓展与之相关的理论体系是帮助自己更快地参与到该项业务中去的必要途径。只有将自身对环境知识的理解与运用有效地与原先的审计会计管理等知识相结合，才能更好地发挥注册会计师审计在与环境相关的审计业务中的作用。

为此，我国应加强环境审计人员的培训与教育，培养环境审计专业技术人才。首先，加强对现有审计人员环境知识的后续教育与培训，使其掌握环境法律法规、环境经济学、环境工程学、环境法学等相关领域的知识，扩大知识广博性和保持敏锐的判断力，成为既懂审计又懂环境科学的环境审计人才。其次，建立环境专家资料库，为注册会计师在进行考虑环境事项的财务报表审计时提供保障。提升与完善注册会计师在环境方面的知识结构与体系是一个循序渐进的过程，在短期内不可能实现该类知识的大幅度普及。然而审计过程中各类与环境事项相关的问题随时都会出现，并且有些与环境事项相关的问题所涉及的知识专业性更强，仅仅依靠普通层面的知识补给是无法解决的。为了保证审计质量，在必要的时候合理利用专家的工作也是所提倡的审计程序之一。所以建立环境专家资料库能够为注册会计师在考虑环境事项的财务报表审计时提供保障。最后，在高等教育中增设相关课程，有计划地培养后备人才。通过高等教育系统培养掌握环境审计的专业技术人才，为建立一支高素质的环境审计队伍做好充分的人才储备。

七、积极开展环境审计监督

我国审计监督主体无外乎政府审计、社会审计与内部审计三种。政府审计又称为国家审计，是由政府审计机关代表国家依法进行的审计，传统政府审计的监督对象主要是各级政府及其部门的财政资金的收支运用情况、公共资金的使用情况及国有资产的保值增值情况。政府审计监督主体独立性方面存在的主要问题是其形式上与实质性的双向不独立与审计一贯性的难以实现。社会审计是由会计师事务所及注册会计师执行的审计，审计的特点是受托审计，审计对象包括企业、事业单位、政府机关、社会团体及其他经济组织。社会审计独立性方面存在的主要问题是实质性的独立性难以实现，独立性的一贯性难以保证。内部审计是由单位内部机构及人员执行的审计，主要的监督对象是单位内部控制的有效性、财务信息的真实性和完整性，以及经营活动的效率和效果。内部审计最大的优势是其执行时间的一贯性，独立性方面存在的主要问题是形式上与实质上均只具有相对独立性，因而其独立性往往难以实现。

从形式上独立性的要求来看，三种审计形式上最独立的是社会审计，应当充当环境审计的生力军。因此，社会审计监督职能的充分发挥是环境审计效果保证的必要前提。从实质上独立性的要求看，政府审计应当在环境审计监督体系中起主导作用。为了保证实质性的独立性，可以由政府审计对社会审计效果进行再监督，并负责环境审计问题的处置。综上所述，建立由政府审计为主导，社会审计与内部审计为主力，发挥政府审计对社会审计与内部审计的监督是中国特色环境审计监督体系的核心内容，有助于不同环境审计监督主体在环境审计监督体系中的相互补充，相互配合。

环境审计的内容包括合规性审计和绩效审计。合规性审计包括两方面的内容：一是财务收支审计，即考察企业会计针对环保行为所造成的财务影响是否准确进行了记录；二是内部控制审计，即考察环境会计活动是否遵循了相关法律法规。绩效审计则从可持续发展的角度评价资源环境管理活动的效率和效果。

进行环境财务收支审计时应主要关注以下问题：一是提取的环保资金金额是否符合规定；二是确保环保资金被合规、合理、有效地使用，检查挤占挪用现象。环境内部控制审计主要包括：第一，评价环境管理系统的建立以及运转的有效性，如是否专门建立了环境管理机构、机构中是否配备专业人士进行管理、是否进行了有效的环境监测以及是否通过环保措施实行了环保目标等；第二，是否依据国家相关法规制定符合本单位实际情况的环境管理规章制度；第三，污染物的排放是否低于国家标准，环保设施的安装、适用和维护是否合规。

以财务收支审计为基础，绩效审计评价并考核了资源环境管理活动的经济效率和效果。绩效审计包括两个步骤：首先搜集环境会计信息资料，在财务收支会计的基础上继续利用调查和实地观察的手段搜集环境信息；其次，利用搜集的资料对环境管理活动的经济性、效率和效果做出评价，通过出具环境审计报告，迫使企业加强环境管理，促进企业效益最大化的实现。

我国相关部门应根据能源行业特点，构建出系统的指标评价体系，采用相应的评价方法来规范环境审计行为，规范环境审计工作，保证环境审计工作的质量和效果。

八、加强环境监管责任审计

环境监管责任审计要重点关注监管部门领导干部的监管责任履行情况，即根据《党政主要领导干部和国有企业领导人员经济责任审计规定》及其实施细则、《审计署关于加强资源环境审计工作的意见》等规章制度的要求，对自然资源资产的监督管理情况进行审计。一是关注自然资源资产监管体制的建立健全情况：审查环境监管机构的设置是否科学合理，监管方案是否得到有效落实，监管责任人是否明确；审查环境监督管理手段的合法性、科学性与有效性，是否实现了环境资源的有效管理；是否形成政府、企业、社会公众共同参与、互相配合的环境监管格局。二是对自然资源资产的损害责任进行追究：审查领导干部是否为了追求经济增长而不惜牺牲环境资源，进行不科学决策、盲目开采；违反环境法律法规的行为是否得到相应的处理处罚，违法成本与违法收益是否相匹配；自然资源资产的补偿机制是否有效，"谁受益谁补偿"的原则是否得到贯彻落实。三是关注环保部门等责任主体对于环境监测职责的履行情况：审查环境监测工作是否得到有关部门的重视，政策支持、资金投入、人力资源是否到位，环境监测能力能否满足生态文明建设的现实需求，环境监测是否达到预期效果。

第三节 加强环境会计理论建设

没有坚实的理论作为指导，实践操作就会成为空中楼阁，我们应当充分重视环境会计理论研究，促进环境会计信息披露实务的发展。

一、加强环境、资源、生态经济与会计等多方面理论研究的合作

我国环境会计尚未取得实质性进展的一个重要原因是，环境会计作为一门边缘学科，十分缺乏环境经济、资源经济、生态经济等学科的基础理论支持。必须要有生态环境学家、环境资源评估师、生态工程师与会计学家的对话与合作，广大环境、生态、资源工作者与会计工作者的交流与协作才能保证我国环境会计有一套科学的概念体系和综合反映经济、生态与社会效益的计量支持系统，促进环境会计取得质的突破。

二、加强国际合作，形成中国与国际会计学术界良性互动机制

美国、日本等发达国家的环境会计研究位于世界前列，通过借鉴其适合我国国情且具有可操作性的内容对促进我国环境会计理论研究、指导环境会计实务具有重要意义。中国会计学会已经进行了积极的探索和尝试，通过与国外会计学术界沟通，共同创办展示中国前沿研究成果、具有较大国际影响的英文期刊《中国会计研究》，把真正具有国际价值的中国会计理论研究成果推介给国际同行；组建中国会计学术国际化研究团队，统一规划、协调组建若干产学研

战略联盟，采取课题研究、专题研讨、联合攻关等方式，形成一批具有国际价值的中国会计研究成果，并将其推向国际期刊或者有关学术交流活动；向国内学者推介国际前沿动态，有针对性地邀请国际学者来华进行高层次学术交流，举办会计国际学术会议，推进中外会计学术交融等。

三、完善环境会计研究组织机构

2001年6月，经财政部批准，中国会计学会成立了"环境会计专业委员会"。这标志着中国环境会计研究开始追赶全球环境会计的脚步。

在2001年组建的首届中国会计学会环境会计专业委员会基础上，2008年2月成立了第二届环境会计专业委员会，以推动和组织环境会计学术研究的开展。

环境会计专业委员会的主要任务是遵循中国会计学会开展会计学术研究的宗旨，宣传国家关于环境问题的政策法规，开展环境会计理论研究，总结环境会计工作经验，介绍国外环境会计研究与实务动态，推动环境会计实务，增强全民环境意识，促进可持续发展，为经济建设服务。环境会计专业委员会的职责包括：一是制订环境会计专业领域研究的发展规划、总体方案以及年度工作计划，并负责组织实施；二是发挥联系政府、学术研究机构、企业的桥梁纽带作用，为国家制定环境会计方面的法律和政策建言献策；三是组织协调全国环境会计方面科研力量，开展环境会计理论研究、学术交流与合作，促进科研成果的推广和运用；四是承担中国会计学会委托的重点会计科研课题选题论证、研究成果审查等工作；五是建设和维护环境会计专业委员会网页。环境会计专业委员会主要通过召开研讨会、调查研究、组织有奖征文等方式开展活动，出版环境会计研究成果。

从环境会计专业委员会的构成可以看出，目前我国的环境会计研究组织机构成员基本以会计方面的专家为主。18名委员中，除去5位来自国家环境保护部、中国环境规划院、中国资产评估协会、中国会计学会外，其余13位均为各个高校财经领域的专家。但是，环境会计作为一门边缘学科，涉及环境、资源、生态、经济、法律等多个学科，因此，应进一步完善我国环境会计专业委员会成员构成，成立一个由会计、资源、环境、法律等多方面专家组成的组织机构，这样才能够对环境会计原理、环境影响成本、环境法律法规体系的制定等问题进行全面、深入的研究，提高我国环境会计理论研究水平，促进环境会计实务发展。

第四节　完善公司治理结构

一、完善企业环境内部控制规范体系

内部控制制度是指企业的各级管理层为了保护其经济资源的安全、完整，确保经济和会计信息的正确可靠，协调经济行为，控制经济活动，利用单位内部分工而产生的相互制约、相互联系的关系，形成一系列具有控制职能的方法、措施、程序，并予以规范化、系统化，使之成为一个严密的、较为完整的体系。企业建立环境内部控制要对企业的有关环境的行为进行控制和评价，并设置相应的制度。其最根本的目标是维护企业的合法权益和财产，环境会计信息的有关数据的正确性、可靠性将提高企业的经营效率。企业的环境保护理念是否确立，目标是否明确，分工是否合理，都构成了环境内部控制制度的关键。

为了加强和规范企业内部控制，提高企业经营管理水平和风险防范能力，促进企业可持续发展，维护社会主义市场经济秩序和社会公众利益，根据国家有关法律法规，2008年5月22日，财政部会同证监会、审计署、银监会、保监会制定了《企业内部控制基本规范》。2010年4月26日，财政部、证监会、审计署、银监会、保监会联合发布了《企业内部控制配套指引》。该配套指引连同《企业内部控制基本规范》，标志着适应我国企业实际情况、融合国际先进经验的中国企业内部控制规范体系基本建成。2012年，财政部、证监会发布《关于2012年主板上市公司分类分批实施企业内部控制规范体系的通知》（财办会〔2012〕30号）要求，境内外同时上市公司、中央和地方国有控股主板上市公司，以及非国有控股主板上市公司，且于2011年12月31日公司总市值（证监会算法）在50亿元以上，同时2009年至2011年平均净利润在3000万元以上的，应在披露2013年公司年报的同时，披露董事会对公司内部

控制的自我评价报告以及注册会计师出具的财务报告内部控制审计报告。

2013年，纳入实施范围的1052家上市公司全部披露了内部控制评价报告。其中，1038家上市公司内部控制评价结论为有效，占比98.57%；8家公司的财务报告内控有效，非财务报告内控无效；5家公司的财务报告内控无效，非财务报告内控有效；1家公司的财务报告内控和非财务报告内控均无效。2013年，未纳入内部控制规范体系实施范围的上市公司有1437家，其中的1260家上市公司自愿披露了内部控制评价报告，占比87.68%，较2012年的84.87%有所增加。在自愿披露内控评价报告的1260家公司中，主板有210家，占比16.67%；中小板695家，占比55.16%；创业板355家，占比28.17%。2013年，所有自愿披露的1257家上市公司披露的内部控制有效性结论均为有效。❶

根据《我国上市公司2014年实施企业内部控制规范体系情况分析报告》，2014年度，2571家上市公司披露了内部控制评价报告，占全部上市公司的98.39%。与2013年度相比，披露数量提高了259家，披露比例提高5.5%。2014年度，在2571家披露了内部控制评价报告的上市公司中，2538家内部控制评价结论为整体有效，占披露了内部控制评价报告上市公司的98.72%，33家内部控制评价结论为非整体有效，占披露了内部控制评价报告上市公司的1.28%。与以前年度相比，内部控制评价报告格式的规范性显著提高，内部控制评价报告披露的内容更加全面、准确，披露质量逐年提高。❷

总体来看，企业内部控制规范体系自发布实施以来，实施范围不断扩大，实施效果逐年显现，有效提升了企业的经营管理水平及风险防范和应对能力，有力保护了投资者权益和公众利益。

企业应当建立以内部控制评价为核心，在内部控制环境、控制程序、会计系统方面，企业应该制定专门的程序，事先评估环境事项中的风险等，整合财务监督、法律合规、内部审计、纪检监察等职能的全方位、多层次的监督体系，形成监管合力，并将内控评价结果纳入绩效考评体系，建立内控责任追究制度，最大化地发挥内部控制的监督作用。此外，企业还可以建立环境风险控

---

❶ 数据来源于《我国上市公司2013年实施企业内部控制规范体系情况分析报告》。
❷ 数据来源于《我国上市公司2014年实施企业内部控制规范体系情况分析报告》。

制及应急机制,以应对由环保引起的突发事件,增强公司环境风险控制能力。

二、赋予独立董事环境信息监督职能

独立董事制度在以美国为首的一些西方国家被证明是一种行之有效,并被广泛采用的制度,是上市公司完善治理结构的必要条件。一般而言,独立董事制度有利于改进公司治理结构,提升公司治理,有利于加强公司的专业化运作,提高董事会决策的科学性,有利于强化董事会的制衡机制,保护中小投资者的利益,有利于增加上市公司信息披露的透明程度,督促上市公司规范运作。大体而言,独立董事应当既具备普通董事的任职资格,也应当同时具备其他特殊资格。所以,应当将环境会计信息监督的职能由独立董事担当,使得上市公司环境会计信息披露环节行之有效,彻底改善由管理层一手操纵的嫌疑,使得环境监管成为上市公司公司治理的核心地位,充分发挥环境会计信息披露的作用,实现环境会计信息披露的意义。

三、提高企业环境会计信息披露的主动性

一方面,政府要加大环境保护的宣传,加强对企业社会责任的培训,提高企业的环保意识,促使企业在关注经济利益的同时更加关注社会环境,提高企业披露环境会计信息的自愿性。政府还可以通过运用行政资源,通过采取教育推动、宣传倡导推动,提高公众的自我环保意识,加强对企业社会责任和环境会计信息披露的监督,形成企业进行环境会计信息披露的外部压力。

另一方面,政府可以设置环境会计信息披露奖惩制度,提高企业披露的自愿性。例如,税收优惠政策、环保基金、政府给予的环保补贴、排污费、环境污染的罚款等。这些奖惩制度对提高企业环境保护意识、加强对环境问题的重视、增加对环境公益的投入等都起到了积极的推动作用。所以,为了进一步确保企业披露环境信息自愿性的提高,我国应该实行环境会计信息披露的奖惩制度。我们可以借鉴外国成功的经验,比如:澳大利亚的"会计年报奖"的评定、日本设置的一年一度的"环境报告书奖"、英国职业会计师协会设置的"环境报告书奖",都是将环境会计信息披露放在了一个优先考虑的位置。

第五节 提高全民的环保意识

一、强化环保意识教育

加强环保宣传,将环境保护教育作为全民素质教育的重要组成部分,使环保思想被全体社会成员所理解、接受,并付诸行动,就会产生巨大的合力,推动经济的可持续发展。

提升人们的环保意识,教育是一种很有效的方法。西方发达国家在环境教育方面积累了许多成功经验,包括完善的环境教育保障制度、形式多样的社会实践活动、学校-社区相结合的环境教育模式等。

环境教育的正常开展离不开政策、法律制度的保障,完善的环境教育保障制度将会有力推动环境教育事业的发展。美国在环境教育立法和执法方面是值得我们借鉴的。1990年美国颁布实施了《美国国家环境教育法》,全面规范了美国公众环境教育的机构队伍建设、经费投入与奖励,对提高美国公民环境道德水准、促进经济社会协调发展发挥了重要作用。西方发达国家环境教育资源来源主要是政府拨款、社会捐款和设置环境教育奖金。如美国能源节省联盟(Alliance to Save Energy)❶设置了"地球苹果奖"(Earth Apple Award)来奖励成绩突出的绿色学校。瑞典政府出台的《绿色学校奖法令》中规定对那些在环境领域做出突出贡献的学校将授予绿色学校奖,有助于提高学校创建绿色学校的积极性和兴趣。

日本是开展"学校-社区相结合的环境教育模式"的典范,在环保教育方面做得相当出色。日本环保教育分为三个层面:第一个是学校环保教育,第二个是家庭环保教育,第三个是社会环保教育。学校环保教育从小学到高中都有,而且是必修课,教材内容翔实,既有理论的又有实践的。小金井市立第四

---

❶ 美国能源节省联盟是一个由主要的工业、科技和能源公司组成的联盟,成立于1977年2月10日。该联盟指出,其使命是"在现有市场条件下,支持能源效率作为具有成本效益的能源资源,并提倡节能政策,使社会和个人消费者的成本降到最低,从而减少全球温室气体排放及其对气候的影响"。该联盟的主要活动包括公共关系、研究以改变美国的能源政策。该联盟的委员会组成包括CEOs、公司高管、协会、消费者、环境组织,以及来自政府、高校、法律公司的官员等。

小学校长此村哲夫介绍说:"我们不仅让学生在教室里学习,还从本地区的环境出发让学生注意在实际生活中怎样保护环境。譬如每年都组织学生去参观垃圾焚烧场,看看生活垃圾是怎样处理的,通过工人介绍,加深了垃圾要分类处理的印象。每年春游时,各班级之间一定会展开一项竞赛,就是看在风景点哪个班级离开时比初到时还干净。"家长联席会除了沟通学校与家长之间的联系外,还配合学校做好环保教育。每月都进行一次资源回收。在这一天让学生和家长把家里的旧纸、旧报纸、旧杂志、塑料罐、易拉罐等废弃物都带来回收,一般是免费的。联席会把旧物资送进回收站,所得款项再给学生添置玩具或学习用品。环境保护是日本整个社会、每个国民终身的自觉行动。为此,在日本社会各公共场所,无论是商店还是公园、停车场、街头、广场,垃圾分类回收箱到处可见,安放有序,生活垃圾的回收有专人负责。许多社区都设有形式各种各样的环保教育中心,免费向居民开放,发环保宣传单,在宣传栏上刊登环保内容等,用多种形式宣传环保理念,促使国民采取环境友好型的生活方式和行动。正是这种学校、家庭、社会三管齐下的高强环保教育力度,保证了日本环境的日益优化。

我国可以借鉴西方发达国家的成功经验,首先制定环境教育法。只有把环境教育写入法律,才能使环境教育摆脱纯粹政策呼吁的现象,才能从根本上促使公众尊重自然、保护环境,使人们的行为符合环境教育法的规定。因此,我国政府应当尽快制定环境教育法来提升环境教育的法律地位,让环境教育有法可循。

此外,可以在中小学设置环保常识课程。学校也可以结合"3·12"植树节、"4·22"地球日、"6·5"世界环境日开展一系列绿色环保活动,让同学们深刻了解保护环境的重要性和迫切性。学校还可以通过环境保护知识讲座、各班开展的护绿活动、环境保护黑板报等活动,使学生明白保持环境整洁、维护生态环境平衡人人有责,并逐步养成保护环境的良好习惯。

学校与社区相结合,加强学生的环保意识教育也是在教育过程中进行探索的一种有效方式。学生回到社区,回到家里,引导其将在学校接受的知识在实际生活中加以运用。学校可与辖区内各社区建立共建网络,利用社区资源,既加大了对学生的教育力度,也帮助培养社区居民的环境责任感,促进社区居民的环境与可持续发展意识的提高和环境行为的养成。

随着公众环保意识的提高,企业环境会计信息披露的价值会逐渐被人们发现,企业也会乐于对外披露环境会计信息。

二、培养公众环境会计信息需求意识

环保问题是关系到全社会乃至全人类生存的大事。单纯依靠政府部门来保护环境,其力量杯水车薪,只有整个社会的环保意识提高,才能解决环境问题。如果环境危机和环保理念能够深入人心,投资者、金融机构、企业职工、社会公众等都来关注环保,关心企业环境污染和治理,使企业环境信息披露成为社会共同的需求,那么环境问题的解决指日可待。发达国家的经验表明,公众环保意识越强,环境政策实施过程中遇到的阻力就越小,实施成本越低。因此,发展环境会计信息使用者,培养公众的环境会计信息需求意识,可以有效刺激企业披露相关信息,产生环境会计信息披露的无形动力。

三、强化媒体舆论监督,唤醒社会公众环保意识

媒体的舆论监督就是运用新闻报道形式,通过在新闻媒体上公开曝光的途径,对整个社会的不良言行进行监督。舆论监督不具备法律监督、组织监督、行政监督的刚性特征,但却可以产生强大的、无形的力量,促使偏差行为主体强化自律,或者推动社会的有关硬件手段进行他律,以实现制约与纠错。弘扬绿色文明,倡导绿色观念,确立绿色伦理,已经成为一项迫切而艰巨的文化工程,大众传媒在参与这项工程中应该扮演非常重要的角色。环境新闻可以启发人们的参与意识,可以弘扬生态文明,引导绿色生活方式。

大众传媒在环境保护方面应该充当播种机、催化剂和先锋队的角色。

首先,大众传媒应该是绿色理念的播种机。人类早已经意识到:我们只有一个地球,只有一个家园,所以,"学会明智地管理地球已成为一项紧迫的任务,人类必须担负起地球管理员的责任"。大众传媒应该尽量多地向广大受众传播绿色资讯,普及环保知识,让可持续发展的理念深入人心,形成共识。

其次,大众传媒要扮演好催化剂的角色。保护环境,实施可持续发展,不仅需要制度上、政策上的保证和法律的约束,更要运用环境道德的规范和原则

来调节人们的行为，以人类发自内心的自觉意识来保证人与环境的协调发展。大众传媒要善于扮演催化剂的角色，催促和唤醒一般民众的环保意识，发挥舆论的监督和导向作用，引导公众积极参与环境保护。不仅要监督和曝光破坏生态环境的违法行为，还要善于向受众传达对生命和自然的敬畏，对环境危机的忧虑，从而唤醒人们保护环境的责任感和使命感。

最后，大众传媒要做保护环境的先锋队。环境宣传只有与保护环境的具体行动结合起来，才能产生真正的效果。因此大众媒体应该率先垂范，实践绿色行动宣言。同时，让百姓直接参与环保，为保护环境献言献策等，让公众在这些环保活动中加深对保护环境的认识，提高保护环境的自觉性。

四、加强从业人员教育与培训

我国环境会计从业人员和人才储备不足，缺少相应的合格环境会计从业人员是我国上市公司环境会计信息披露水平和质量不高的因素之一。解决之道首先是从业人员要具备环境会计相关的法律法规及其理论知识；其次是从业人员要具有高度的环保意识。要培育这方面的人才，我们可以通过企业培训和大学教育等途径加以解决。

第一，通过学习先进企业的实践经验，尤其是国外的一些先进企业，直接从行业内培养环境会计从业人员，这种学习方法最快也最具效果。

第二，在大学财务会计类专业中开设环境会计课程或设立独立的环境会计专业，大力推进我国环境会计教育事业的发展。

美、英两国在环境会计教育方面已取得了初步成效，环境会计理论基础和实务操作相对国内较为成熟，大学环境会计教育体系正逐步形成。大多数英、美大学的会计系均讲授环境会计。其讲授的方式有两种：方式一，开设独立的环境会计、环境管理方面的课程，名称如"环境会计""政府、商业和自然资源""环境会计过程""环境会计高级专题研究"等；方式二，不单独开设环境会计课程，但在财务会计、管理会计、成本会计、会计信息系统等一些课程中设置与环境会计相关的内容。当前采用第二种方式的大学所占比重较大，但将环境会计作为独立会计课程的趋势日益明显。

美、英大学会计系讲授的环境会计内容从总体上可以划分为三个方面：第一，环境会计概述，主要是与环境会计有关的基本概念和理论，包括：①可持续性发展战略的内容及其评估方法；②企业环境政策概述；③企业环境发展和监控系统的构建；④企业经营对环境影响的评估；⑤公司环境审计与评估。第二，环境管理会计，即如何使用环境会计信息支持企业内部管理决策，主要包括：①垃圾处理、污染及资产废置的会计问题；②环境问题预算与绩效评估；③环境投资评估；④与环境有关的研发、预测和设计会计；⑤产品生命周期与环境成本研究；⑥企业并购与环境成本、效益分析。第三，环境财务会计，即环境会计信息的对外呈报，主要包括：①财务报告中的环境问题；②独立的环境财务报告研究；③与环境有关的或有负债及会计差错更正问题；④与环境有关的支出与承诺的会计处理问题；⑤与环境有关的借款、所有者权益及保险问题；⑥审计报告中可能涉及的环境问题研究；⑦与环境有关的资产（如存货、土地等）价值评估问题。

我国可以借鉴西方国家大学环境会计教育的先进经验，结合目前我国环境会计的实践和研究现状，制订科学合理的、与企业需求相吻合的环境会计教育培养方案。考虑到目前在我国各高校单独开设环境会计课程仍缺乏硬、软件配套基础，可借鉴国外先进经验，没有条件的高校可以先通过将环境会计的主要教学内容结合到现有的会计课程中进行渗透式传授，以这种渗透式教学作为过渡形式。随着我国环境会计理论实务研究的不断深入和成熟、环境会计制度指南的出台和广泛实施，我国高校就更有基础和能力开设单独的环境会计课程，逐步实现环境会计普及教育，并向环境会计教育的终极目标，即形成专业的环境会计教育教学体系靠拢。

第三，注重企业培训与教育教学之间的有效结合，让理论和实务相结合。为我国企业环境会计信息披露工作培养专业人才，促进我国上市公司环境会计信息披露工作更好地开展。

五、引导企业塑造注重社会责任感的企业文化

如果投资者单纯追逐盈利，忽略了企业的社会性，忽视社会环境，这样的企业是不可能发展壮大的。企业应关注有限资源与生态环境，有效利用财力、人力、物力，从企业的高层开始，更加关注节约资源和保护社会环境。政府应

积极引导企业关注长期可持续发展，引导企业认识到环境会计信息披露是提高自身竞争力的有力手段之一，强化企业环境会计信息披露的内部驱动力。

企业可以从以下几个方面进行改善：推进全民义务植树活动和绿化美化工作、保护和改善生态环境，要以建设生态园林式能源企业为目标，动员广大干部职工积极参与义务植树、绿化美化绿色文明公益活动；充分利用报告、书籍、网络传媒等途径，在公司内部积极开展气候变化宣传，引导员工采用绿色生产、生活、消费方式，提升公司整体的环保意识；公司在物资采购中也应坚持强调低碳理念，从而影响相关供应商和承包商走上低碳发展的道路。

附 录

附录1　美国国家环境政策法[1]（节选）

美国法典第42卷　公众健康与福利

第55章　国家环境政策法（1969年制定）

第4321条　国会的目的宣言

本法的目的在于：宣示国家政策，促进人类与环境之间的充分和谐；努力提倡防止或者减少对环境与自然生命物的伤害，增进人类的健康与福利；充分了解生态系统以及自然资源对国家的重要性；设立环境质量委员会。

第一节　政策与目标

第4331条　国会国家环境政策宣言

鉴于人类活动对自然环境一切构成部分的内在联系具有深远影响，尤其在人口增长、高度集中的都市化、工业发展、资源开发以及技术日益进步所带来的深远影响，并鉴于恢复和保持环境质量对于全人类的福利与发展所具有的重要性，国会特宣布：联邦政府将与各州、地方政府以及有关公共和私人团体合作采取一切切实可行的手段和措施，包括财政和技术上的援助，发展和增进一般福利，创造和保持人类与自然得以共处与和谐中生存的各种条件，满足当代国民及其子孙后代对于社会、经济以及其他方面的要求。

为执行本法规定的政策，联邦政府有责任采取一切切实可行，并与国家政策的其他基本考虑相一致的措施，改进并协调联邦的计划、职能、方案和资

---

[1] http://wenku.baidu.com/link?url=iEPT0DiVx1UB7LxieRDBQgR8zWWMr239zkYBSqvYNGN28NgZoRMJ2mUKFzle7PAtIjyHnTtP4xXxXAugXhrv1yFKX5EXm8xhahX1kACVHUe.

源，以达到如下目的，即国家应当：

1. 履行每一代人都作为子孙后代的环境保管人的责任；

2. 保证为全体国民创造安全、健康、富有生命力并符合美学和文化上的优美的环境；

3. 最大限度地合理利用环境，不得使其恶化或者对健康和安全造成危害，或者引起其他不良的和不应有的后果；

4. 保护国家历史、文化和自然等方面的重要遗产，并尽可能保持一种能为每个人提供丰富与多样选择的环境；

5. 谋求人口与资源的利用达到平衡，促使国民享受高度的生活水平和广泛舒适的生活；

6. 提高可更新资源的质量，使易枯竭资源达到最高程度的再循环。

国会认为，每个人都可以享受健康的环境，同时每个人也有责任参与环境改善与保护。

第4332条 机构合作报告；提供资讯；建议；国际与国内的合作国会授权并命令国家机构，应当尽一切可能实现：

1. 国家的各项政策、法律以及公法解释与执行均应当与本法的规定相一致。

2. 所有联邦政府的机关均应当：

（1）在进行可能对人类环境产生影响的规划和决定时，应当采用足以确保综合利用自然科学、社会科学以及环境设计工艺的系统性和多学科的方法。

（2）与依本法第二节规定而设立的环境质量委员会进行磋商，确定并开发各种方法与程序，确保在做出决定时使得当前尚不符合要求的环境舒适和环境价值，能与经济和技术问题一并得到适当的考虑。

（3）对人类环境质量具有重大影响的各项提案或法律草案、建议报告以及其他重大联邦行为，均应当由负责经办的官员提供一份包括下列事项的详细说明：

① 拟议行为对环境的影响；

② 提案行为付诸实施对环境所产生的不可避免的不良影响；

③ 提案行为的各种替代方案；

④ 对人类环境的区域性短期使用与维持和加强长期生命力之间的关系；

⑤ 提案行为付诸实施时可能产生的无法恢复和无法补救的资源耗损。

在制作详细说明之前，联邦负责经办的官员应当与依法享有管辖权或者具有特殊专门知识的任何联邦机关进行磋商，并取得他们对可能引起的任何环境影响所做的评价。该说明评价应当与负责制定和执行环境标准所相应的联邦、州以及地方机构所做的评价和意见书的副本一并提交总统与环境质量委员会，并依照美国法典第五章第552条的规定向公众公开。这些文件应当与提案一道依现行机构审查办法的规定审查通过。

（4）1970年1月1日以后，在州补助金计划资助下的任何联邦重大行为，因下列情形而由州机构或者官员准备执行的，亦应当依第3目的规定提供详细的说明书：

① 由州机构或者其官员作为责任者对全州的此类行为享有管辖权的；

② 由经办联邦官员提供指导并参与准备工作的；

③ 在核准与采用前，由经办联邦官员独立评价说明书的；

④ 在1976年1月1日以后，对其他州或联邦土地管理的实际行为或者可能对州或联邦土地管理产生重大影响的替代方案，联邦经办官员应当提出初步通知书并要求其提出意见。对这类行为的影响有不同意见的，应当准备有关书面的影响评价与意见书，并编入详细说明书内。

执行本项所规定的程序并不减轻联邦官员对整个说明书范围、目标、内容以及本节的任何责任，即本项规定不影响由州政府机构制定缺乏全州性管辖权的说明的合法性。

（5）研究、制定并阐述适当的替代方案，并推荐给那些有关选择利用现有资源但至今尚在激烈争论的提案。

（6）确认环境问题具有世界性和长远性的特点，并与美国的外交政策相一致，为预防和阻止人类世界的环境质量衰退而倡议、决议扩大国际合作，并计划对国际合作给予适当的支持。

（7）对各州、县、市、机关团体与个人提供关于有益于恢复、保持和改善环境质量的建议与资讯。

（8）在制定和开展资源开发的计划中提倡和使用生态学资讯。

(9) 协助依照本法第二节规定而建立的环境质量委员会的工作。

第 4333 条　与国家环境政策一致的行政程序

所有联邦政府机构均应当对其现有的法定职权、行政法规定以及各项现行政策和程序进行一次清理，以确定其是否存在有妨害充分执行本法宗旨和规定的任何缺陷或矛盾，并应当就清理结果在不迟于 1971 年 7 月 1 日以前，向总统报告其职权和各项政策符合本法所规定的意图、宗旨和程序。

第 4334 条　联邦机构的其他法定义务

第 4332 条或者第 4333 条的规定，不得以任何方式影响联邦机构下列具体法定义务：

1. 遵守环境质量的规范或标准；

2. 与其他联邦或州机构相协调或进行商量；

3. 根据其他联邦或州机构的建议或证明，采取或禁止采取行动。

第 4335 条　对现行职权的补充

本法所规定的政策与目标，性质上属于对联邦各机构现行职权的补充。

第 4336 条至第 4340 条（原文略）

第二节　环境质量委员会

第 4341 条　向国会报告；立法建议

总统应当自 1970 年 7 月 1 日起，每年度向国会提交环境质量报告（以下简称报告），其中应当说明：

1. 国家各种主要的自然、人为或改造过的环境的状况与情况，包括但不限于空气、水（包括海域、海湾及淡水）以及陆地环境（包括但不限于森林、干地、湿地、山脉、城市、郊区及乡村环境）；

2. 前项规定的环境质量、管理与使用，在当前与未来的发展趋势，以及这种趋势对国家的社会、经济与其他需要的影响；

3. 按照人口压力的预计，说明可利用的自然资源能否满足国民生活与经济需要；

4. 对联邦政府、州与地方政府以及非政府性质的机关或个人的计划与活动（包括常规活动）的评价，并着重说明其对环境以及自然资源的保护、发展与利用的影响；

5. 对各种现有计划与活动的缺陷提出补救方案和立法建议。

第4342条　设立；成员；主席；任命

总统府设立环境质量委员会（以下简称委员会）。该委员会由三人组成。人选经总统提名，在征得参议院同意后任命，在总统指挥下工作。总统应当指定其中一人担任委员会主席。每个委员都应当具有相应的训练、经验和造诣，有能力分析和解释各种环境发展趋势和信息；按照本章第4331条规定的政策对联邦政府的计划和活动进行评价；对国家的科学、经济、社会、美学与文化等方面的需要和利益具有清晰的认识和责任感，并能就促进环境质量的改善提出各项国家政策。

第4343条　人员、专家与顾问的聘用

委员会可以聘用执行本法规定有关职能所需的官员和职员。委员会也可以依照美国法典第五章第3109条（但不适用该条最后一段）的规定，聘用为执行本法所规定的职能所必需的专家和顾问，并对其津贴支领办法作出规定。

依照美国法典第31章第1342条规定，委员会可以聘用和接受自愿提供服务人员，以实现委员会的目的。

第4344条　责任与职能

委员会具有以下责任和职能：

1. 在总统依照本节第4341条制作环境质量报告时，提供帮助和建议。

2. 适时收集关于当前和未来环境质量的状况以及发展趋势的正确资讯，并对该资讯进行分析和解释，以确定这种状况与发展趋势是否妨碍本节第4341条所规定政策的贯彻执行。编辑关于此项情况与发展趋势的研究报告，并向总统提出建议。

3. 按照本章第一节所规定的政策，对联邦政府的各项计划和活动进行审查和评价，以确定这些计划和活动有助于该政策贯彻执行的程度，并就此向总统提出建议。

4. 研究促进环境质量的改善问题，并向总统提出各项国家政策的建议，以达到环境保护和国家社会、经济、卫生及其他方面的需要与目的。

5. 对生态系统与环境质量进行调查、研究、考察、探讨与分析。

6. 记录并确定自然环境的变化（包括植物系统和动物系统的变化），并积累必要的数据资料及其资讯，以便对这些变化与发展趋势进行持续的分析研究，并对其原因作出解释。

7. 就环境的状态和情况每年至少向总统汇报一次。

8. 根据总统的要求，提出有关政策与立法等事项的研究、报告与建议。

第 4345 条　征求公民环境质量资讯委员会及其代表的意见

委员会在行使其按本法规定的权力、职能和职责时应当：

1. 征求依据 1969 年 5 月 29 日颁布的第 11472 号行政命令而设立的公民环境质量咨询委员会和具有提供意见能力的科学、工业、农业、劳工、自然保护组织与州和地方政府以及其他团体代表的意见。

2. 充分利用公共与私人机构组织以及个人提供的服务、设施和资料（包括统计资料），以避免造成措施和开支的重复，保证委员会的活动与有关政府机构依照法律规定进行的同类活动，不发生不必要的重复或冲突。

第 4346 条　委员任期与津贴

委员会均为全职工作人员；委员会主席的津贴按行政人员工资发放办法之二的规定核发［美（国）字第 5313 号］；委员会其他委员的津贴按行政人员工资发放办法之四的规定核发［美（国）字第 5315 号］。

第 4346.1 条　私人机构、联邦、州与地方政府旅差补助

委员会可以应任何非盈利私人机构或者联邦、州、与地方政府的任何单位、机构或者执行单位的邀请，指定委员会官员或者职员出席为委员会的利益而召开的任何座谈会、演讲会或者其他类似会议并补助由此产生的合理的旅行费用。

第 4346.2 条　国际活动援助经费

委员会可以拨付经费以援助：（1）国际旅行；（2）履行国际条约的活动；（3）援助美国国内和国外交换计划等的国际活动。

第 4347 条　授权拨款

为执行本法各项规定，授权拨款如下：

1970 年的会计年度不超过 30 万美元；1971 年的会计年度不超过 70 万美元；其后各会计年度不超过 100 万美元。

附录2　环境质量报告书编写技术规范[1]

1　适用范围

本标准规定了环境质量报告书的总体要求、分类与结构、组织与编制程序、编写提纲等内容。

本标准适用于国家、省级和市级人民政府环境保护行政主管部门组织和协调所属各级环境监测机构及相关部门编写年度环境质量报告书和五年环境质量报告书，县级环境质量报告书的编写可参照执行。

2　规范性引用文件

本标准内容引用了下列文件或其中的条款。凡是不注日期的引用文件，其有效版本适用于本标准。

GB3095	环境空气质量标准
GB3096	声环境质量标准
GB3097	海水水质标准
GB3100~3102	量和单位
GB3838	地表水环境质量标准
GB15618	土壤环境质量标准
GB18871	电离辐射防护与辐射源安全基本标准
GB/T14848	地下水质量标准
HJ/T192	生态环境状况评价技术规范（试行）

《关于印发〈全国土壤污染状况评价技术规定〉的通知》（环发〔2008〕39号）

《关于印发〈地表水环境质量评价办法（试行）〉的通知》（环办〔2011〕22号）

---

[1] 资料来源于中华人民共和国环境保护部官方网站。

3 术语和定义

下列术语和定义适用于本标准。

3.1 环境质量报告书

是各级人民政府环境保护行政主管部门向同级人民政府及上级人民政府环境保护行政主管部门定期上报的环境质量状况报告，是行政决策与环境管理的依据，是制定环境保护规划和各类环境管理制度、政策及信息发布的重要依据。

3.2 年度环境质量报告书

是指各级人民政府环境保护行政主管部门向同级人民政府及上级人民政府环境保护行政主管部门定期提交的年度环境质量状况报告。

3.3 五年环境质量报告书

是指各级人民政府环境保护行政主管部门向同级人民政府及上级人民政府环境保护行政主管部门定期提交的对应国家规划时间段的五年环境质量状况报告。

4 总体要求

4.1 环境质量报告书应着眼于法定环境整体，以系统理论为指导，采用科学的方法，以定量评估为重点，兼顾定性评估；全面客观地分析和描述环境质量状况，剖析环境质量变化趋势。表征结果应具有良好的科学性、完整性、逻辑性、准确性、可读性、可比性和及时性。

4.2 报告书内容要求层次清晰、文字精练、结论严谨，术语表述规范、统一。正文中的文字、数字、图、表、编排格式等参照附录 A 执行，量和单位参照 GB3100～3102 及其他相关规定要求执行。五年环境质量报告书编写格式可根据实际情况适当调整。

4.3 环境质量报告书的数据和资料的来源，除环境监测部门的监测数据和资料外，还需要收集调研其他权威部门的相关自然环境要素和社会经济的监测数据和资料。环境质量状况采用环境检测部门的数据，污染源采用环境监测部门监督性监测数据和环境统计数据，社会、自然、经济数据采用住房与建设、水利、农业、统计、林业、气象等主管部门发布的数据。对收集调研的监测数据和资料应根据环境质量报告书的编写目的进行分析和处理，做到环境监测数据与权威统计数据相结合，环境质量变化与社会经济发展相结合。

4.4 环境质量报告书编写过程中涉及的环境监测数据处理、评价标准及方法、规律和趋势分析、报告项目及图表运用等方法均执行各环境要素的相关技术要求。

5 分类与结构

5.1 质量报告书的分类

环境质量报告书按时间分为年度环境质量报告书和五年环境质量报告书；按行政区划可分为全国环境质量报告书、省级环境质量报告书、市级环境质量报告书和县级环境质量报告书。

5.2 构成要素

环境质量报告书构成要素见表1，县级环境质量报告书可参照执行。各级环境质量报告书内容上尽可能满足构成要素的要求，非必备内容可根据具体情况增减。

表1 环境质量报告书构成要素

要素类型	要素	是否必备（全国）	是否必备（省级）	是否必备（市级）
结构要素	封面	是	是	是
	内封	是	是	是
	前言	是	是	是
	目录	是	是	是
概况	自然环境概况	否	是	是
	社会经济概况	否	是	是
	环境保护工作概况	否	是	是
污染排放	环境空气污染排放	是	是	是
	水污染排放	是	是	是
	固体废物排放	是	是	是

续表

要素类型	要素	是否必备（全国）	是否必备（省级）	是否必备（市级）
环境质量状况	环境空气	是	是	是
	酸沉降	是	是	是
	沙尘暴	是	是①	是①
	地表水	是	是	是
	饮用水源地	是	是	是
	地下水	否	是②	是②
	近岸海域海水	是	是①	是①
	声环境	是	是	是
	生态环境	是	是	是
	农村环境	是	是	是
	土壤环境	是	是	是
	辐射环境	是	是	是
	区域特异环境问题	否	否	是
总结	环境质量结论	是	是	是
	主要环境问题	是	是	是
	对策及建议	是	是	是
专题	特色工作或新领域	是	是	是

①沙尘暴和近岸海域为沙尘暴和近岸海域监测网成员单位的必备要素，非成员单位可根据辖区实际情况参考执行。

②年度环境质量报告书可作为非必备要素，五年环境质量报告书为必备要素。

6 组织与程序

环境质量报告书编制工作应明确组织机构和编写机构。

组织机构为各级人民政府环境保护行政主管部门，编写机构由各级人民政府环境保护行政主管部门、环境监测中心（站）及相关部门构成。

环境质量报告书编制程序见图1。

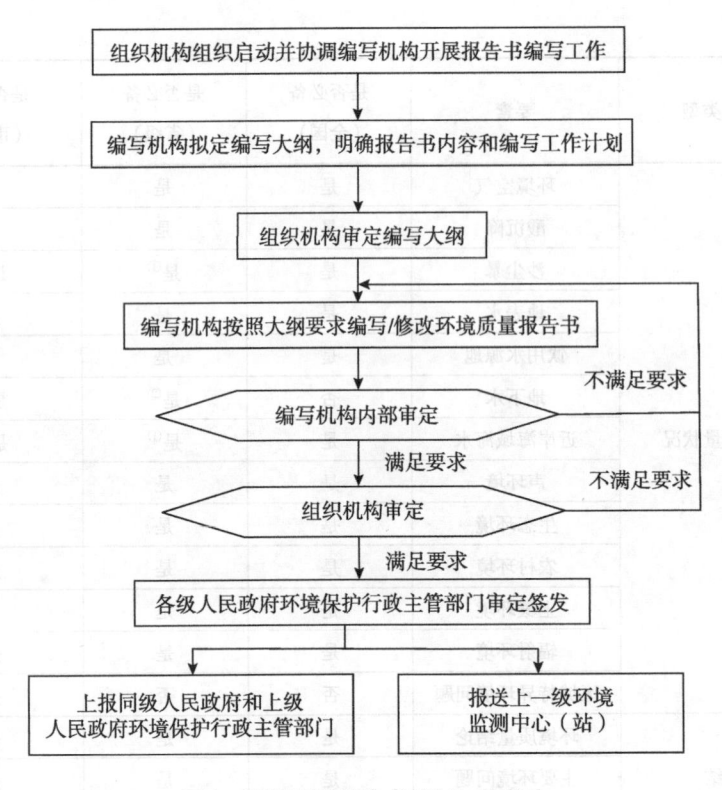

```
组织机构组织启动并协调编写机构开展报告书编写工作
          ↓
编写机构拟定编写大纲,明确报告书内容和编写工作计划
          ↓
组织机构审定编写大纲
          ↓
编写机构按照大纲要求编写/修改环境质量报告书
          ↓
编写机构内部审定 —— 不满足要求
          ↓ 满足要求
组织机构审定 —— 不满足要求
          ↓ 满足要求
各级人民政府环境保护行政主管部门审定签发
     ↓                    ↓
上报同级人民政府和上级      报送上一级环境
人民政府环境保护行政主管部门  监测中心(站)
```

图 1　环境质量报告书编制工作程序

7　年度环境质量报告书编写提纲

7.1　前言

简单说明年度环境质量报告书的编写情况。

7.2　目录

应包括年度环境质量报告书的主要章节标题。

7.3　概况

7.3.1　环境保护工作概况

说明年度内为改善环境质量和解决环境问题所采取的各项环境保护措施及成效。

7.3.2　环境监测工作情况

7.3.2.1　监测工作概况

说明年度内环境监测工作的开展情况和取得的成绩。

7.3.2.2 监测点位布设情况

说明各环境要素监测点位布点情况。其中,环境空气、地表水、噪声监测点位布设情况需以表或图示。

7.3.2.3 采样及实验室分析工作情况

说明各环境要素的采样方法及频率、分析方法、实验室质量控制措施等。应有质量保证的具体方法及结果。

7.4 污染排放

7.4.1 影响环境空气质量的污染源状况

全面描述各类污染源(点源、面源、移动源)的状况,说明当地主要污染源、污染物的构成、污染物的性质、各污染物排放总量等。明确指出主要污染物、主要污染物的区域分布及行业排放状况等,另外对主要污染物的治理现状进行分析说明,并说明与上年对比分析的状况。

7.4.2 影响水环境质量的污染源状况

全面描述各类污染源(点源、面源)的状况,说明当地主要污染源、污染物的构成、污染物的性质、各污染物排放总量等。明确指出主要污染物、主要污染物的区域(流域)分布及行业排放状况等,另外对主要污染物的治理现状进行分析说明,并说明与上年对比分析的状况。

7.4.3 固体废物

固体废物(工业固体废物和危险废物、生活垃圾、农业废弃物等)的产生、处置和综合利用等情况,分析固体废弃污染及处理处置中的主要问题及对环境的影响等,并说明与上年对比分析的状况。

7.4.4 其他

根据地方环境保护主管部门要求填写。

7.5 环境质量状况

7.5.1 环境空气

7.5.1.1 监测结果及现状评价

说明必测项目、选测项目和选用标准。按项目列出监测项目统计结果(最大值、最小值、年均值、超标率等),评述年均值、日均值等。

评价方法及评价因子按照 GB3095 及相关环境质量评价规范执行并予以说明。评价结果应包括各监测项目达标（达标范围、达标天数等）和超标状况（超标范围、超标程度等），并运用各种图表，辅以简明扼要的文字说明，形象表征现状评价结果。

7.5.1.2　年内时空变化分布规律分析

全面分析本年度环境空气质量和主要污染物的时间、空间变化分布规律，并运用各种图表，辅以简明扼要的文字说明，形象表征变化分布规律，进行污染特征分析，阐明区域污染特点。

7.5.1.3　年度对比分析

全面对比分析本年度和上年环境空气质量变化状况，并运用各种图表，辅以简明扼要的文字说明，形象表征对比分析结果。

7.5.1.4　结论及原因分析

对各部分分析结果进行全面、准确的总结，环境空气质量结论应包括污染特征、评价结果、时间变化特征（本年度、年际）、环境空气质量相对较好和相对较差的区域、存在的主要问题等内容。

结合具体的环保措施、发生的环境事件等分析环境空气质量结论。

说清环境空气质量状况、变化情况和变化原因。

7.5.2　酸沉降

7.5.2.1　监测结果及现状评价

说明必测项目、选测项目和选用标准。说明评价方法及评价因子，运用各种图表，辅以简明扼要的文字说明，形象表征现状评价结果。

7.5.2.2　年内时空变化分布规律分析

全面分析本年度酸沉降状况，并运用各种图表，辅以简明扼要的文字说明，形象表征酸沉降分布规律，进行污染特征分析，阐明区域污染特点。

7.5.2.3　年度对比分析

全面对比分析本年度和上年酸沉降变化状况，并运用各种图表，辅以简明扼要的文字说明，形象表征对比分析结果。

7.5.2.4　结论及原因分析

对各部分分析结果进行全面、准确的总结，酸沉降结论应包括污染特征、评价结果、时间变化特征（本年度、年际）、相对较好和相对较差的区域、存在的主要问题等内容。

结合具体的环保措施、发生的环境事件等分析酸沉降结论。

说清酸沉降状况、变化情况和变化原因。

7.5.3 沙尘暴

7.5.3.1 监测结果及现状评价

运用各种图表，辅以简明扼要的文字说明，形象表征现状评价结果。

7.5.3.2 年度对比分析

全面对比分析本年度和上年沙尘暴变化状况及对环境空气质量产生的影响，并运用各种图表，辅以简明扼要的文字说明，形象表征对比分析结果。说清沙尘暴状况、变化情况和变化原因。

7.5.4 地表水

7.5.4.1 监测结果及现状评价

说明监测项目和选用标准。形象表征监测项目统计结果（最大值、最小值、年均值、超标率、最高超标倍数等），评述污染物超标状况和水体超标状况，并运用各种图表，辅以简明扼要的文字说明，形象表征现状评价结果，全面系统描述污染特征。

评价方法及评价因子按照 GB3838、《地表水环境质量评价办法（试行）》（环办〔2011〕22 号）及相关环境质量评价技术规范执行并予以说明。评价结果分析应从月或水期以及各种水体水域等方面对水质现状评价结果进行全面系统分析，并运用各种图表，辅以简明扼要的文字说明，形象表征现状评价结果。

7.5.4.2 本年度时空变化分布规律分析

全面分析本年度地表水环境质量和主要污染物的时间、空间变化分布规律，并准确运用各种图表，辅以简明扼要的文字说明，形象表征变化分布规律。

7.5.4.3 年度对比分析

全面对比分析本年度和上年地表水环境质量变化状况，并以图表等形式形象表征。

7.5.4.4 结论及原因分析

对各部分分析结果进行全面、准确的总结，地表水环境质量结论应包括污染特征、评价结果、时间变化特征（本年度、年际）、环境质量相对较好和相对较差的区域（流域）、存在的主要问题。

结合具体的环保措施、发生的环境事件等分析地表水环境质量结论。

说清地表水环境质量状况、变化情况和变化原因。

7.5.5 地下水

7.5.5.1 监测结果及现状评价

说明监测项目和选用标准。形象表征监测项目统计结果，评述污染物超标状况、水质状况等，并运用各种图表，辅以简明扼要的文字说明，形象表征现状评价结果，全面系统描述污染特征。评价方法及评价因子按照 GB/T 14848 及相关环境质量评价技术规范执行。

7.5.5.2 年度对比分析

全面分析本年度和上年地下水水质变化状况，并运用各种图表，辅以简明扼要的文字说明，形象表征对比分析结果。说清地下水水质状况、变化情况和变化原因。

7.5.6 饮用水源地

7.5.6.1 监测结果及现状评价

说明监测项目和选用标准。形象表征监测项目统计结果，评述污染物超标状况、水质达标情况等，并运用各种图表，辅以简明扼要的文字说明，形象表征现状评价结果，全面系统描述污染特征。评价方法及评价因子按照 GB3838 及相关环境质量评价技术规范执行。

7.5.6.2 年度对比分析

全面分析本年度和上年饮用水源地水质变化状况，并运用各种图表，辅以简明扼要的文字说明，形象表征对比分析结果。说清饮用水源地水质状况、变化情况和变化原因。

7.5.7 近岸海域

7.5.7.1 监测结果及现状评价

说明监测项目和选用标准。形象表征监测项目统计结果（最大值、最小值、年均值、超标率、最高超标倍数等），评述污染物超标状况和水体超标状况，并运用各种图表，辅以简明扼要的文字说明，形象表征现状评价结果，全面系统描述污染特征。评价方法及评价因子按照 GB3097 及相关环境质量评价技术规范执行。

7.5.7.2 本年度时空变化分布规律分析

全面分析本年度近岸海域环境质量状况和主要污染物的时间、空间变化分布规律，并准确运用各种图表，辅以简明扼要的文字说明，形象表征变化分布规律。

7.5.7.3 年度对比分析

全面对比分析本年度和上年近岸海域环境质量变化状况，并以图表等形式形象表征。

7.5.7.4 结论及原因分析

对各部分分析结果进行全面、准确的总结，近岸海域环境质量结论应包括污染特征、评价结果、时间变化特征（本年度、年际）、环境质量相对较好和相对较差的区域、存在的主要问题。

结合具体的环保措施、发生的环境事件等分析近岸海域环境质量结论。

说清近岸海域环境质量状况、变化情况和变化原因。

7.5.8 声环境

7.5.8.1 监测结果及现状评价

说明监测项目和选用标准，按项目列出监测项目统计结果。评价方法及评价因子按照 GB3096 及相关环境质量评价技术规范执行并予以说明。评价结果应说清各监测项目达标和超标状况，并应形象表征。

7.5.8.2 年内时空变化规律分布分析

全面分析本年度城市声环境质量和主噪声源（交通噪声、工业企业和建筑施工噪声、社会噪声）的时间、空间变化分布规律，并准确运用各种图表，辅以简明扼要的文字说明，形象表征变化分布规律。

7.5.8.3 年度对比分析

全面对比分析本年度和上年城市声环境质量变化状况，并应形象表征。

7.5.8.4 结论及原因分析

对各部分分析结果进行全面、准确的总结，城市噪声环境质量结论应包括污染特征、评价结果、时间变化特征（本年度、年际）、声环境质量相对较好和相对较差的区域、存在的主要问题等。

结合具体的环保措施、发生的环境事件等分析声环境结论。

说清声环境质量状况、变化情况和变化原因。

7.5.9 生态环境

7.5.9.1 生态环境质量监测结果及现状评价

说明评价方法、评价因子、评价标准。全面系统分析监测项目统计结果，并运用各种图表，辅以简明扼要的文字说明，形象表征现状评价结果。评价方法及评价因子按照 HJ/T 192 等相关环境质量评价技术规范执行。

7.5.9.2 年度对比分析

全面对比分析本年度和上年区域生态环境质量变化状况，并应形象表征。

7.5.9.3 结论及原因分析

对各部分分析结果进行全面、准确的总结，生态环境质量结论应包括污染特征、评价结果、时间变化特征（年际）、生态环境质量相对较好和相对较差的区域、存在的主要问题。

结合具体的环保措施、发生的环境事件等分析生态环境质量结论。

说清生态环境质量状况、变化情况和变化原因。

7.5.10 农村环境

7.5.10.1 监测结果及现状评价

说明监测项目和选用标准。形象表征监测项目统计结果，并运用各种图表，辅以简明扼要的文字说明，形象表征现状评价结果，全面系统描述污染特征。

7.5.10.2 年度对比分析

全面分析本年度和上年农村环境质量变化状况，简述农药、化肥和农膜、养殖业废弃物、生活污水和垃圾、饮用水水质变化状况，并运用各种图表，辅以简明扼要的文字说明，形象表征对比分析结果。说清农村环境质量状况、变化情况和变化原因。

7.5.11 土壤环境

7.5.11.1 监测结果及现状评价

说明监测项目和选用标准。形象表征监测项目统计结果，评述污染物超标状况等，并运用各种图表，辅以简明扼要的文字说明，形象表征现状评价结果，全面系统描述污染特征。评价方法及评价因子按照 GB15618、《全国土壤污染状况评价技术规定》（环发〔2008〕39 号）及相关环境质量评价技术规范执行。

7.5.11.2 分布规律分析

全面分析本年度土壤环境质量空间分布规律，并准确运用各种图表，辅以简明扼要的文字说明，形象表征。说清土壤环境质量状况、变化情况和变化原因。

7.5.12 辐射环境

7.5.12.1 监测结果及现状评价

说明评价方法、评价因子、评价标准。全面系统分析电离辐射和电磁辐射各项目统计结果，并运用各种图表，辅以简明扼要的文字说明，形象表征现状评价结果。

7.5.12.2 年度对比分析

全面分析本年度和上年辐射环境质量变化状况，并运用各种图表，辅以简明扼要的文字说明，形象表征分析结果。

7.5.12.3 结论及原因分析

对各部分分析结果进行全面、准确的总结。辐射环境质量结论应包括评价结果（约束标准评价）、存在的主要问题等。

结合具体的环保措施、发生的环境事件等分析辐射环境质量结论。

说清辐射环境质量状况、变化情况和变化原因。

7.5.13 区域特异环境质量问题

简述某些区域存在其他区域所不具备的特征性区域特异环境质量问题。如灰霾、室内空气、电磁波、持久性有机污染物等污染变化状况。

7.6 结论及对策

7.6.1 环境质量结论

在对各项环境质量状况和变化趋势综合分析的基础上，提出全面宏观的结论。

7.6.2 主要环境问题

在全面分析的基础上，明确指出存在的主要环境问题和区域特异环境问题。

7.6.3 对策

在分析环境质量状况和环境问题的基础上，提出改善环境质量的对策和建议。

7.7 专题

说明辖区内围绕环境质量开展的工作情况，如特色环境保护工作、预测预警工作和环境监测新领域的拓展等，并对监测数据进行分析。

8 五年环境质量报告编写提纲

编写提纲同年度环境质量报告书，不同内容如下：

1. 概况中增加"自然环境概况"和"社会经济概况"的内容，"自然环境概况"主要说明地理位置、地质地貌、水文、气象、土地面积及构成，森林、草原、水力、矿藏等自然资源及开发利用情况，重大自然灾害情况。"社会经济概况"主要说明行政区划、人口、经济结构、国民经济和社会发展的综合、工业和农业、交通和建筑、城市发展及基础设施建设、能源构成等统计数据，分别说明与环境质量相关的各项自然环境和社会经济指标五年的变化情况。

2. 概况中"环境保护工作概况"说明五年期间为改善环境质量和解决环境问题的目标、任务、工作重点和政策措施，以及"五年环境保护计划"主要指标完成情况。"环境监测工作概况"说明五年期间各环境要素监测点布设变化情况；新增监测领域技术路线、监测项目和监测点位布点情况；各环境要素的采样方法及频率、分析方法、实验室质量控制措施变化情况等。

3. "污染排放"和"环境质量状况"章节中要进行五年变化趋势分析及与上个五年的对比分析。要求说清环境质量的变化情况、典型事件对环境质量的影响情况、污染物的排放情况等。

4. "总结"一章中增加"五年环境质量变化原因分析"和"环境质量预测"两节内容。"五年环境质量变化原因分析"要求结合社会、经济、自然、人口、能源、环境保护政策措施及重要工作、重大环境事件、污染物排放等相关因素的五年变化进行合理的原因分析；"环境质量预测"要求在综合分析的基础上，应用合适的模型对环境质量进行预测并说明潜在的环境风险问题。

附：年度环境质量报告书编写格式要求

A.1 封面格式

封面以白色为底色，纸张大小为 A4；内容为《××环境质量报告书》，报告书的时间段，报告发布单位名称；内封内容应有批准部门、主编单位、编报时间，编写人员、审核人员、审定人员，参加编写单位和提供资料单位等。

A.2 标题格式

标题行距为单倍行距。章标题为三号、黑体字，其他各级标题均为四号、黑体字。

A.3 正文格式

正文内容为四号、仿宋字（英文字体为 Times New Roman）；行距 22 磅；纸张大小为 A4；页边距为上 3、下 3.5、左 3.17、右 3.17（单位均为厘米）；页眉中插入各章名称，字体为五号、楷体字。

A.4 表格格式

表序按各章依次编号，编为表 X-1、表 X-2，以此类推，X 为章序号；表标题为小四、黑体字，行距为 22 磅；表格内文字为五号、仿宋字（英文字体为 Times New Roman）；表格行距为 15.6 磅；所有表格均为两端开放式，居中排列；表格尽量采用纵向页面，部分表内容较多，可用小五号或六号字体。

A.5 图形格式

图序按各章依次编号，编为图 X-1、图 X-2，以此类推，X 为章序号；图标题为小四、黑体字，行距为 22 磅；涉及国界、省界等的地图均采用最新标准并注明地图来源，最好采用国家测绘局的地图。

A.6 文字及数字格式

超标/达标城市比例、超标/达标断面比例、超标倍数保留 1 位小数（正文、表格、图中均保留 1 位）；超标/达标比例（百分比）的变化采用变化的百分点表示（如增加 X.X 个百分点），采用 4 个数字表示年份，如 2009 年

(不用2009年度)；年度比较统一采用与"上年相比（比较）"；污染物/监测项目单位图、表中采用字符，如 mg/L、mg/m^3 等（注意大小写），正文叙述采用中文表述，如毫克/升、毫克/立方米等；有效数字应与监测方法的允许监测结果及其计算值的有效数字一致。

附录3 环境信息公开办法（试行）[1]

第一章 总则

第一条 为了推进和规范环境保护行政主管部门（以下简称环保部门）以及企业公开环境信息，维护公民、法人和其他组织获取环境信息的权益，推动公众参与环境保护，依据《中华人民共和国政府信息公开条例》《中华人民共和国清洁生产促进法》和《国务院关于落实科学发展观加强环境保护的决定》以及其他有关规定，制定本办法。

第二条 本办法所称环境信息，包括政府环境信息和企业环境信息。

政府环境信息，是指环保部门在履行环境保护职责中制作或者获取的，以一定形式记录、保存的信息。

企业环境信息，是指企业以一定形式记录、保存的，与企业经营活动产生的环境影响和企业环境行为有关的信息。

第三条 国家环境保护总局负责推进、指导、协调、监督全国的环境信息公开工作。

县级以上地方人民政府环保部门负责组织、协调、监督本行政区域内的环境信息公开工作。

第四条 环保部门应当遵循公正、公平、便民、客观的原则，及时、准确地公开政府环境信息。

企业应当按照自愿公开与强制性公开相结合的原则，及时、准确地公开企业环境信息。

第五条 公民、法人和其他组织可以向环保部门申请获取政府环境信息。

第六条 环保部门应当建立、健全环境信息公开制度。

---

[1] 资料来源于中华人民共和国环境保护部官方网站。

国家环境保护总局由办公厅作为本部门政府环境信息公开工作的组织机构，各业务机构按职责分工做好本领域政府环境信息公开工作。

县级以上地方人民政府环保部门根据实际情况自行确定本部门政府环境信息公开工作的组织机构，负责组织实施本部门的政府环境信息公开工作。

环保部门负责政府环境信息公开工作的组织机构的具体职责是：

（一）组织制定本部门政府环境信息公开的规章制度、工作规则；

（二）组织协调本部门各业务机构的政府环境信息公开工作；

（三）组织维护和更新本部门公开的政府环境信息；

（四）监督考核本部门各业务机构政府环境信息公开工作；

（五）组织编制本部门政府环境信息公开指南、政府环境信息公开目录和政府环境信息公开工作年度报告；

（六）监督指导下级环保部门政府环境信息公开工作；

（七）监督本辖区企业环境信息公开工作；

（八）负责政府环境信息公开前的保密审查；

（九）本部门有关环境信息公开的其他职责。

第七条 公民、法人和其他组织使用公开的环境信息，不得损害国家利益、公共利益和他人的合法权益。

第八条 环保部门应当从人员、经费方面为本部门环境信息公开工作提供保障。

第九条 环保部门发布政府环境信息依照国家有关规定需要批准的，未经批准不得发布。

第十条 环保部门公开政府环境信息，不得危及国家安全、公共安全、经济安全和社会稳定。

第二章 政府环境信息公开

第一节 公开的范围

第十一条 环保部门应当在职责权限范围内向社会主动公开以下政府环境信息：

（一）环境保护法律、法规、规章、标准和其他规范性文件；

（二）环境保护规划；

（三）环境质量状况；

（四）环境统计和环境调查信息；

（五）突发环境事件的应急预案、预报、发生和处置等情况；

（六）主要污染物排放总量指标分配及落实情况，排污许可证发放情况，城市环境综合整治定量考核结果；

（七）大、中城市固体废物的种类、产生量、处置状况等信息；

（八）建设项目环境影响评价文件受理情况，受理的环境影响评价文件的审批结果和建设项目竣工环境保护验收结果，其他环境保护行政许可的项目、依据、条件、程序和结果；

（九）排污费征收的项目、依据、标准和程序，排污者应当缴纳的排污费数额、实际征收数额以及减免缓情况；

（十）环保行政事业性收费的项目、依据、标准和程序；

（十一）经调查核实的公众对环境问题或者对企业污染环境的信访、投诉案件及其处理结果；

（十二）环境行政处罚、行政复议、行政诉讼和实施行政强制措施的情况；

（十三）污染物排放超过国家或者地方排放标准，或者污染物排放总量超过地方人民政府核定的排放总量控制指标的污染严重的企业名单；

（十四）发生重大、特大环境污染事故或者事件的企业名单，拒不执行已生效的环境行政处罚决定的企业名单；

（十五）环境保护创建审批结果；

（十六）环保部门的机构设置、工作职责及其联系方式等情况；

（十七）法律、法规、规章规定应当公开的其他环境信息。

环保部门应当根据前款规定的范围编制本部门的政府环境信息公开目录。

第十二条　环保部门应当建立健全政府环境信息发布保密审查机制，明确审查的程序和责任。

环保部门在公开政府环境信息前，应当依照《中华人民共和国保守国家秘密法》以及其他法律、法规和国家有关规定进行审查。

环保部门不得公开涉及国家秘密、商业秘密、个人隐私的政府环境信息。

但是，经权利人同意或者环保部门认为不公开可能对公共利益造成重大影响的涉及商业秘密、个人隐私的政府环境信息，可以予以公开。

环保部门对政府环境信息不能确定是否可以公开时，应当依照法律、法规和国家有关规定报有关主管部门或者同级保密工作部门确定。

第二节 公开的方式和程序

第十三条 环保部门应当将主动公开的政府环境信息，通过政府网站、公报、新闻发布会以及报刊、广播、电视等便于公众知晓的方式公开。

第十四条 属于主动公开范围的政府环境信息，环保部门应当自该环境信息形成或者变更之日起20个工作日内予以公开。法律、法规对政府环境信息公开的期限另有规定的，从其规定。

第十五条 环保部门应当编制、公布政府环境信息公开指南和政府环境信息公开目录，并及时更新。

政府环境信息公开指南，应当包括信息的分类、编排体系、获取方式，政府环境信息公开工作机构的名称、办公地址、办公时间、联系电话、传真号码、电子邮箱等内容。

政府环境信息公开目录，应当包括索引、信息名称、信息内容的概述、生成日期、公开时间等内容。

第十六条 公民、法人和其他组织依据本办法第五条规定申请环保部门提供政府环境信息的，应当采用信函、传真、电子邮件等书面形式；采取书面形式确有困难的，申请人可以口头提出，由环保部门政府环境信息公开工作机构代为填写政府环境信息公开申请。

政府环境信息公开申请应当包括下列内容：

（一）申请人的姓名或者名称、联系方式；

（二）申请公开的政府环境信息内容的具体描述；

（三）申请公开的政府环境信息的形式要求。

第十七条 对政府环境信息公开申请，环保部门应当根据下列情况分别作出答复：

（一）申请公开的信息属于公开范围的，应当告知申请人获取该政府环境信息的方式和途径；

（二）申请公开的信息属于不予公开范围的，应当告知申请人该政府环境信息不予公开并说明理由；

（三）依法不属于本部门公开或者该政府环境信息不存在的，应当告知申请人；对于能够确定该政府环境信息的公开机关的，应当告知申请人该行政机关的名称和联系方式；

（四）申请内容不明确的，应当告知申请人更改、补充申请。

第十八条　环保部门应当在收到申请之日起15个工作日内予以答复；不能在15个工作日内作出答复的，经政府环境信息公开工作机构负责人同意，可以适当延长答复期限，并书面告知申请人，延长答复的期限最长不得超过15个工作日。

第三章　企业环境信息公开

第十九条　国家鼓励企业自愿公开下列企业环境信息：

（一）企业环境保护方针、年度环境保护目标及成效；

（二）企业年度资源消耗总量；

（三）企业环保投资和环境技术开发情况；

（四）企业排放污染物种类、数量、浓度和去向；

（五）企业环保设施的建设和运行情况；

（六）企业在生产过程中产生的废物的处理、处置情况，废弃产品的回收、综合利用情况；

（七）与环保部门签订的改善环境行为的自愿协议；

（八）企业履行社会责任的情况；

（九）企业自愿公开的其他环境信息。

第二十条　列入本办法第十一条第一款第（十三）项名单的企业，应当向社会公开下列信息：

（一）企业名称、地址、法定代表人；

（二）主要污染物的名称、排放方式、排放浓度和总量、超标、超总量情况；

（三）企业环保设施的建设和运行情况；

（四）环境污染事故应急预案。

企业不得以保守商业秘密为借口，拒绝公开前款所列的环境信息。

第二十一条　依照本办法第二十条规定向社会公开环境信息的企业，应当在环保部门公布名单后 30 日内，在所在地主要媒体上公布其环境信息，并将向社会公开的环境信息报所在地环保部门备案。

环保部门有权对企业公布的环境信息进行核查。

第二十二条　依照本办法第十九条规定自愿公开环境信息的企业，可以将其环境信息通过媒体、互联网等方式，或者通过公布企业年度环境报告的形式向社会公开。

第二十三条　对自愿公开企业环境行为信息，且模范遵守环保法律法规的企业，环保部门可以给予下列奖励：

（一）在当地主要媒体公开表彰；

（二）依照国家有关规定优先安排环保专项资金项目；

（三）依照国家有关规定优先推荐清洁生产示范项目或者其他国家提供资金补助的示范项目；

（四）国家规定的其他奖励措施。

第四章　监督与责任

第二十四条　环保部门应当建立健全政府环境信息公开工作考核制度、社会评议制度和责任追究制度，定期对政府环境信息公开工作进行考核、评议。

第二十五条　环保部门应当在每年 3 月 31 日前公布本部门的政府环境信息公开工作年度报告。

政府环境信息公开工作年度报告应当包括下列内容：

（一）环保部门主动公开政府环境信息的情况；

（二）环保部门依申请公开政府环境信息和不予公开政府环境信息的情况；

（三）因政府环境信息公开申请行政复议、提起行政诉讼的情况；

（四）政府环境信息公开工作存在的主要问题及改进情况；

（五）其他需要报告的事项。

第二十六条　公民、法人和其他组织认为环保部门不依法履行政府环境信息公开义务的，可以向上级环保部门举报。收到举报的环保部门应当督促下级环保部门依法履行政府环境信息公开义务。

公民、法人和其他组织认为环保部门在政府环境信息公开工作中的具体行政行为侵犯其合法权益的，可以依法申请行政复议或者提起行政诉讼。

第二十七条　环保部门违反本办法规定，有下列情形之一的，上一级环保部门应当责令其改正；情节严重的，对负有直接责任的主管人员和其他直接责任人员依法给予行政处分：

（一）不依法履行政府环境信息公开义务的；

（二）不及时更新政府环境信息内容、政府环境信息公开指南和政府环境信息公开目录的；

（三）在公开政府环境信息过程中违反规定收取费用的；

（四）通过其他组织、个人以有偿服务方式提供政府环境信息的；

（五）公开不应当公开的政府环境信息的；

（六）违反本办法规定的其他行为。

第二十八条　违反本办法第二十条规定，污染物排放超过国家或者地方排放标准，或者污染物排放总量超过地方人民政府核定的排放总量控制指标的污染严重的企业，不公布或者未按规定要求公布污染物排放情况的，由县级以上地方人民政府环保部门依据《中华人民共和国清洁生产促进法》的规定，处十万元以下罚款，并代为公布。

第五章　附则

第二十九条　本办法自 2008 年 5 月 1 日起施行。

附录4　上海证券交易所上市公司环境信息披露指引[1]

一、为贯彻落实《国务院关于落实科学发展观加强环境保护的决定》（国发〔2005〕39号）关于企业应当公开环境信息的要求，引导上市公司积极履行保护环境的社会责任，促进上市公司重视并改进环境保护工作，加强对上市公司环境保护工作的社会监督，根据国家环保总局发布的《环境信息公开办法（试行）》（国家环保总局令第35号）以及《关于加强上市公司环境保护监督管理工作的指导意见》规定，现就上市公司环境信息披露的要求明确如下。

二、上市公司发生以下与环境保护相关的重大事件，且可能对其股票及衍生品种交易价格产生较大影响的，上市公司应当自该事件发生之日起两日内及时披露事件情况及对公司经营以及利益相关者可能产生的影响。

（一）公司有新、改、扩建具有重大环境影响的建设项目等重大投资行为的；

（二）公司因为环境违法违规被环保部门调查，或者受到重大行政处罚或刑事处罚的，或被有关人民政府或者政府部门决定限期治理或者停产、搬迁、关闭的；

（三）公司由于环境问题涉及重大诉讼或者其主要资产被查封、扣押、冻结或者被抵押、质押的；

（四）公司被国家环保部门列入污染严重企业名单的；

（五）新公布的环境法律、法规、规章、行业政策可能对公司经营产生重大影响的；

（六）可能对上市公司证券及衍生品种交易价格产生较大影响的其他有关环境保护的重大事件。

---

[1] 资料来源于上海证券交易所网站。

三、上市公司可以根据自身需要，在公司年度社会责任报告中披露或单独披露如下环境信息：

（一）公司环境保护方针、年度环境保护目标及成效；

（二）公司年度资源消耗总量；

（三）公司环保投资和环境技术开发情况；

（四）公司排放污染物种类、数量、浓度和去向；

（五）公司环保设施的建设和运行情况；

（六）公司在生产过程中产生的废物的处理、处置情况，废弃产品的回收、综合利用情况；

（七）与环保部门签订的改善环境行为的自愿协议；

（八）公司受到环保部门奖励的情况；

（九）企业自愿公开的其他环境信息。

对从事火力发电、钢铁、水泥、电解铝、矿产开发等对环境影响较大行业的公司，应当披露前款第（一）至（七）项所列的环境信息，并应重点说明公司在环保投资和环境技术开发方面的工作情况。

四、被列入环保部门的污染严重企业名单的上市公司，应当在环保部门公布名单后两日内披露下列信息：

（一）公司污染物的名称、排放方式、排放浓度和总量、超标、超总量情况；

（二）公司环保设施的建设和运行情况；

（三）公司环境污染事故应急预案；

（四）公司为减少污染物排放所采取的措施及今后的工作安排。

上市公司不得以商业秘密为由，拒绝公开前款所列的环境信息。

五、上市公司申请披露前述环境信息时，应当向本所提交以下备查文件：

（一）公告文稿；

（二）关于具有重大环境影响的建设项目等重大投资行为的董事会决议（如涉及）；

（三）环保部门出具的处罚决定书或相关文件（如涉及）；

（四）主要资产被查封、扣押、冻结或者被抵押、质押的证明文件（如涉及）；

（五）其他可能涉及的证明文件。

六、根据相关环境保护法律法规公司必须履行的责任及承担的义务，且符合《企业会计准则》中预计负债确认条件的，公司应当披露已经在财务报告中计提的相关预计负债的金额。

七、依据本指引第三条自愿披露的信息，公司可以仅在本所网站上披露。依据本指引其他规定应当披露的信息，公司必须在证监会指定报刊及网站上同时披露。

八、对不能按规定要求，及时、准确、完整地披露相关环境信息的，本所将视其情节轻重，对公司及相关责任人员采取必要的惩戒措施。

九、本指引自发布之日起施行。

上海证券交易所
2008 年 5 月 14 日

附录5　上市公司环境信息披露指南（征求意见稿）[1]

第一章　总则

第一条　为规范上市公司环境信息披露行为，促进上市公司改进环境保护工作，引导上市公司积极履行保护环境的社会责任，根据《环境信息公开办法（试行）》（原国家环保总局令第35号）以及《关于进一步严格上市环保核查管理制度加强上市公司环保核查后督查工作的通知》（环发〔2010〕78号）规定，制定本指南。

第二条　本指南适用于在上海证券交易所和深圳证券交易所A股市场的上市公司。

第三条　上市公司应当准确、及时、完整地向公众披露环境信息，不得有虚假记载、误导性陈述或者重大遗漏。

第四条　上市公司编制和披露环境信息，应有利于债权人、投资者、社会公众和政府管理部门了解企业环境保护情况。

第五条　上市公司环境信息披露包括定期披露和临时披露。重污染行业上市公司应当定期披露环境信息，发布年度环境报告；发生突发环境事件或受到重大环保处罚的，应发布临时环境报告。

鼓励其他行业的上市公司参照本指南披露环境信息。

第六条　上市公司应在环境保护部网站和公司网站上同时发布年度环境报告，在环保部网站、中国环境报和公司网站上同时发布临时环境报告。

第七条　重污染行业上市公司的年度环境报告和临时环境报告的发布情况，作为各级环保部门上市环保核查的重要内容。

---

[1]　资料来源于中华人民共和国环境保护部官方网站。

第二章 年度环境报告

第八条 年度环境报告期原则上为一个会计年，即每年 1 月 1 日至 12 月 31 日。上市公司可在发布公司年度财务报告的同时发布年度环境报告。

第九条 年度环境报告应当披露的信息：

（一）重大环境问题的发生情况

1. 发生突发环境事件并已发布临时环境报告的，应报告环境事件最终处理结果和环境影响，造成的经济损失和经济赔偿。

2. 因为环境违法违规受到重大环保行政处罚且已发布临时环境报告的，报告采取的整改措施和效果。

（二）环境影响评价和"三同时"制度执行情况

说明依法开展建设项目环境影响评价和"三同时"验收制度的执行情况；未能按期完成验收的，应说明原因和进展情况。

（三）污染物达标排放情况

1. 说明下属各生产企业废水和废气中常规污染物和特征污染物达标排放情况；厂界噪声和无组织排放达标情况。

2. 出现污染物超标排放的，要说明排放浓度、排放标准，超标原因和整改措施。

3. 下属企业中有国家重点监控企业的，应公布一年四次监督性监测情况。

（四）一般工业固体废物和危险废物依法处理处置情况

1. 一般工业固体废物的种类及综合利用情况。

2. 危险废物的安全处置情况。

（五）总量减排任务完成情况

1. 说明各子公司、分公司减排工程实施进度和减排指标完成情况。

2. 未完成总量减排任务的，要说明原因和整改措施。

（六）依法缴纳排污费的情况

（七）清洁生产实施情况

1. 上市公司内有属于重点企业应定期开展清洁生产审核的，报告应说明依法实施清洁生产审核及开展评估验收的情况。

2. 上市公司内有依法应开展强制性清洁生产审核的企业且已被环保部门

公布的，报告应披露企业名称、地址、法定代表人；主要污染物的名称、排放方式、排放浓度和总量、超标、超总量情况；企业环保设施的建设和运行情况；环境污染事故应急预案等环境信息。

（八）环境风险管理体系建立和运行情况

说明突发环境事件应急预案的完备情况；存在重大环境风险源的，要说明企业环境风险管理机制的建设情况。

第十条　鼓励上市公司在年度环境报告中披露以下环境信息：

（一）经营者的环保理念

上市公司最高经营者对企业的经营理念和价值观。

（二）上市公司的环境管理组织结构和环保目标

介绍环境管理组织结构图，各职能部门及其人员相关责任，环境管理组织运转现状，与环境保护方针相适应的中长期目标，目前目标和指标的完成情况及下一阶段计划等。

（三）环境管理情况

包括环境管理体系认证及自愿开展清洁生产的情况；与环保相关的教育及培训；与利益相关者进行环境信息交流；环境技术开发情况；环境管理会计推进情况；获得的环境保护荣誉；环境标志认证情况等。

（四）环境绩效情况

包括单位产品或单位原料的原料消耗、水资源消耗、能耗等；单位产品或单位原料的废水产生量、主要污染物排放量、温室气体排放量等。

（五）其他环境信息

包括为推进环境保护开展的环境教育、植树造林、生物多样性保护等各类环境公益项目。

第三章　临时环境报告

第十一条　上市公司发生突发环境事件的，应在事件发生后1天内发布临时环境报告。

第十二条　上市公司及其下属企业因环境违法被省级及以上环保部门通报批评、挂牌督办、环评限批、被处以高额罚款、被责令限期治理或停产整治、被责令拆除、关闭等重大环保处罚的，应当在得知处罚决定后1天内发布临时环境报告。

第十三条 上市公司因突发环境事件发布临时环境报告的，应当报告环境事件的发生时间、地点、主要污染物质和数量、事件环境影响和人员伤害情况（如有）、已采取的应急处理措施等内容。

第十四条 上市公司因环境违法被省级以上环保部门处以重大环保处罚的，应当在临时报告中披露违法情形和违反的法律条款、处罚时间、处罚具体内容、整改方案及进度。

第四章 附则

第十五条 本指南中下列用语的含义

（一）重污染行业

本指南所指重污染行业包括火电、钢铁、水泥、电解铝、煤炭、冶金、化工、石化、建材、造纸、酿造、制药、发酵、纺织、制革和采矿业，具体按照《上市公司环保核查行业分类管理名录》（环办函〔2008〕373号）认定。

（二）突发环境事件

按照《国家突发环境事件应急预案》认定。

（三）重点企业

本指南所称重点企业是指依照《中华人民共和国清洁生产促进法》规定应当实施清洁生产审核的企业，包括：

1. 污染物超标排放或者污染物排放总量超过规定限额的污染严重企业。

2. 生产中使用或排放有毒有害物质的企业（有毒有害物质是指被列入《危险货物品名表》GB12268、《危险化学品名录》《国家危险废物名录》和《剧毒化学品目录》中的剧毒、强腐蚀性、强刺激性、放射性（不包括核电设施和军工核设施）、致癌、致畸等物质）。

3. 按照环境保护部发布的《重点企业清洁生产行业分类管理名录》和《需重点审核的有毒有害物质名录（第一批）、（第二批）》应当开展清洁生产审核的企业。

（四）重大环境风险源

按照《建设项目环境风险评价技术导则》HJ/T169—2004，重大环境风险源是指长期或短期生产、加工、运输、使用或贮存危险物质，且危险物质的数量等于或超过临界量的功能单元。危险物质（化学品）的类别临界量参照《危险化学品重大危险源辨识》GB18218—2009。

附：上市公司年度环境报告编写参考提纲

一、董事会致辞

阐述上市公司开展环境信息披露的意义和必要性，描述上市公司的环境保护方针和发展战略，说明环境保护的目标及完成情况，提出未来公司在经济、环境和社会责任方面所面临的主要挑战以及应对措施。

二、公司基本信息

主要包括以下内容：

（一）公司名称、创建时间、发展历程、总部所在地；

（二）公司从事的行业及规模、主要产品和服务；

（三）公司总资产、销售额、公司结构（股东结构）及分布状况（所在国家及地区）；

（四）在报告期内公司规模、结构、产权、产品或服务等方面发生重大变化的情况。

三、环境管理情况

主要包括以下内容：

（一）环境保护理念；

（二）环境管理组织结构和环保目标；

（三）环境体系认证及自愿开展清洁生产情况；

（四）与环保相关的教育及培训，与利益相关者进行环境信息交流情况；

（五）环境绩效情况；

（六）获得的环境保护荣誉；

（七）其他环境管理情况。

四、重大环境问题的发生情况

五、环保守法情况

（一）环境影响评价和"三同时"制度执行情况；

（二）污染物达标排放情况；

（三）一般工业固体废物和危险废物依法处理处置情况；

（四）总量减排任务完成情况；

（五）排污费缴纳情况；

（六）清洁生产实施情况；

（七）环境风险管理体系建立和运行情况。

六、编制说明

（一）明确界定年度环境报告涵盖公司分支机构的信息；

（二）说明年度环境报告提供信息的时间范围、发行日期；

（三）环境信息披露的第三方验证情况（如有）；

（四）环境报告书的编制流程及审核运转流程；

（五）编制人员及联系方式（电话、传真、电子邮箱及网址）；

（六）意见及信息反馈方式。

七、其他信息

八、结语

参考文献

(一) 中文文献

芭芭拉·沃德,勒内·杜博斯,1997. 只有一个地球[M]. 长春:吉林人民出版社.

宝钢集团有限公司,上海国家会计学院,2011. 环境会计的理论与实务[M]. 北京:经济科学出版社.

财政部,1998. 国际审计实务公告第1010号——在会计报表审计中对环保事项的考虑.

财政部,2007. 中国注册会计师审计准则第1631号——财务报表审计中对环境事项的考虑.

蔡吕,2000. 论环境会计[J]. 对外经贸财会(6):5-9.

蔡晓芹,2013. 河北上市公司环境会计信息披露分析及对策研究[J]. 当代经济管理(6):89-97.

曹佳,2010. 中美企业环境报告比较研究——以海尔与通用电器环境报告为例[J]. 文史博览(理论)(1):62-64.

曹洁,2010. 日本社会的环境教育及启示[J]. 河北师范大学学报(教育科学版)(7):50-53.

曹薇,张乃洲,2010. 基于事项法的会计信息系统构建探析[J]. 会计之友(3):50-55.

陈冬生,刘学之,2014. 2013中国上市公司环境责任信息披露评价报告[M]. 北京:中国环境出版社.

陈燕,李学斌,2007. 美国环境会计信息披露给我国的启示[J]. 中国集体经济(9):197-198.

程亭,张龙平,2012. 环境审计国内外研究综述[J]. 经济问题探索(11):183-190.

仇淑平,2012. 上市公司环境会计信息披露模式研究[J]. 财会通讯·综合(下)(9):18-20

初宜红,2012. 上市公司环境会计应用探讨——以紫金矿业为例[J]. 财务与会计(3):33-35.

戴悦,华楚慧,李玮玮,2012. 以环境产权为核心重构企业环境会计信息披露模式[J]. 财会月刊(12):17-20.

底萌妍,边秀端,2015. 我国钢铁企业环境会计信息披露存在的问题及对策[J]. 河北企业(5):21-22.

董延安,2011. 西方发达国家环境会计信息披露比较与启示[J]. 会计之友 (9):89-91.

董延安,姜琳敏,2011. 西方发达国家环境会计信息披露比较与启示[J]. 会计之友 (9):89-91.

冯霞,2014. 国外环境教育对我国低碳生活意识教育的启示[J]. 法制与社会 (9):174-177.

冯银波,2011. 我国环境会计信息披露的现状及模式选择[J]. 商业会计 (8):13-14.

付程,2008. 环境会计信息披露新模式:事项法与价值法的结合[D]. 厦门:厦门大学.

付健,史朋彬,付雅,2011. 借鉴荷兰环境审计立法经验,创建我国绿色审计制度[C]. 生态安全与环境风险防范法治建设——2011年全国环境资源法学研讨会 (8):955-959.

葛家澍,李若山,1992. 90年代西方会计理论的一个新思潮:绿色会计理论[J]. 会计研究 (5):1-6.

葛家澍,李若山,1992. 90年代西方会计理论的一个新思潮——绿色会计理论[J]. 会计研究 (5):15-17.

耿建新,房巧玲,2004. 环境会计研究视角的国际比较浓[J]. 会计研究 (1):69-75.

龚蕾,2005. 日本环境会计信息披露及其借鉴[J]. 中国注册会计师 (1):67-69.

殷召峰,2014. 我国环境会计信息披露研究综述与展望[J]. 财政监督 (8):3-5.

顾奋玲,陈成,2015. 上市公司审计委员会履职研究——基于沪市上市公司的数据分析[J]. 财会通讯 (10):82-84.

郭崇,2015. 日本的环境教育对我国生态文明建设的启示[J]. 文化学刊 (2):209-212.

郭森华,2013. 加强审计理论研究的思考[J]. 理财 (2):73-74.

郭旭,范安渝,刘西友,2015. 着力提升审计理论研究水平[J]. 审计月刊 (8):27-28.

韩琦莉,2013. 我国企业环境会计信息披露探究[D]. 南昌:江西财经大学.

贺桂珍,吕永龙,王晓龙,刘达朱,王本强,2006. 荷兰的政府环境审计及其对中国的启示[J]. 审计研究 (1):30-34.

贺佳,陆秀凤,2013. 基于事项会计理论的新会计模式探讨[J]. 会计之友 (10):10-13.

侯俊涛,牛红军,张宏亮,2012. 中国企业环境会计信息披露模式研究[J]. 财政监督 (8):3-7.

胡晓玲,2012. 借鉴日本经验完善我国环境会计信息披露制度[J]. 财会研究 (1):32-34.

黄嫦娇,2013. 环境会计信息披露内容与形式的探讨[J]. 财会研究 (1):26-28.

黄锡生,史玉成,2014. 中国环境法律体系的架构与完善[J]. 当代法学 (1):120-128.

霍宇佳,2014. 基于事项法和价值法的上市公司环境会计信息披露研究[D]. 哈尔滨:哈尔滨商业大学.

姜艳,王翠兰,杨美丽,2011. 国内外环境会计信息披露制度的比较研究[J]. 商业文化 (1):135-137.

蒋德启,刘诚,田治威,纪小慧,2010. 国际企业环境会计准则的比较与借鉴[J]. 北京林业大学学报(社会科学版)(2):132-135.

蒋麟凤,2010. 公司治理、财务状况与环境会计信息披露[J]. 财会通讯(6):21-23.

蒋小瑛,刘焕峰,林西,2008. 国外环境信息披露的现状研究[J]. 大众科技(2):163-164.

颉茂华,2011. 企业环境成本核算与管理模式研究[M]. 北京:经济管理出版社.

晋海,韩雪,2013. 美国水环境保护立法及其启示[J]. 水利经济(5):44-48.

晋自力,2015. 环境会计信息披露的现状分析与对策[J]. 经济研究导刊(15):125-126.

井上寿枝,西山久美子,清水彩子,2004. 环境会计的结构[M]. 贾昕,孙丽艳译,北京:中国财政经济出版社.

李邦忠,2007. 基于美、英两国环境会计教育下的思考[J]. 会计之友(5):70-71.

李朝芳,2013. 环境会计信息披露管制研究[M]. 上海:立信会计出版社.

李洪光,孙忠强,2002. 我国环境会计信息披露模式研究[J]. 审计与经济究(11):14-19.

李健发,肖华,2002. 我国企业环境报告:现状、需求与未来[J]. 会计研究(4):42-50.

李璐,2012. 环境保护、受托责任与环境会计审计问题研究——第一届CSEAR中国研讨会暨"环境会计与综合报告"国际学术年会综述[J]. 中国会计评论(12):495-502.

李明辉,刘笑霞,2012. 我国环境审计研究回顾与展望[J]. 学海(1):55-62.

李平,2012. 论我国环境会计信息披露模式的发展趋势[J]. 赤峰学院学报(自然科学版)(10):91-92.

李祥义,1998. 可持续发展战略下绿色会计的系统化研究[J]. 会计研究(10):24-28.

李晓金,匡小兰,龚光明,2008. 环境信息披露的影响因素研究[J]. 财务与会计(5):48-50.

李跃坤,2014. 事项法会计与价值法会计比较综述[J]. 合作经济与科技(6):56-58.

李震,2011. 我国大学环境会计教育现状与发展趋势浅析[J]. 会计之友(6):120-121.

李志学,邹荣,2012. 能源产业环境成本计算与监管政策研究[M]. 北京:科学出版社.

林乐强,2011. 环境会计信息披露的国际比较与借鉴[J]. 当代财经(7):130-131.

刘爱良,2011. 美国有毒化学物质排放清单制度研究——兼论我国企业环境信息强制公开制度的完善[D]. 长沙:湖南师范大学.

刘长翠,耿建新,尚会君,2007. 企业环境会计信息披露的国际比较——国际环境信息披露机制与各国环境信息披露机制简介[J]. 环境保护(8):8-14.

刘长翠,周芳,2005. 环境审计研究:历史、现状与未来——基于国内研究的实证分析与理论述评[J]. 审计研究(4):49-54.

刘丹丹,2013. 我国环境审计的立法思考[D]. 长沙:湖南师范大学.

刘家松,2011. 中日企业环境信息披露发展的比较研究[J]. 宏观经济研究(10):86-91,95.

刘金彬,张翼飞,曹明才,王琳,2013. 基于节能减排与低碳发展的企业环境会计信息披露模式构建[J]. 商业会计(11):10-14.

刘雷,刘青源,2012. 审计委员会特征与会计信息质量的相关性研究[J]. 商业会计(10):51-53.

刘丽敏,2010. 生产者责任延伸制度下企业环境成本控制[M]. 北京:冶金工业出版社.

刘丽新,2012. 事项法下会计信息系统构建探析[J]. 统计与咨询(3):43.

刘旭红,强海丹,2014. 中美环境审计比较研究[J]. 绿色财会(10):23-24.

刘彦宏,2015. 中日企业环境会计信息披露比较研究[J]. 现代商贸工业(5):128-130.

刘洋,2015. 我国环境法律体系的架构与完善[J]. 法制与社会(3):15-16,26.

刘宇会,于善波,于江曼,2014. 现阶段中国环境会计信息披露存在的问题与对策研究[J]. 经济研究导刊(16):176-177.

刘仲文,张琳琳,2007. 日本《环境会计指南2005》借鉴与思考[J]. 经济与管理研究(12):78-84.

吕慧,2015. 我国企业环境会计信息披露体系的构建与研究[J]. 企业改革与管理(5):127.

罗素清,2012. 环境会计研究[M]. 上海:上海三联书店.

马志娟,梁思源,2015. 大数据背景下政府环境责任审计监督全覆盖的路径研究[J]. 审计研究(5):28-34.

马志娟,韦小泉. 生态文明背景下政府环境责任审计与问责路径研究[J]. 审计研究,2014(6):16-22.

孟凡利,1999. 环境会计研究[M]. 大连:东北财经大学出版社.

孟凡利,1997. 环境会计:亟待开发的现代会计新领域[J]. 会计研究(1):13.

孟凡利,1999. 论环境信息披露及其相关的理论问题[J]. 会计研究(4):11.

孟晓俊,胡琳吉,2009. 美日中环境会计信息披露比较及启示[J]. 中国工会财会(2):37-39.

倪世峰,2012. 我国环境会计信息披露的现状和对策:基于上市公司的数据[J]. 会计师(21):7-8.

潘雅红,2009. 环境会计信息披露形式及其控制监督浅探[J]. 财会通讯·综合(上)(8):28-29.

蒲敏,2013. 低碳发展模式下企业环境会计信息披露模式探讨[J]. 商业时代(15):86-87.

桑立萍,2005. 如何完善与发展我国环境审计理论研究[J]. 市场论坛(3):1001-103.

沈洪涛,2011. 企业环境信息披露:理论与证据[M]. 北京:科学出版社.

寺西俊一,2015. 战后日本的环境公害及其历史教训[J]. 嘉兴学院学报(1):5-14.

宋波,2016. 论现代企业制度下的内部审计[J]. 智富时代 (3):72.

宋传联,齐晓安,2013. 独立性视阈下我国环境审计监督主体的定位[J]. 生态经济 (06): 46-49.

宋子义等,2012. 环境会计信息披露研究[M]. 北京:中国社会科学出版社.

孙国军,2011. 浅析企业环境会计信息披露模式[J]. 中国内部审计 (3):86-88.

孙凯,刘宇会,2014. 企业环境会计信息披露模式浅析[J]. 现代商业 (14):222-223.

孙兴华,侯俊涛,张宏亮,牛红军,2012. 中国企业环境会计信息披露模式研究[C]. 中国会计学会财务成本分会第25届理论研讨会论文集.

孙再凌,2014. 日本环境会计信息披露的发展及特点[J]. 中国乡镇企业会计 (3):18-20.

孙志梅,李秀莲,雅美庆,2013. 中外企业环境会计信息披露比较——以海尔、松下和通用为例[J]. 财会通讯·综合(上)(10):116-118.

覃霞凤,2013. 浅析事项法会计[J]. 商业会计 (9):90-91.

汤亚莉,陈自力,2006. 我国上市公司环境信息披露状况及影响因素的实证研究[J]. 管理世界 (1):119-120.

唐洋,管炎芳,刘思露,2011. 对企业环境会计信息披露模式的探讨[J]. 中国集体经济 (2):190-191.

田翠香,李蒙蒙,2015. 美国环境信息披露管制政策及借鉴[J]. 北方工业大学学报 (4):20-25.

田方,2011. 中外环境会计信息披露比较研究及启示[J]. 商业会计 (11):20-22.

田方,2011. 中外企业环境会计信息披露比较研究及启示[J]. 商业会计 (11):20-22.

田云玲,洪沛伟,2010. 上市公司环境信息披露影响因素实证研究[J]. 会计之友 (1):66-69.

佟秀梅,章雁,2014. 我国环境会计信息披露研究述评[J]. 对外经贸 (4):159-160.

王芳,鄢志娟,2014. 中日环境会计信息披露比较[J]. 社会科学家 (9):73-77.

王建明,2008. 环境信息披露、行业差异和外部制度压力相关性研究[J],会计研究(6):45-50.

王立彦等,1998. 我国企业环境会计实务调查分析[J]. 会计研究 (8):17-23.

王琦,2015. 我国环境会计信息披露模式创新研究[J]. 经济师 (4):127-128.

王晓杰,2010. 环境审计国际经验的借鉴[J]. 辽宁科技大学学报 (12):612-616.

王新,李小萌,2010. 国外低碳社会建设的经验与启示[J]. 商业时代 (34):97-99.

王妍,杨美丽,2011. 中外环境会计信息披露研究综述[J]. 当代经济 (9):115-117.

王月欣,2010. 日本环境会计指南的特色与借鉴[J]. 商业学院 (11):188-190.

吴洁,2015. 环境会计信息披露国内研究述评[J]. 商 (6):166.
向苏蓉,徐玲,2015. 我国企业环境会计信息披露问题与对策[J]. 合作经济与科技(2): 160 – 161.
肖华,张国清,2008. 公共压力与公司环境信息披露——基于"松花江事件"的经验研究[J]. 会计研究 (5):15 – 20.
肖旭,2010. 环境会计制度构建问题研究[M]. 北京:中国财政经济出版社.
肖序,2003. 建立环境会计的探讨[J]. 会计研究 (11):31 – 43.
辛敏,王建明,2009. 企业环境信息披露影响因素的经济计量分析[J]. 会计之友 (7):82 – 84.
徐寒婧,吴俊英,2012. 中西方环境会计信息披露研究与启示[J]. 财会通讯 (3):130 – 132.
徐莉萍,2012. 企业内部环境审计法律制度的研究[D]. 开封:河南大学.
徐丽,2013. 我国环境会计信息披露存在的问题和对策研究[J]. 中国科技投资 (9):170,176.
徐萌,么娆,2015. 会计信息披露与审计问题研究[J]. 品牌 (9):129 – 130.
徐琪霞,2015. 煤炭类上市公司环境会计信息披露的现状及改进措施[J]. 商业会计 (5):91 – 93.
徐田野,2014. 我国上市公司会计信息披露存在的问题与对策[J]. 财经问题研究(5):86 – 89.
徐欣,2007,环境会计信息披露的研究——对欧盟的研究及其对我国的启示[D]. 广州:广东外语外贸大学.
徐永涛,陈涛,2015. 我国上市公司审计委员会制度问题研究[J]. 审计与理财 (8):12 – 13.
许华,2011. 国外低碳社会建设的经验及启示[J]. 中国证券期货 (2):118 – 119.
许家林,孟凡利,2004. 环境会计[M]. 上海:上海财经大学出版社.
薛培玲,2009. 环境事项对财务报表审计的影响及对策研究[D]. 青岛:中国海洋大学.
杨红,刘俊丽,2014. 报表改进视角下环境会计信息披露模式研究[J]. 会计之友 (3):75 – 80.
杨南,张媛,2014. 上市公司环境会计信息披露存在的问题及对策[J]. 时代金融 (12):210 – 211.
杨世忠,曹梅梅,2010. 宏观环境会计核算体系框架构想[J]. 会计研究 (8):11 – 18.
杨晓丹,2009. 西方国家环境会计信息披露及对我国的启示[J]. 商场现代化(5):316.
尹梅,2013. 我国企业环境会计信息披露内容研究[J]. 湖南人文科技学院学报(6):75 – 77.
雍小青,2015. 我国上市公司审计委员会现状及建议研究[J]. 时代金融 (2):166,175.
郁晓丹,2014. 环境事项对企业财务报表审计结果的影响[D]. 南京:南京审计学院.

袁广达,2010. 环境会计与管理路径研究[M]. 北京:经济科学出版社.

袁皓,2006. 社会伦理和经济利益双重驱动下的环境会计教育[J]. 当代经济管理(10):125-129.

曾毅勤,2008. 我国上市公司环境会计信息披露现状实证研究[J]. 经济金融(8):134-135.

张超,李刚,2014. 索特事项法原形诠释及在会计信息系统设计中的应用[J]. 数学的实践与认识(5):19-28.

张娟,2014. 我国环境审计法律制度研究[D]. 长沙:中南林业科技大学.

张俊瑞,郭慧婷,贾宗武,刘东霖,2008. 企业环境会计信息披露影响因素研究——来自中国化工类上市公司的经验证据[J]. 统计与信息论坛(5):32-37.

张玉新,2015. 中美环境审计比较研究[J]. 商(37):129,87.

张钰,2013. 我国上市公司会计信息披露存在的问题及对策[J]. 前沿(21):73-74.

赵铁森,2014. 对企业环境责任法律体系完善的研究[J]. 山西财经大学学报(6).

甄国红,2006. 日本政府的环境会计促进行动[J]. 会计之友(1):90-92.

郑彦,2009. 我国环境审计的制约因素分析及对策思考[J]. 统计与决策(19):140-142.

钟骏华,靳冉,2016. 上市公司治理对会计信息披露的影响[J]. 合作经济与科技(3):127-129.

周慧英,刘庆海. 发达国家环境会计信息披露的启示[J]. 企业导报,2011(08):166-167.

周荣青,2012. 党政领导干部经济责任同步审计模式研究[J]. 审计研究(4):48-53.

朱学义,1999. 我国环境会计初探[J]. 会计研究(4):26-30.

(二)外文文献

Al-Tuwaijri S A, Christensen T E, Hughes K E, 2004. The Relations Among Environmental Disclosure, Environmental Performance, And Economic Performance: A Simultaneous Equations Approach[J]. Accounting Organizations & Society, 29(5-6):447-471.

Anderson J, Frankle A, 1980. Voluntary Social Reporting: An Iso-Beta Portfolio Analysis[J]. Accounting Review, (55):467-479.

Bewley K, Li Y, 2000. Disclosure of Environmental Information by Canadian Manufacturing Companies: A Voluntary Disclosure Perspective[J]. Advances in Environmental Accounting & Management, 1(33):201-226.

Bowman E S, 1978. Annual Reports, and Alchemy[J]. California Management Review, (20):64-71.

Buhr N, 1998. Environmental Performance, Legislation and Annual Report Disclosure: The Case of

Acid Rain and Falcon Bridge[J]. Accounting, Auditing & Accountability Journal, 11(2): 163 - 190.

Clarkson P M, Li Y, Richardson G, Vasvari F, 2008. Revisiting the Relation Between Environmental Performance and Environmental Disclosure: An Empirical Analysis[J]. Accounting, Organizations, and Society, (5 - 6):303 - 327.

Dierkes M, Coppock K, 1978. Europe Tries the Corporate Social Report[J]. Business and Society Review, (16):21 - 24.

Eng L L, Mak Y T, 2003. Corporate governance and voluntary disclosure[J]. Journal of Accounting & Public Policy, 22(4):325 - 345.

Fekrat M Ali, Caria Inclan, David, 1996. petroni. Corporate Environmental Disclosure Hypothesis Using 1991 Annual Report Date[J]. The International Journal of Accounting, 31(2):175 - 195.

Ferguson Lam, Ce I, 2002. Voluntary Disclosure by State - owned Enterprise Listed on the Stock Exchange of Hong King[J]. Journal of International Financial Management and Accounting, 13(2): 125 - 151.

George H S, 1969. An "Events" Approach to Basic Accounting Theory[J]. The Accounting Review (1):12 - 19.

Gray R, Owen D, Maunders K, 1994. Corporate Social Reporting: Accounting and Accountability [J]. Journal of Economics & Business Administration, 169:145 - 150.

Gray R, Power D, Murray A, Sinclair D, 2006. Do Financial Markets Care About Social And Environmental Disclosure? Further Evidence And Exploration From UK[J]. Journal of Accounting Auditing & Accountability, 19(2):228 - 255.

Grinnell D J, Hunt D G, 2000. Development of An Integrated Course In Accounting: A Focus on Environmental Issues[J]. Issues in Accounting Education (spring):19 - 42.

Hughes S B, Anderson A, Golden S, 2001. Corporate Environmental Disclosures: Are They Useful in Determining Environmental Performance[J]. Journal of Accounting & Public Policy, 20(3):217 - 240.

Islam, Muhammad Azizul Deegan, Craig, 2010. Social Responsibility Disclosure Practices: Evidence From Bangladesh[R]. Certified Accountants Educational Trust for the Association of Chartered Certified Accountants.

Jeffery Everett, 2004. Exploring(false) Dualisms for Environmental Accounting Paraxis[J]. Critical Perspectives on Accounting, (15):1061 - 1084.

Kreuze J G, Newell G E, Newell S J, 1996. What Companies Are Reporting[J]. Management Accounting, (4).

Magness V, 2006. Strategic Posture, Financial Performance And Environmental Disclosure: An Empirical Test of Legitimacy Theory[J]. Journal of Accounting Auditing & Accountability, 19(19): 540-563.

Mathews M R, 1993. Socially Responsible Accounting[M]. London: Chapman and Hall.

Mathews M R, 2001. Some Thoughts on Social and Environmental Accounting Education,[J]. Accounting Education (10): 335-352.

Moir L, 2001. What Do We Mean by Corporate Social Responsibility? [J]. Journal of Corporate Governance International, 1(2): 16-22.

O'Donovan, G, 2002. Environmental Disclosures in the Annual Report - Extending the Applicability and Predictive Power of Legitimacy Theory Accounting [J]. Auditing and Accountability Journal, 10.

O' Dwyer, B, 2002. Managerial Perce Pitons of Corporate Social Disclosure Atrish Story Accounting [J]. Auditing&Accountability Journal, (3).

Patlen D, Trompeter G, 2003. Corporate Responses to Political Cost: An Examination of the Relation between Environmental Disclosure and Earnings management[J]. Journal of Accounting and Public Policy, (17): 83-94.

Patten D M, 2002. The Relation Between Environmental Performance and Environmental Disclosure: a Research Note[J]. Accounting, Organizations and Society, (27): 763-773.

Richardson A, Welker M, 2001. Social Disclosure Financial Disclosure and the Cost of Equity Capital[J]. Accounting Organizations and Society.

Shane P B, Spicer H H, 1983. Market Response to Environmental Information Produced Outside the Firm[J]. The Accounting Review (8): 521-538.

Solomon A, L Lewis, 2002. Incentives And Disincentives For Corporate Environmental Disclosure [J]. Business Strategy & the Environment, 11(3): 154-169.

Stefan Schaltegger, Roger Burritt, 2000. Contemporary Environmental Accounting: Issues, Concepts and Practice[M]. Sheffield: Greenleaf.

Trotman K T, Bradley G W, 1981. Associations between social responsibility disclosure and characteristics of companies[J]. Accounting Organizations & Society, 6(4): 355-362.

Wilmshurst T D, Frost G R, 2000. Corporate Environmental Reporting A Test of Legitimacy Theory [J]. Auditing&Accountability Journal, 13 (1).